LES
OEUVRES
DE
MYLORD COMTE DE
SHAFTSBURY.
TOME TROISIEME.

LES OEUVRES DE MYLORD COMTE DE SHAFTSBURY.

CONTENANT

Ses CARACTERISTICKS, ſes LETTRES, & autres OUVRAGES.

Traduits de l'Anglois en François

ſur la derniere édition.

TOME TROISIEME.

A GENEVE.

────────

MDCCLXIX.

TABLE
DU
TOME TROISIEME.

MELANGES,

OU

RÉFLEXIONS DIVERSES

SUR LES

TRAITÉS PRÉCÉDENS

ET AUTRES SUJETS.

PARTIE I.

CHAPITRE I. *De la Nature de l'origine & de l'établissement des Mélanges. Sujet des mélanges suivans. Dessein de l'Auteur.*   pag. 3

CHAPITRE II. *Des Ouvrages de Controverse, des Réponses, Répliques & Théologie Polémique, ou Eglise Militante. Philosophes; leurs combats. Auteurs assortis...... Appareilleurs.... Ballon..... Dialogue entre l'Auteur & son Libraire.*   9

TABLE

CHAPITRE III. *Sur la lettre concernant l'Enthou-siasme. Critiques étrangeres. Des Lettres en général & du style Epistolaire. Dédicaces aux grands. Auteurs. Art du Manege. L'Amble moderne. Réflexions ultérieures sur le style des Mélanges.* pag. 15

PARTIE II.

CHAPITRE I. *Sur l'Enthousiasme: sa défense, son éloge, son usage dans les affaires comme dans les plaisirs, ses opérations par la crainte, l'amour. Modifications de l'Enthousiasme: Magnanimité, Vertu héroïque, Honneur, Zele public, Religion, Superstition, Martyre. Energie de la Dévotion extatique dans les Femmes.... Les anciens Prêtres. Guerres de Religion &c.* 23

CHAPITRE II. *Jugemens des Théologiens & des Graves Auteurs sur l'Enthousiasme. Réflexions sur le Scepticisme. Le Chrétien sceptique. Jugement des Inspirés au sujet de leurs Inspirations. Connoissance & Croyance. Esquisse de l'Histoire de la Religion. Zele offensif & défensif. L'Eglise en péril, Persécutions. Politique de l'Eglise Romaine.* 50

CHAPITRE III. *De la Force de la Bonne humeur en Religion. Confirmation des principes de notre Auteur dans son Essai sur la Raillerie. Discussion du Zele. Chirurgiens spirituels. Exécuteurs. Origine des sacrifices humains. Enjouement de la Religion. Différents points de vue: causes extérieures.* 74

DU TOME TROISIEME.

PARTIE III.

CHAPITRE I. *Remarques ultérieures sur l'Auteur des Traités. Son plan & son dessein. Ses observations sur la succession de l'Esprit, & les progrès des Lettres & de la Philosophie. Des Mots, Rélations & Affections. Patrie, Patriote. La vieille Angleterre, Patriotes du Sol. Virtuoses & Philosophes. Le Goût.* pag. 103

CHAPITRE II. *Autres éclaircissemens sur le goût. Ceux qui le tournent en ridicule; leur esprit, leur sincérité. Application du goût aux matieres du Gouvernement & de Politique. Caracteres visionnaires dans l'Etat. La jeune Noblesse. Recherche de la Beauté. Préparation à la Philosophie.* 126

PARTIE IV.

CHAPITRE I. *Rapport & Liaison des divers Traités de l'Auteur. Philosophie, Métaphysique. Egoïsme. Identité. Situation Morale. Epreuve & discipline de l'Imagination. Etablissement d'une opinion. Anatomie de l'Ame.* 146

CHAPITRE II. *Passage de la Terre inconnue au Monde visible. Empire de la Nature. Confédération des Animaux, leur dégrés, leur subordination. L'Homme premier des Animaux. Privilege de sa naissance. Grave contenance de l'Auteur.* 161

TABLE

PARTIE V.

CHAPITRE I. *Cérémonial décidé entre l'Auteur & le Lecteur, Affectation de la préséance dans le premier. Différentes prétentions à l'Inspiration. Poëtes, Prophetes, Sybilles, Oracles écrits en vers & en prose. Intérêt commun des anciens Ecrits & du Christianisme. Etat de l'esprit, de l'élégance & de la correction. Vérité Poëtique. Préparation à la critique du dernier Traité de notre Auteur.* pag. 175

CHAPITRE II. *Génération & succession de notre Esprit Moderne. Maniere des Propriétaires. Société & sens commun. Statut contre la critique. Committé d'un caffé. Mr. Bays, d'autres Bays en Théologie. Critique du Dialogue de notre Auteur, & du style des Dialogues usités par les Beaux-Esprits de l'Eglise.* 207

CHAPITRE III. *De l'Esprit latitudinaire ou de la liberté de penser. Esprits-forts leur cause & leur Caractere. Indécence de penser à demi. Principe du vice & du Bigotisme. Accord de l'esclavage & de la superstition. Liberté civile, morale, spirituelle. Théologiens Esprits-forts. Représentans incognito. Ambassadeurs de la Lune. Détermination des Controverses Chrétiennes.* 229

DU TOME TROISIEME.

IDEE

DU

TABLEAU HISTORIQUE

DU

JUGEMENT D'HERCULE,

suivant PRODICUS.

INTRODUCTION, *contenant quelques observations & définitions préliminaires.* pag. 267

CHAPITRE I. *De la Composition générale ou de l'ordonnance du Tableau.* 270

CHAPITRE II. *De la premiere ou principale Figure, celle d'Hercule.* 275

CHAPITRE III. *De la seconde Figure, celle de la Vertu.* 279

CHAPITRE IV. *De la troisieme Figure, celle de la Volupté.* 284

CHAPITRE V. *Des Ornemens du Tableau, & principalement de la Draperie & de la Perspective.* 286

CHAPITRE VI. *Des Ornemens accidentels, ou indépendans du sujet.* 295

CONCLUSION. 297

TABLE

LETTRE ECRITE D'ITALIE AU SUJET DU JUGEMENT D'HERCULE. pag. 303

LETTRES A UN JEUNE-HOMME A L'UNIVERSITÉ.

LETTRE I. *à Londres ce 24 Février 1706-7.* 317

LETTRE II. *Le 10 Mars 1707.* 321

LETTRE III. *Le 19 Novembre 1707.* 323

LETTRE IV. *Le 2 Avril 1708.* 326

LETTRE V. *Le 28 Janvier 1708-9.* 332

LETTRE VI. *Le 8 Février 1709.* 344

LETTRE VII. *Le 5 Mars 1709.* 346

LETTRE VIII. *Le 3 Juin 1709.* 350

LETTRE IX. *Le 30 Décembre 1709.* 354

LETTRE X. *Le 10 Juin 1710.* 356

DU TOME TROISIEME.

LETTRES A ROBERT MOLESWORTH.

LETTRE I. *A Chelsey, ce 30 Septembre 1708.* pag. 361

LETTRE II. *A Beachworth, en Surrey le 12 Octobre 1708.* 365

LETTRE III. *A Beachworth, en Surrey le 23 Octobre 1708.* 370

LETTRE IV. *A Beachworth, le 4 Novembre 1708.* 375

LETTRE V. *A Chelsey, le 20 Novembre 1708.* 378

LETTRE VI. *A Beachworth, le 25 Novembre 1708.* 381

LETTRE VII. *A Beachworth, le 6 Janvier 1708-9.* 383

LETTRE VIII. *A Beachworth, le 12 Jany. 1708-9.* 391

LETTRE IX. *A Saint-Giles, le 21 Février 1708-9.* 395

LETTRE X. *A Saint-Giles, le 7 Mars 1708-9.* 399

LETTRE XI. *A Beachworth, le 3 Juin 1709.* 405

LETTRE XII. *A Chelsey, le 15 Juin 1709.* 408

LETTRE XIII. *A Beachworth, le 19 Juillet 1709.* 410

LETTRE XIV. *A Reygate en Surrey, le 1 Novembre 1709.* 413

TABLE DU TOME TROISIEME.

LETTRES A DIVERSES PERSONNES.

LETTRE à *Thomas Stringer, Ecuyer. A Londres, le 15 Février 1695.* pag. 417

LETTRE *au Comte d'Oxford. A Reygate le 29 Mars 1711.* 418

LETTRE à *Mylord Godolphin. A Reygate le 27 Mai 1711.* 421

Fin de la Table du troisieme & dernier Tome.

MELANGES,

OU

RÉFLEXIONS DIVERSES

SUR

LES TRAITÉS PRÉCÉDENS

ET AUTRES SUJETS;

IMPRIMÉ

POUR LA PREMIERE FOIS

EN L'ANNÉE M DCC XIV.

Scilicet uni aquus virtuti atque ejus amicis.
                    HORAT. Satyr. I. Lib. II.

MELANGES,

OU

RÉFLEXIONS DIVERSES

SUR

LES TRAITÉS PRÉCÉDENS

ET AUTRES SUJETS.

PREMIERE PARTIE.

CHAPITRE I.

De la Nature, de l'origine & de l'établissement des Mélanges. Sujet des mélanges suivans. Dessein de l'Auteur.

P<small>AIX</small> & repos aux Manes du charitable & obligeant Auteur, qui, pour l'amour de ses Confreres établit l'ingénieuse méthode des *Mélanges*! Il faut avouer que depuis cette époque, la moisson de l'Esprit a été plus abondante, & les cultivateurs en plus grand nombre qu'auparavant. Les Maîtres dans l'art d'écrire savent bien que s'il est aisé de *concevoir l'Esprit*, rien n'est plus difficile que d'en *accoucher* au temps marqué. Rien de plus sévère que les Loix prescrites aux Ecrivains, par la Critique. Lorsque l'on regarde l'ordre & la régularité comme des parties essentielles d'un Ouvrage. L'idée d'un chef-d'œuvre effraye les Auteurs les plus hardis. Les loix rigides de la composition ont bien gêné l'esprit libre & le génie présomptueux de l'homme. Ce joug pesant que nos Peres ont porté, nous avons trouvé l'heureux secret de le secouer. En effet l'odieuse distinction des ouvrages *bâtards* & des ouvrages *légitimes*, ayant été écartée, les productions naturelles & légales du cerveau, paroissent au jour avec le même avantage ; & l'Esprit, le simple *Esprit*, est bien reçu, sans qu'on en examine l'espece ni la forme.

Il faut donc convenir que le genre des Mêlanges a eu d'heureux effets : par ce moyen, il n'est point de sol qui ne produise ; les différens *germes d'esprit* qui restoient comme étouffés dans plusieurs têtes, se sont développés ; mille idées brillantes, mille imaginations curieuses, que la rudesse & l'apreté naturelle de leur terroir, auroient empéché d'éclorre ou de s'élever à certaine hauteur, se sont montrées à l'aide des Mêlanges. Il n'est point de *champ*, de *haie*, de *colline*, qui ne fournissent des fruits délicieux & des fleurs odorantes, tels qu'on en cueilloit autrefois dans les plus beaux jardins. Que les anciens cultivateurs étoient gauches, puisque ne sachant pas se conformer au goût grossier du genre humain, ils ont fait un art si difficile de la profession d'Auteur & de l'emploi d'offrir au monde des amusemens *intellectuels*.

Il fut certainement un tems, où le nom d'Auteur donnoit quelque considération dans le monde. Si l'on réussissoit à écrire un Poëme ou un Traité, on regardoit cela comme une marque certaine d'intelligence & de bon-sens. La besogne étoit pénible, mais honorable. Pourquoi les choses ont-elles tant changé dans la suite ? c'est-ce qu'il n'est pas facile de déterminer. Peut être que les premiers Auteurs, se trouvant en petit nombre, & étant fort respectés pour leur art, devinrent l'objet de l'envie, & succomberent sous ses coups. Sensibles à leur malheur, & excités, selon toute apparence, par l'exemple de quelque Génie populaire, ils proscrivirent leurs regles & leurs principes rigoureux par égard pour de Beaux-Esprits qui ne pouvoient parvenir au rang d'Auteur à des conditions aussi embarassantes. On jugea nécessaire d'étendre le *fonds* de l'Esprit ; on crut que plusieurs mains devoient partager le travail, & que rien n'étoit plus conforme à ce but que la Méthode des *Mélanges* ou des *Essais*, où la tête la plus embrouillée peut, à l'aide d'une chétive invention & de quelques lieux-communs, s'exercer avec autant d'avantage que le meilleur jugement.

Pour expliquer encore plus clairement de quelle maniere cette révolution s'opéra, ce ne sera peut être pas manquer à la bienséance que de comparer les *faiseurs d'Ecrits* aux *fabriquans d'étoffes de soie*. Le comble de l'art parmi ceux-ci, est d'imaginer un plan ou dessein, dans lequel les couleurs soient agréablement jettées & si bien assorties aux figures & ramages, que le tout offre une espece d'*harmonie oculaire* : pour cela, il faut que chaque piece soit réellement *originale* ; car se borner à copier c'est perdre ses peines : on s'apperçoit à l'inftant de la fraude. Quant aux Ecrivains, s'ils devoient travailler des originaux, & créer du neuf à chaque fois, la commiffion feroit pénible, & ne conviendroit qu'aux plus habiles & aux plus forts ouvriers.

On a donc inventé la méthode de confondre la fimplicité & la conformité du plan : on a eu recours à des pieces rapportées ; on raffemble des lambeaux, des fragmens, des pointes, & on les arrange fous une forme bizarre & fantastique. Si par hazard, la mofaïque jette quelque éclat, & brille par quelques faillies, l'ouvrage trouve des approbateurs, & l'on admire ce deffein compliqué. L'œil, qui auparavant étoit féduit par la régularité, & qui exigeoit de féveres proportions, fe diftrait ici agréablement par des couleurs extravagantes & des repréfentations dénaturées des objets. En attendant, la coutume a non feulement toléré cette licence, mais l'a même rendue recommandable, & mife en crédit. Des idées grotefques & ridicules, que l'on donne pour du *joli* & du *fingulier*, remplace le *Beau* & le *Gracieux*. On néglige la juftefse & l'exactitude des penfées comme trop génantes & trop défagréables dans le charmant commerce des Beaux-Efprits modernes & des gens du bon ton.

On a jugé à propos dans ces derniers fiecles de diftinguer les départemens de l'*Efprit* & de la *Sageffe*, & de féparer l'*Agréable* de l'*Utile*; ainfi il eft bien manifefte qu'on ne peut rien imaginer de plus conforme à l'intérêt de *l'Efprit* que cette méthode d'exécution que l'on nomme *Mélange*: car tout ce qui est étrange, fera certainement une heureuse diversion aux yeux de ceux qui ne voient pas plus loin; & lorsqu'il fuit le naturel, à quoi bon penser ou méditer péniblement? Le plus sublime dégré des Peintres en grotesques, est de se tenir aussi éloignés qu'ils peuvent de la Nature. Trouver une *ressemblance* dans leurs ouvrages, c'est le dernier affront pour eux: la moindre connexion est un reproche dont ils rougissent; tout plan, tout dessein, détruit le caractere & le goût de leurs chef-d'œuvres.

Je me souviens que lorsque je fréquentois le Théâtre François, c'étoit la coutume après la Tragédie la plus touchante, de donner une Farce, ou *Mélange*, que l'on nommoit la *petite Piece*. Notre Théâtre a un usage encore plus extraordinaire; car nous regardons comme un juste agrément de mêler la *petite Piece* à l'intrigue ou à la Fable dans tous les Actes. On a peut-être pris cette méthode, parceque notre Tragédie étant plus profonde & plus sanglante que celle des François, exige que l'on se recrée plutôt & plus souvent par des saillies burlesques, qui étant calquées immédiatement sur les couleurs noires du Tragique, forment le plus parfait Mélange Théatral, que nos Poëtes appellent *Tragi-Comédie*.

Je pourrois aller plus loin, & faire voir par les Écrits de plusieurs graves Théologiens, les Discours de nos Sénateurs, & autres principaux modeles du goût national, que ce genre de *Mélange* est aujourd'hui extrêmement accrédité. Mais puisque mon objet, dans cet opuscule, est de discourir sommairement sur quelques Productions d'un de nos Auteurs modernes, je compte que ce que j'ai déja dit là-dessus, est suffisant, & qu'on ne trouvera ni mauvais ni absurde que je me serve de cette méthode qui brille tellement aujourd'hui. Par ce moyen, tandis que je critiquerai ou interprêterai cet Ecrivain, je serai plus en état de corriger son flegme, de le mettre sur le bon ton & plus à la mode, surtout à l'égard de ses deux dernieres Pieces qui remplissent son second Volume: car ces morceaux étant les plus réguliers & les plus graves, ils pourroient fatiguer le Lecteur élégant; c'est pourquoi ils ont autant besoin de la *petite Piece* que la Tragédie.

Je ne crois pas qu'on puisse me refuser le titre d'*Ecrivain de Mélanges*, parce que je m'escrime contre des Traités déja publiés. Il ne s'agit pas de poser des *fondemens* pour un genre, qui selon l'usage moderne, n'a ni *haut*, ni *bas*, ni *commencement* ni *fin*. D'ailleurs, je ne prétens pas me borner au canevas de mes Chapitres; mais à l'exemple de mes Confreres, je m'écarterai sans scrupule de mon objet pour faire les excursions que je jugerai à propos.

CHAPITRE II.

Des Ouvrages de Controverse, des Réponses, Répliques &c. Théologie Polémique, ou Eglise Militante. Philosophes; leurs combats. Auteurs assortis.... Appareilleurs... Ballon Dialogue entre l'Auteur & son Libraire.

L'ART d'écrire se perfectionne tous les jours; mais il n'est aucun genre qui brille actuellement davantage que celui de la Controverse, ou de la Méthode de *répondre* & de *refuter*. Il est vrai qu'anciennement la plupart des Beaux-Esprits n'avoient point d'autre emploi. Si les Auteurs écrivoient mal, on les méprisoit; s'ils écrivoient bien, ils se formoient un parti; car il falloit des partis & des sectes en Littérature & en Philosophie. Chacun tenoit pour qui bon lui sembloit, & comme on pouvoit entendre chaque parti plaider sa cause, on n'avoit pas besoin de traités particuliers & faits exprès pour se prémunir contre le sophisme ou le dangereux raisonnement: on regardoit des Réponses particuliers à des Traités particuliers, comme de peu d'usage; & ce n'étoit pas faire un compliment à un Lecteur que de l'aider avec tant d'empressement à juger des Productions qui paroissoient. Malgré toutes les Sectes de ces anciens tems, le zele de parti n'alloit pas jusqu'à donner à ce Lecteur du goût pour les *personalités* qui se tolerent entre gens de différentes cabales.

Voilà comment on agissoit autrefois, lorsque

I. PART. CH. II.

I. Part. Ch. II.

la controverse n'étoit pas encore érigée en art, & que les querelles furieuses des Auteurs ne formoient pas le principal amusement du Monde Savant. Mais nous avons aujourd'hui tant de goût pour ces querelles littéraires, que les ouvrages ne sont jamais bien accueillis, que quand ils ont acquis ce qu'on peut appeler *la maturité requise*, & qu'ils ont excité des combats. Lorsque la Réponse & la Réplique paroissent, notre curiosité s'allume: nous commençons pour la premiere fois à donner notre attention, & à prêter l'oreille. Qu'un zélé Théologien, par exemple, ou qu'un Champion ardent de la Foi, qui veut se faire imprimer, choisisse quelque redoutable Myftere de notre Religion, qu'un damné d'Héréfiarque a attaqué. Il le refute avec véhémence, & se déclarant pour les Ortodoxes, il appuie leur Foi avec tout le sublime de l'éloquence & de l'érudition: il reftera peut-être malgré cela dans une profonde obscurité, au grand regret de son Libraire, & de tous ceux qui ont de la vénération pour l'Histoire de l'Eglise & pour l'ancienne pureté de la Croyance Chrétienne. Mais si notre Docteur, en livrant bataille à son Adversaire mort, s'en fait un autre vivant, qui combat sur le même terrain Orthodoxe, & prétend refuter le Refutateur dans tous les articles de sa doctrine; dès ce moment tout s'anime, le public écoute, le Libraire prend courage, le procès s'inftruit, les reparties deviennent piquantes, on se pouffe vigoureufement, on forme un cercle autour des combattans, & les Lecteurs accourent en foule. Chacun prend

parti, & encourage son homme. ,, Celui-ci
,, sera mon champion! Cet autre aura mon
,, argent! Le nôtre a bien riposté! Encore,
,, voilà un bon coup de lance! Ils alloient de
,, pair jusqu'alors! A lui la premiere botte!
,, Admirable parade!" Les gladiateurs se retirent pour prendre quelque repos & se rejouir parmi leurs partisans: que de louanges alors, que de félicitations, que d'applaudissemens prodigués au vainqueur prétendu! De quels honneurs, de quels complimens n'est-il pas accablé même en dépit de sa modestie! ,, *Ah!*
,, *Messieurs, mes chers Amis, le croyez-vous réel-*
,, *lement? Etes-vous sinceres avec moi? Ai-je*
,, *traité mon Adversaire comme il le mérite?...*
,, On ne vit jamais d'homme si mal mené.
,, Pourquoi l'avez-vous tué roide?.... *Ah!*
,, *Messieurs, vous me flattez!....* Il ne s'en
,, relevera pas.... *Le pensez-vous sérieusement?*
,, ... Ou bien, s'il s'en releve ce sera un
,, plaisir de voir comment vous lui apprendrez
,, à vivre."

Tels sont les triomphes de l'art: voilà ce qui réveille, ce qui donne de la vigueur à l'Ecrivain, & de l'attention au Lecteur, quand les instrumens de guerre retentissent ainsi dans la foule, & qu'on donne un pareil spectacle à la multitude.

L'Auteur des *Traités* précédens, qui est un si curieux observateur du *ridicule*, a suit probablement quelques réflexions de ce genre qui l'ont empêché de se jetter dans la controverse: car quand son premier *Essai* (*), qu'il jugeoit peu

(*) Lettre sur l'Enthousiasme.

digne du public, se répandit par hazard, d'abord en copies manuscrites, puis en imprimés, les plus vives Réponses qu'on lui décocha, ne parurent l'émouvoir en aucune maniere. Tout ce qu'il dit pour riposter, fut que celui qui avoit bien voulu écrire un Livre contre cette Piece, avoit fait un compliment très-flatteur à l'Ecrivain, ou un très-mauvais au public.

Convenons que quand un Auteur, en quelque genre que ce soit, est assez important pour mériter que de bons esprits le refutent en public, on a lieu de l'en féliciter. On doit supposer nécessairement qu'il a écrit avec quelque talent. Mais si son ouvrage est vulgaire, la peine que prend son Critique est bien misérable. Il faut qu'il n'ait pas grand chose à faire pour se résoudre à fronder des sottises, à ridiculiser, ce qui est de soi-même une platitude, & à faire lire au public un second Livre à cause des impertinences du premier.

Supposant néanmoins comme une chose certaine, qu'un mauvais Ouvrage peut occasionner une meilleure Réponse; La Réplique sera toujours ridicule de quelque maniere qu'on la tourne: car ou l'ouvrage original a été pleinement refuté, ou non. S'il a été refuté, pourquoi le défendre? S'il ne l'a pas été, pourquoi le défendre encore? Qu'est ce que le public a affaire de ses querelles particulieres ou de la sottise de ses Critiques? Supposé même que le monde aime à voir par curiosité un Pédant qui attaque un Homme d'esprit, & une altercation aussi inégale; combien de tems s'en amusera-t'il? Que deviendront ces Ecrits polémiques

l'année suivante? A quoi ont abouti ces fameu-
ses disputes, dont quelques-uns des plus illustres Auteurs ont amusé leurs Lecteurs selon le
rapport de l'Histoire Littéraire? Un Ouvrage
original ou deux peuvent bien rester: mais
pour les *Défenses* postérieures, les *Reponses*, les
Repliques &c; il y a longtems qu'elles servent
aux épiciers. Les hommes étoient peut-être
échauffés lorsque l'on agita ces questions; mais
ils sont actuellement froids. Ils rioient, ils pous-
soient la plaisanterie; ils souffloient le feu; ils
tracassoient & mettoient méchamment les E-
crivains aux prises pour se divertir. Mais le
jeu est fini: ils n'est plus personne qui s'informe de quel côté étoit *l'esprit*, ou le piquant de
ces importantes réflexions, ou traits satiriques,
qui causoient tant de plaisir aux Lecteurs du
tems. Ces illustres Philosophes & Théologiens
aspiroient à amuser, à écrire dans le docte stile des halles, à divertir les caffés & les curieux
qui s'assemblent dans les Boutiques de Librai-
res, ou dans les échapes subalternes des Bou-
quinistes.

Je conviens qu'à cet égard les Ecrits polémiques ne sont pas absolument inutiles, & que
les marchands de Livres, de quelque rang ou
qualité qu'ils soient, ne tirent pas de petits a-
vantages des *clameurs savantes*. Il n'y a rien
qui les remonte mieux, ou qui anime plus leur
commerce qu'un couple de graves Théologiens
ou Philosophes bien assortis, qui se harcelent à
toute outrance jusqu'à ce qu'ils perdent haleine,
& qu'ils n'ayent presque plus la force de se mordre. J'ai vu dans un tems de gelée un rusé

I. PART. CH. II.

Vitrier attirer avec un ballon dans la rue les chefs ambitieux d'une robuste jeuneſſe. La veſſie enflée bondiſſoit à chaque coup, briſoit les vitres, les lanternes, & toute cette denrée fragile. Le bruit du ballon & les cris des poliçons rempliſſoient tout le voiſinage; les débris des fenêtres couvroient le pavé, juſqu'à ce que l'inſtrument abîmé par les coups de pieds & de poings, & expirant par maintes fatales crévaſſes, devint flaſque & ne put plus faire de mal: il s'abatît dans ſon eſſor, & l'ardeur des combattans expira avec lui.

Notre Auteur ſuppoſe que c'eſt cette raiſon qui lui a attiré tant de complimens flatteurs de la part de ſon Libraire au ſujet de ſa premiere Piece. Cet obligeant *Maître-Gonin* lui a préſenté pluſieurs beaux Livres enrichis au frontiſpice de *Remarques*, de *Réflexions* &c. qu'il aſſuroit être des Réponſes à ſon petit *Traité*. „ Voilà, Monſieur, une plume importante „ qui vous a entrepris! Celui-ci eſt un *Réve-* „ *rend*; cet autre un *Très-Révérend*; ce troiſie- „ me un Auteur connu. Ne répliquerez-vous „ pas, Monſieur? Je vous jure que le public „ vous attend..... Ce ſeroit dommage qu'il „ fut éconduit..... Une douzaine de feuilles, „ Monſieur, c'eſt aſſez; il vous eſt facile d'ex- „ pédier cela dans la minute..... Croyez- „ vous?..... J'ai du papier prêt, & de bons „ caracteres; comptez ſur ma parole; vous „ verrez, Monſieur..... Cela ſuffit; mais „ écoutez (Mr. *A, a, a, a*) mon digne In- „ génieur dans la guerre ſavante, avant de „ préparer votre artillerie, où de m'engager

,, dans quelque acte d'hostilité, attendez que je
,, sache si l'on fera attention à mon Adversai-
,, re: attendez sa seconde Edition; & si dans
,, une année ou deux, j'apprens en bonne com-
,, pagnie qu'il existe un pareil livre, je pour-
,, rai penser alors à répondre."

CHAPITRE III.

Sur la Lettre concernant l'Enthousiasme. Critiques étrangeres. Des Lettres en général & du Stile Epistolaire. Dédicaces aux Grands. Auteurs. Art du Manege. L'Amble moderne. Réflexions ultérieures sur le style des Mélanges.

QUOIQUE, l'Auteur eût resolu de ne faire aucune attention aux ingénieux Ecrits publiés contre lui par certains zélateurs de son Pays, il semble qu'il ne pouvoit guere, s'empêcher d'apprendre par curiosité ce que des Critiques étrangers & plus impartiaux lui objectoient: car il fut surpris qu'on eût traduit sa Lettre peu après sa publication à Londres. Les premieres observations qui lui tomberent sous la main à ce sujet, furent celles du *Journal des Savans* de Paris. Si l'on fait attention à la maniere peu favorable dont l'Auteur de la Lettre avoit parlé de l'Eglise Romaine, & de la Politique de France, on conviendra que ce *Journal* le traite avec assez de candeur, quoiqu'on n'ait pas manqué de profiter de tous les avantages possibles contre cet Ecrit,

& qu'on l'ait accufé furtout d'un défaut d'ordre & de méthode (*).

Pour les Ecrivains Proteftans, qui vivent dans des Pays libres, & qui peuvent dire fans gêne ce qu'ils penfent; ils ont fait à notre Auteur plus d'honneur qu'il n'a jamais cru en mériter (†). Il eft vrai d'abord que fon Traducteur qui lui a fait l'honneur de l'introduire chez l'Etranger, femble infinuer vers la fin de la Lettre que l'Auteur eft une créature du Lord auquel elle eft adreffée. Cela ne m'étonne pas. Le ton foumis de la lettre a dû néceffairement produire cette méprife; & l'Auteur auroit tort de s'en plaindre, puifqu'il y a donné lui même occafion.

Mais quelque foit l'état ou le caractere de notre Auteur, les Critiques ci-deffus devoient avoir l'équité de confidérer l'état & le caractere de fon illuftre *Ami*: il falloit au moins faire entendre qu'on avoit écrit à un *Grand réel* avec tous les égards convenables. Mais des gens qui n'ont pas obfervé cela, ni compris que la Lettre même étoit *réelle*, étoient des Critiques infuffifans, peu propres à juger du tour & de l'enjouement d'une piece, qu'ils n'avoient pas confidérée dans fon vrai jour.

C'eft

―――――――

(*) Ses penfées ne femblent occuper dans fon ouvrage que la place que le hazard leur a donnée. Journal des favans du 5 mars 1709. p. 181.

(†) *Bibliotheque choifie*, année 1709. Tome 19. p. 427... *Hiftoire des ouvrages des Savans*. Mois d'Octobre, Novembre & Décembre 1708. p. 514... *Nouvelles de la République des Lettres*. Mars 1710.

C'eſt un uſage à-preſent ſi commun parmi les Auteurs, de feindre une correſpondance, & de qualifier de *Lettre particuliere* ce qu'ils n'écrivent qu'au Public, qu'il ne ſeroit pas étrange que d'autres Journaliſtes & Critiques, tels que ces Meſſieurs de Paris, paſſaſſent ſur tout cela comme ſur une pure formalité. Ce préjugé cependant n'a pu tromper un des principaux Critiques Proteſtans, qui parlant de la *Lettre ſur l'Enthouſiaſme*, la donne pour une Lettre *réelle*, comme elle l'étoit en effet, & non pour un Traité en regle deſtiné au public (*).

I. PART. CH. III.

Ceux qui ont appris à juger de l'élégance & de l'eſprit des ouvrages écrits en Langues modernes, avoueront ſurement, qu'on ne goûteroit gueres les meilleures Lettres d'un Balſac ou d'un Voiture, ſi l'on n'étoit pas au fait des principales perſonnes à qui elles ſont adreſſées. On y trouveroit encore bien moins de plaiſir, ſi l'on croyoit que les Acteurs & la correſpondance fuſſent des fictions. Qu'on liſe les plus belles Lettres de Ciceron dans cette idée, & elles paroîtront fort inſipides. Si l'on ne ſuppoſe pas un Brutus *réel*, un Atticus *réel*, il n'y aura pas de Ciceron *réel*: l'élégant Ecrivain diſparoîtra, auſſi bien que l'art pénible avec lequel cet éloquent Romain écrivit à ſes illuſtres Amis. Ce grand homme n'avoit pas d'ouvra-

---

(*) Ceux qui l'ont lue ont pu voir en général que l'Auteur ne s'y eſt pas propoſé un certain plan, pour traiter ſa matiere méthodiquement, parce que c'eſt une Lettre & non un Traité. *Bibliotheque choiſie.* Tome 19. p. 428.

ge qui lui plût, ou dont il fût plus fier que de celui-ci, où il tâchoit de mettre bas la gravité du Philosophe & de l'Orateur, tandis qu'il employoit dans la réalité, son Eloquence & sa Philosophie avec la plus grande force. Ceux qui peuvent lire une Epitre ou une Satire d'Horace, mais non pas avec le goût d'un Pédant, sentiront que le déguisement de l'ordre & de la méthode dans ce genre d'Ecrits, forme la beauté de l'Ouvrage. On conviendra qu'à moins que le Lecteur ne connoisse un peu les caracteres d'un Auguste, d'un Mécene, d'un Florus, ou d'un Trebatius, il n'y a rien de bien merveilleux dans ces Satires & ces Epitres adressées à des Courtisans, à des Ministres & aux Grands de son siecle. Le Genre Satirique même, ou celui des *Mélanges*, chez les célebres Anciens; exigeoit autant d'ordre que les Pieces les plus régulieres. Mais leur art consistoit à en faire disparoître tous les vestiges, à donner un air d'*impromptu* à ce qu'ils écrivoient, & à faire sentir l'effet de l'art sans découvrir l'artifice. Il n'est pas nécessaire de s'expliquer davantage là-dessus. L'Ecrivain même en a dit assez dans son *Avis à un Auteur*, surtout lorsqu'il traite du stile simple, par opposition au stile savant, formel & méthodique.

Il en est, à la vérité, bien autrement, lorsque l'on donne improprement le titre d'*Epitres* à des Ouvrages qu'on n'écrit que pour voir le jour, ou pour donner un échantillon de l'esprit de l'Auteur. Telles étoient ces Epitres innombrables, Grecques & Latines, que composoient les anciens Sophistes, Rhéteurs ou Grammairiens : ils ont quelquefois imité le caractere réel, le ftile & le ton de l'Epitre ; mais pour l'ordinaire ils n'ont fait aucun cas de la *Vérité Hiftorique*. Nous devons peut-être mettre dans ce rang les Epitres (*) de Sé-

(*) Ce n'eft pas la perfonne, le caractere ou le génie de ce grand homme que j'ofe cenfurer, mais fon ftyle & fa maniere. On rend juftice à fes nobles fentimens & à fes *dignes actions*. On reconnoît le Patriote & le bon Miniftre ; mais je n'aime pas l'Ecrivain. Ce fut le premier homme confiderable qui accrédita le faux ftile & le ton, dont je parle ici. On pourroit en conféquence l'appeller juftement le *Corrupteur de l'Eloquence Romaine*. Au refte, elle devoit naturellement fe relâcher & s'avilir avec la corruption des mœurs ; fuite néceffaire du changement de gouvernement & de l'horrible luxe de la cour Romaine, même avant le regne de Claude ou de Neron. Il n'étoit pas plus poffible de fixer le langage que la liberté. Dans de pareilles circonftances, la plus grande gloire à laquelle un fimple Mortel pût parvenir, étoit d'être le Modérateur de cette Tyrannie univerfelle qui étoit déja établie. Je dois ajouter ici que dans toute Ville, Principauté ou petite Nation, où regne la *Volonté d'un feul*, où le pouvoir arbitraire domine à place des Loix & des Conftitutions, rien n'eft plus difficile, même au meilleur Miniftre, que de former une jufte, je dis plus, une fupportable adminiftration. Partout où il fe trouve un Miniftre qui peut temperer l'audace d'un petit Tyran, cet homme eft digne des plus grands honneurs. Mais dans le cas ci-deffus, où une Monarchie Univerfelle renfermoit les intérêts du Monde entier, ce Miniftre eut été un Ange-Tutelaire, qui auroit tourné la plus méchante des Cours & les plus méchans Princes aux juftes foins du gouvernement des hommes. Tel fut Seneque fous une Agrippine & un Neron. C'eft ainfi qu'il fut repréfenté par les anciens Satiriques, gens peu indulgens, qui ne purent, néanmoins s'empêcher de célébrer d'ailleurs fa générofité & fa fenfibilité pour fes Amis dans la Vie privée :

neque à son Ami Lucilius; ou si l'on suppose que ce Courtisan Philosophe a réellement entretenu cette correspondance, & qu'il a en-

Nemo petit modicis quæ mittebantur amicis
A Seneca quæ Piso bonus, quæ Cotta solebat
Largiri: namque & titulis & facibus olim
Major habebatur donandi gloria.

Juven. S. 5.

. . . . *Quis tam*
Perditus, ut dubitet Senecam præferre Neroni?

Id. S. 8.

J'ai été tenté de faire en passant cette Remarque sur le caractere de cet Ancien, au sujet duquel on s'est plus abusé, si je ne me trompe, qu'à l'égard de tout autre. Quant à son titre philosophique, ou à la fonction qu'on lui prête dans ce genre, c'étoit un titre étranger pour lui, & qui ne convenoit nullement à un homme qui ne se donne jamais pour *Sophiste* ou *Docteur de Philosophie* pensionné. Il y a bien de la différence entre un homme de Cour qui prend du goût pour la Philosophie, & un Phiosophe qui prendroit du goût pour la Cour. Séneque étoit né à la Cour, étant fils d'un Rhéteur de la Cour: il fut élévé de la même maniere, & obtint la faveur par son esprit & son génie, son style admiré & son éloquence: ce ne fut pas la connoissance qu'il avoit de la Philosophie des Anciens: car il n'y étoit pas fort versé. En un mot, c'étoit un homme d'un esprit prodigieux, qui pensoit & écrivoit avec une extrême facilité, un Ministre habile, & un honnête Courtisan. Les rapports injurieux qui nous ont été transmis contre lui, ne viennent que de l'Ennemi commun des généreux Romains, ce frivole Historien & flatteur de cour, *Dion Cassius*, qui parut, quand la barbarie, comme on peut le voir par son ouvrage, avançoit à grands pas, & lorsque les traces & les traits de la vertu, de la science & des connoissances, s'effaçoient dans le monde.

voyé par intervalles tant d'honnêtes & de belles Epitres bien signées & scellées à son Ami de Province; il paroît cependant par leur ordre, si toutefois il en est quelqu'un, qu'après quelques légeres tentatives au commencement, l'Auteur perd insensiblement de vue son correspondant, & parle ensuite à tout le monde. Il tombe dans le genre des *Mélanges*, il marche au hazard, il dit partout de très-nobles & de très-grandes choses au gré des *mots* avec lesquels il se joue continuellement avec un esprit infini, mais avec peu ou point de cohérence. Son Ouvrage n'a ni corps ni forme, ni commencement réel, ni milieu, ni fin: tout est digression ou à peu près. De 124 Epitres vous pouvez en faire si vous voulez six cens ou une dixaine. Vous pouvez par exemple d'une grande en faire cinq ou six en la divisant, ou en joindre deux trois ou davantage. L'unité de l'Ouvrage restera la même; la vie & l'esprit s'y conserveront. Ce ne sont pas seulement des lettres ou des pages entieres que vous pouvez changer & combiner ainsi à plaisir: presque chaque periode, ou chaque sentence est indépendante; on peut la transposer, l'ôter, la mettre devant ou après, comme on jugera à propos.

Voilà la maniere d'écrire que l'on admire & que l'on imite tellement aujourd'hui, qu'il reste à peine l'idée d'un autre genre. En effet, nous ne connoissons gueres la différence qui sépare les genres. Tout est sur le même ton & la même mesure. On s'imagineroit qu'il n'y a rien de plus ennuyeux que ce pas uniforme. Je

I.
Part.
Ch. III.

suis persuadé que *l'amble* ordinaire ne fatigue pas tant un bon cavalier que le rolet éternel des Auteurs de *Mélanges* n'excede un habile Lecteur. Un bon Ecrivain ressemble à un sage Voyageur, qui mesure exactement sa route, considere le terrain, pense à ses stations & aux intervalles de repos & de marche, en un mot à tous les détails nécessaires jusqu'à ce qu'il arrive heureusement au lieu de sa destination. Il ne donne pas toujours de l'éperon, sans prendre relâche; mais il tire doucement son cheval de l'écurie, & quand le chemin ou le beau-tems l'invite, il commence par un trot ordinaire, puis il galoppe, & peu après il s'arrête. Il regle son pas suivant le terrain, les descentes, les prairies, les lieux ombragés &c. En un mot il ménage son coursier, & il est sûr de ne point l'ésouffler; il arrive frais au dernier gîte. Mais la mode actuelle est que les Auteurs *courent la poste*: le même effort vous jette en campagne, & vous fait arriver. Rien n'arrête, rien n'interrompt votre essor. Les hauts & les bas, le terrain raboteux ou uni, embarassé ou libre; tout est bon: point de différence ni de variation. Quand un Auteur se met à écrire, il n'imagine pas d'autre soin que celui d'avoir de l'esprit, & il fait ensorte que ses périodes soient bien tournées, ou coulent *légérement*, comme on dit. Par ce moyen, il ne doute pas qu'il ne passe pour *brillant*. Quand il a fait autant de *pages* qu'il juge à propos, selon que son imagination est montée, il pense peut-être au titre qu'il leur donnera; s'il en fera une *Lettre*, un *Essai*, un *Mélange* ou toute autre chofe. C'eſt peut-être auſſi l'affaire du Libraire de décider cela, lorſque tout eſt fini, excepté la Préface, l'Epitre dédicatoire & le Frontiſpice.

. . . *Incertus Scamnum, faceret ne Priapum.*
. . . . *Deus inde Ego!*

HORAT. Sat. 4. L. 1.

SECONDE PARTIE.

CHAPITRE I.

Sur l'Enthouſiaſme: ſa défenſe, ſon éloge, ſon uſage dans les affaires comme dans les plaiſirs, ſes opérations par la crainte, l'amour. Modifications de l'Enthouſiaſme: Magnanimité, Vertu héroïque, Honneur, Zele public, Religion, Superſtition, Martyre. Energie de la Dévotion extatique dans les Femmes. . . . . Les anciens Prêtres. Guerres de Religion &c.

BIEN des gens doutent qu'il y ait des *Enchantemens* réels, que les Aſtres puiſſent avoir quelque influence, où les Demons quelque pouvoir, ſur nos eſprits. Il en eſt qui tiennent pour la négative, & qui expliquent les apparences de ce genre par le jeu naturel des paſſions & le cours ordinaire des choſes extérieures. Pour moi, je ne puis m'empêcher de trouver quelque *enchantement* ou *magie* dans ce que nous appellons *Enthousiasme*, puisqu'ayant une fois légérement touché cette matiere, je ne puis la quitter sans une espece de regret.

Après avoir fait quelques réflexions générales sur la *Lettre* de notre Auteur (*), je pensois en avoir assez dit, jusqu'à ce que son second *Traité* m'a engagé plus avant. Je me suis apperçu que j'étois à peine entré dans l'esprit de l'Ecrivain, & que je n'avois presque rien senti de cette passion, qui, à ce qu'il nous apprend, se communique avec tant de facilité & de séduction. Mais ce que mes premieres réflexions n'avoient pas saisi, m'est revenu dans la suite comme naturellement, de sorte que je prouvai par mon exemple la vérité de sa maxime, savoir que *nous avons tous quelque connoissance expérimentale de ce principe*. Comme je m'apperçois que j'en ai réellement une bonne dose, on me pardonnera sans peine que j'écrive sur ces sujets avec discrétion, à différentes reprises, & non pas tout d'une haleine.

J'ai oui dire en effet que la seule lecture des *Traités* & des *Relations* concernant des affaires *graves & mélancoliques* a pu exciter cette passion dans le Lecteur trop appliqué. Voilà peut-être la raison pourquoi notre Auteur même n'a pas voulu, comme il semble le faire entendre vers la fin de sa Lettre, trop presser son sujet, ou nous donner une définition précise de l'*Enthousiasme*. Nous osons cependant inférer avec lui, *qu'il y a dans l'harmonie, la proportion & la beauté de chaque espece, un pouvoir qui captive natu-*

(*) *Lettre sur l'Enthousiasme.*

rellement le cœur, & qui excite l'imagination à concevoir quelque chose de majestueux & de divin.

Quelque soit un sujet en lui-même, nous sommes nécessairement transportés à sa seule idée. Elle nous inspire quelque chose d'extraordinaire, & nous éleve au dessus de nous-mêmes. Sans cette chaleur d'imagination le monde seroit un triste Théâtre, & la vie un ennuyeux passe-tems: ce seroit à peine une vie. Les fonctions animales pourroient s'exécuter; mais on ne chercheroit rien de plus. Les nobles sentimens, les idées élégantes, les passions fortes qui ont toujours la *Beauté* en vue, n'existeroient pas, & nous n'aurions probablement d'autre emploi que celui de satisfaire de grossiers appétits à meilleur marché, pour nous anéantir dans un état de stupide indolence & d'inaction.

Les plaisirs des Amans, des Ambitieux, des Guerriers ou des Virtuoses ne seroient, comme l'Auteur l'insinue, que bien peu de chose, si dans les *Beautés* qu'ils admirent, & qu'ils poursuivent avec passion, ils ne se proposoient pas une *grandeur*, ou une *majesté*, supérieure à celle qui résulte simplement des objets particuliers de leur poursuite. Je ne sais pas dans la réalité quel goût on trouveroit dans la plupart des plaisirs de la vie, s'il n'y avoit pas d'*enthousiasme*. Sans lui comment admireroit-on un Poëme ou un Tableau, un Jardin ou un Palais, une belle Taille ou un beau Visage? L'Amour même passeroit pour la chose la plus vile de la Nature, si on le considéroit à la maniere des Poëtes *Anti-Enthousiastes*.

Et jacere humorem collectum in corpora quæque (*).

Que deviendroit alors l'Héroïsme ou la Magnanimité? c'est ce qu'il est facile de concevoir. Les Muses joueroient un triste rôle dans cette hypothese. Le Prince des Poëtes (†) seroit un très-insipide Ecrivain si on lui ôtoit son *enthousiasme*. Qui pourroit soutenir la lecture de ce Poëte Latin (‡), disciple célebre, d'une Philosophie ingrate qui ne méritoit pas qu'un aussi beau génie invoquât les Muses en faveur de son systême monstrueux? Mais en dépit de ses efforts, il cede partout à son admiration pour la Nature: il est ravi des diverses Beautés qui éclatent dans le monde, tandis qu'il en condamne l'ordre, & qu'il détruit le principe de la *Beauté*, dont l'Univers même tira son nom dans les anciennes Langues (§).

Voilà ce que notre Auteur avance lorsqu'il cite en faveur de l'Enthousiasme ses principaux ennemis, & qu'il montre qu'ils en sont aussi susceptibles que ses plus zélés Défenseurs. Bien loin de le dégrader, ou de le désavouer en lui-même, il regarde cette passion, prise simplement, comme la plus naturelle, & son objet comme le plus juste du monde. Il tient que la Vertu même n'est autre chose qu'un noble Enthousiasme bien dirigé, & réglé sur le grand principe qu'il suppose dans la Nature des choses.

(*) *Lucret. L.* 4.
(†) *Maxime de Tyr*: Differt. 16.
(‡) Le Poëte Lucrece.
(§) Κόσμος, Mundus.

Il semble soutenir qu'il y a certaines *formes* ou *apparences morales* si frappantes & qui ont tant d'empire sur nous, que quand elles se présentent, elles renversent toute opinion contraire, toute passion & sensation opposées, ou toute affection purement corporelle. Il met la Vertu même au premier rang de ces *apparences*, puisque de tous les spectacles ou spéculations, c'est ce qui touche plus naturellement & plus fortement. Le sublime, de l'Amour ne vient que de cette source: celui de l'Amitié pareillement. Le Héros qui s'immole pour son Prince ou sa Patrie; l'Amant qui fait tant de prodiges pour sa Maîtresse; les Martirs de l'Héroïsme, de l'Amour & de la Religion, qui puisent des notions réelles ou visionnaires dans ce *Prototype* de la Divinité: tous ces gens-là, suivant les idées de notre Auteur, sont animés par la passion dont il s'agit, & forment en effet autant d'Enthousiastes.

La véritable *Honnêteté*, dans son Hypothese, n'est autre chose que ce zele ou cette passion qui nous porte fortement vers *l'apparence* du Beau & le *sublime* des actions. D'autres peuvent poursuivre différentes *formes*, & s'attacher à diverses *apparences*, comme cela arrive si communément: mais le véritable *honnête homme*, quelque simple qu'il paroisse, a fait le plus illustre choix, celui de l'*Honnêteté* même; & à la place des *proportions* ou *formes* extérieures, il est épris de l'ordre & de l'harmonie du cœur, & de la beauté des affections, qui forment le caractere de la véritable vie sociale.

L'esprit particulier de cette froide Philosophie dont on a parlé, eſt que rejettant l'ordre ou l'harmonie des choſes en général, elle rejette, par conſéquent, l'habitude d'admirer ou d'être charmé de tout ce que l'on qualifie de *Beau*. Selon les maximes qu'elle preſcrit, elle ne ſeroit certainement pas éloignée de guérir radicalement les maux de l'Amour, de l'Ambition, de la Vanité, du Luxe & des autres inconvéniens qui dérivent de la haute & brillante idée qu'on ſe forme des objets.

Il ne faut pas être ſurpris que la Religion même ſoit comptée au nombre des déſordres & des vices, que les principes de cette Philoſophie nous ordonnent, d'extirper. Si la *Majeſté*, la *Beauté*, dans les ſujets ſubalternes, étoit une notion folle & abſurde, à plus forte raiſon le ſeroit-elle dans ce Sujet principal, qui eſt la baſe & le fondement de l'Enthouſiaſme. Si le ſujet même n'eſt pas dans la Nature; ni l'idée, ni la paſſion conſéquente, ne peuvent être proprement naturelles. Ainſi toute admiration ceſſe, & l'Enthouſiaſme s'éteint. Mais s'il exiſte naturellement une ſemblable paſſion, il eſt évident que la Religion lui eſt analogue, & doit être naturelle à l'Homme.

Nous ne pouvons rien admirer profondément ſans une religieuſe vénération; & parce que ce ſentiment approche de celui de la crainte, & excite une certaine horreur qui a les mêmes ſymptômes, il eſt aiſé de donner ce tour à l'affection dont il s'agit, & de repréſenter tout enthouſiaſme, toute extaſe religieuſe comme un ſimple effet de la crainte.

Primus in orbe Deos fecit Timor.

Mais cette paſſion originale eſt d'une autre eſpece; c'eſt ce qui paroît clairement par ſon propre caractere, & par l'aveu même des plus grands ennemis de la Religion, & de ceux qui, ſelon l'obſervation de l'Auteur, ont dit que quoique les idées de la *Divinité* & de la *Beauté* fuſſent vaines, elles étoient cependant en quelque maniere *innées* & ſi naturelles à l'homme qu'il ne pouvoit guere s'en de faire.

Néanmoins comme toutes les affections ont leurs excès, & exigent du jugement & de la diſcrétion pour les réduire & les gouverner; ainſi cette noble & ſublime affection qui porte l'homme à agir, & qui eſt ſon guide dans les affaires comme dans les plaiſirs, demande qu'on l'obſerve de près, & qu'on la regle avec une attention ſévere. Tous les Moraliſtes de réputation, ont reconnu cette paſſion, quoique les plus ſages aient preſcrit de la réprimer, & défendu à tous leurs Eleves l'admiration précipitée & les tranſports extatiques trop exceſſifs à l'égard des Sujets mêmes les plus auguſtes & les plus vénérables. Ils ſavoient fort bien que le premier mouvement, & l'ardeur de la jeuneſſe en général pour la Philoſophie & les connoiſſances, venoient principalement de ce tour de caractere: mais ils ſentoient en même tems qu'au milieu du progrès de ces études, auſſi bien que dans les affaires de la Vie, les idées pompeuſes & extatiques de ce genre, excitoient le feu de mille paſſions, & qu'en fait de Religion ſurtout, l'habitude d'admirer & de contempler les objets avec délices, pouvoit dégénérer, par trop d'indulgence, en fanatifme & en fuperſtition.

Au reſte, fuivant notre Auteur, l'Enthouſiafme eſt en lui-même, une Paſſion naturelle & honnête, elle n'a pour objet propre que le *Bon* & l'*Honnête*. Il eſt vrai qu'elle eſt ſujette à l'égarement ; & des exemples modernes nous prouvent peut-être mieux qu'aucun ancien, qu'en fait de Religion, l'Enthouſiafme qui agit par un *principe d'Amour*, eſt ſuſceptible d'étranges irrégularités ; & que celui qui agit par un *principe de Crainte*, engendre des fuperſtitions horribles & monſtrueuſes. Les Egliſes Réformées fourmillent auſſi bien que la Romaine de Myſtiques & de Fanatiques. Les prétendues effuſions de la Grace dans le ſein des *Quiétiſtes*, des *Piétiſtes*, & de tous les partiſans de la Dévotion extatique, excitent des tranſports, où leurs Proſelites avouent qu'il y a quelque choſe de ſinguliérement agréable & d'analogue à ce que les Amoureux ont coutume de ſentir. Pluſieurs ont remarqué que les Dévotes ont le plus accrédité cette *tendre* partie de la Religion. Je laiſſe au Lecteur à examiner la vérité de l'hiſtoire des opérations de cette prétendue Grace & de ce zele *amoureux*, de même que celle de ce qui s'eſt paſſé entre les Saints des deux ſexes dans leurs extaſes : je ſuppoſe qu'il trouvera des faits plauſibles qui ſuffiront pour le convaincre des dangereux progrès de l'Enthouſiafme parmi ces gens-là.

L'Enthouſiafme a pluſieurs branches plus communes, telles que la Peur, la Mélancolie, la Consternation, le Soupçon, le Désespoir. Quand la Passion a plus de rapport au merveilleux & au terrible qu'à des objets gais & aimables, elle produit plutôt ce que l'on appelle Superstition que de l'Enthousiasme. Je dois convenir encore que ce que l'on qualifie ordinairement de zele en matiere de Religion, va rarement sans quelque mêlange de superstition & d'enthousiasme. Les transports de l'Amour divin sont presque toujours accompagnés des horreurs & de la consternation d'une sombre piété ; ces *paroxismes* de zele sont dans la réalité comme les ardeurs & les frissons de la fievre, & dépendent du rapport sous lequel on considere la Divinité, & des impressions intérieures ou extérieures relatives au caractere particulier de celui qui les éprouve. Il n'arrive guere que les *traits* de la Divinité soient assez fixes & déterminés pour exciter constamment un seul & même esprit de Dévotion. Voilà pourquoi dans les Religions qui tiennent le plus à l'*Amour*, il y a toujours lieu pour les plus noires *Terreurs* ; & il n'y a pas de Religion si détestable qui, dans ses tableaux de la Divinité, ne donne toujours lieu à l'*admiration* & à l'*estime*. Quelque Fantôme que l'on adore, on affecte toujours pour lui de l'*amour* & de l'*estime* ; ou si son culte n'implique pas de véritable estime, il inspire cependant des plaisirs & des transports extraordinaires.

Tous les zélateurs éprouvent la passion de l'Enthousiasme. Mais lorsqu'elle n'est pas guidée, & qu'elle est entiérement abandonnée à elle-même, sa nature est d'être inquiete & turbulente. Elle relâche le ton ordinaire & l'harmonie de l'Ame: dans cet état on se livre à toute passion qui se présente; & l'Ame approuve alors autant qu'il est en elle, le désordre, & justifie les mauvais effets par la sainteté prétendue de la Cause. Un songe, un accès de frénésie, devient une inspiration; tout est zele. En pareil cas, le cœur effréné, se commet à la merci des passions, & peut, dans le même esprit, se livrer à la fois à des sentimens contraires d'amour & de haine; chérir avec affection & détester avec fureur, maudire, benir, chanter, pleurer, tressaillir de joie, trembler, caresser, assassiner, tourmenter, & souffrir (*) le

(*) Je me rappelle un trait d'Histoire, cité par un fameux Théologien de notre Eglise, relativement à cet Esprit du Martyre, qui me semble donner une juste idée de la force, de la conviction & de la foi des zélateurs. Voici comment il le rapporte, & je ne supprimerai pas ses réflexions. „ Deux Franciscains offrirent de passer „ par l'épreuve du feu pour prouver que Savanarole „ étoit un Hérétique. Un Jacobin se présenta pour dé„ montrer par la même épreuve que Savanarole avoit „ des Révélations réelles & qu'il n'étoit point héréti„ que. Cependant Savanarole continuoit de prêcher; „ mais il n'osa faire une aussi présomptueuse proposi„ tion, ni se hazarder jusqu'à ce point. Supposé le cas „ que nos Champions eussent passé par le feu, & fussent „ morts dans les flammes, qu'est-ce que cela auroit „ prouvé? Savanarole eut-il été plus ou moins Héréti„ que, à cause de l'audace & de la confiance de ces „ imbécilles? Si l'on y fait bien attention, grand nom„ bre d'argumens que plusieurs sectes opposent à leurs „ Adversaires, ne sont guere mieux fondés". *L'Evêque Taylor.*

le Martyre ; enfin éprouver mille autres affections fougueuses & opposées.

La Religion commune du Paganisme, surtout dans les derniers tems, lorsqu'elle étoit embellie par des Temples superbes, & que la magnificence du Senat Romain & des Empereurs, la rendoit plus illustre, se changea toute en pompe extérieure : elle étoit principalement soutenue par cette sorte d'*Enthousiasme* qui prend sa source dans les objets qui ont de la grandeur, de la majesté, & ce que nous appellons un air auguste. D'un autre côté, les Religions de l'Egypte & de la Syrie qui consistoient plus en mysteres, & cérémonies emblématiques ; qui dépendoient moins du Magistrat, & qui n'avoient pas tant de cet éclat, de ce faste & de ce goût, qui sont le fruit des Arts, dégénérerent en Superstitions pusillanimes, frivoles & abjectes. ,, C'étoient des ob-
,, servations de certains jours, des abstinences
,, de certaines viandes, & des disputes sur les
,, traditions, l'antiquité des Loix, & la prio-
,, rité des Dieux ".

. . . . *Summus utrimque*
Inde furor vulgo, quod Numina Vicinorum
Odit uterque locus, quum solos credat habendos
Esse Deos, quos ipse colit.
Juven. Sat. 15.

L'Histoire parle encore d'un certain Etablissement en Egypte, qui étoit fort extraordinaire, & qui devoit avoir un effet très-singulier, mais également funeste à cette Nation, &

II. Part. Ch. I.

à la Société humaine en général. Personne n'ignore qu'il n'y a rien de plus funeste à la police ou à la constitution municipale d'une Ville ou d'une Colonie qu'un commerce particulier forcé. Rien de plus dangereux que de trop étendre une Manufacture, ou de multiplier les Marchands en quelque genre que ce soit, au de-là de la proportion naturelle qu'exige la chose & la demande publique. Or dans cette premiere Patrie de la Superstition, on obligeoit toujours les fils de certaines gens de faire le métier de leurs Peres. Ainsi le fils d'un Prêtre étoit toujours Prêtre par sa naissance, de même que tous ses enfans après lui sans la moindre interruption. D'ailleurs ce n'étoit pas la coutume chez cette Nation comme parmi les autres, de n'avoir qu'un Prêtre ou une Prêtresse pour un Temple (*) : mais comme le

---

(*) Τῆς δὲ χώρας ἁπάσης εἰς τρία μέρη διῃρημένης &c. *Cum tota Regio in tres partes divisa sit, primam sibi portionem vindicat Ordo Sacerdotum, magna apud indigenas auctoritate pollens, tum ob pietatem in Deos, tum quod multam ex eruditione Scientiam ejusmodi homines afferunt. Ex reditibus autem suis cuncta per Ægyptum sacrificia procurant, ministros alunt, & propriis commoditatibus ancillantur,* ταῖς ἰδίαις χρείαις χορηγοῦσιν. *Non enim (Ægyptii) existimant fas esse Deorum honores mutari, sed semper ab eisdem eodem ritu peragi; neque eos necessariorum copia destituti qui in commune omnibus consulunt. In universum namque de maximis rebus consulentes; indesinenter Regi præstò sunt, in nonnullis tanquam participes Imperii, in aliis Reges, Duces & Magistri existentes. Ex Astrologia quoque & Sacrorum inspectione, futura prædicunt, atque è Sacrorum Librorum Scriptis res gestas cum utilitate conjunctas prælegunt. Non enim, ut apud Græcos, unus tantummodo Vir aut fœmina una, Sacerdotio fungitur, sed com-*

nombre des Dieux & des Temples étoit infini, celui des Prêtres l'étoit de même. Les fondations Religieuses étoient sans bornes; & chaque Temple pouvoit avoir autant de Ministres qu'il pouvoit en entretenir.

Quelques fussent les Réglemens des autres professions, celle du Sacerdoce devoit être naturellement la plus nombreuse. C'est une perspective séduisante que de pouvoir dominer si aisément dans le monde, de subjuguer les hommes par l'esprit au lieu d'employer la force, de remuer les passions, de triompher du jugement du genre humain, d'influer sur les affaires publiques & celles des familles particulieres, de mettre sous le joug les conquérans, de fronder les Magistrats mêmes, & de gouverner sans craindre l'Envie qui accompagne tout autre gouvernement ou supériorité. Je ne m'étonne pas qu'une telle Profession s'étendit prodigieusement, surtout quand on considere la vie aisée, & sûre de ceux qui s'y adonnoient, exemption de tout travail & danger; la sainteté prétendue de leur caractere & la libre possession des richesses, de la grandeur & des *femmes*.

Il n'étoit pas nécessaire de gratifier ce vaste Corps de riches fonds de terre & d'amples territoires, comme il arriva. La Tribu, une fois séparée des autres, & regardée comme sacrée, devoit à la longue & sans autre encouragement, réunir d'immenses trésors & établir une

---

plures Sacrificia & Honores Deûm obeuntes, Liberis suis eandem vitæ rationem quasi per manus tradunt. Hi autem cunctis oneribus sunt immunes, & primos post Regem honoris & potestatis gradus obtinent. Diod. Sic. L. I. p. 68.

sainte *Banque* pour les accroître sans cesse. N'étoit-ce pas une suffisante donation que le seul privilege, qu'elle tenoit de la Loi, savoir, ,, qu'elle pourroit garder tout ce qu'elle gagne- ,, roit, & qu'il lui seroit légitimement permis ,, de recevoir par contributions volontaires, ,, des Biens qu'on ne pourroit ensuite jamais ,, plus convertir à d'autres usages".

Si les Prêtres d'Egypte, outre la propagation naturelle dont nous avons parlé, avoient encore d'autres méthodes pour se multiplier; si des Volontaires pouvoient à leur gré prendre parti dans cet état, sans que le nombre fut fixé; il n'est pas difficile de concevoir les progrès énormes d'une Profession avouée par le Magistrat, riche en possessions & en crédit, & qui avoit droit d'acquérir tous les biens que son manege pouvoit arracher à la Superstition du peuple.

Il y avoit de plus en Egypte quelques causes naturelles de Superstition, outre celles qui lui étoient communes avec les autres pays. Cette Nation pouvoit abonder en *prodiges*, tandis que le sol même étoit une espece de *Merveille* de la Nature. La vie oisive & solitaire des Egyptiens, lorsqu'ils étoient confinés dans leurs maisons par les régulieres inondations du Nil; les vapeurs mal saines qui s'exhaloient du limon & des dépôts du fleuve, brûlés par le soleil; mille Météores & phénomenes, avec de longs loisirs pour les observer & y réfléchir; enfin la nécessité où ils se trouvoient de favoriser l'étude de l'Astronomie & des autres Sciences pour l'intérêt de leur navigation & la mesure des terres; circonſtance dont les Prêtres pouvoient tirer un bon parti; tout cela a peut-être beaucoup contribué aux progrès étonnans de la Superſtition & du pouvoir des Prêtres.

Au reſte, il me ſemble qu'il ſera toujours inconteſtablement vrai dans toute Nation, ſelon les principes de l'Arithmetique Politique, que la *quantité* de la Superſtition, ſi l'on peut parler de la ſorte, eſt à peu près proportionelle au *nombre* de Prêtres, de Devins, de Prophetes, de Diſeurs de bonne avanture, & de tous ceux qui gagnent leur vie à l'ombre & du produit des Autels: car ſi ces *marchands* ſont nombreux, ils établiront un commerce *forcé*; & comme la main liberale du Magiſtrat peut aiſément en ſuſciter des eſſains dans les endroits où ils ne ſont pas encore exceſſivement multipliés; de même partout où leur nombre augmente inſenſiblement par toute autre cauſe, ſi l'on ſouffre qu'ils s'accroiſſent trop, ils exciteront bientôt une telle fermentation dans les eſprits, que le Magiſtrat, quoiqu'il en ſente les funeſtes inconvéniens, ne pourra procéder à une Réforme qu'avec une extrême diſcrétion.

Nous pouvons remarquer dans les autres Profeſſions néceſſaires, qui ſont établies ſur les infirmités ou les défauts des hommes, comme la Juriſprudence & la Médecine, que pour peu que le Magiſtrat les favoriſe ou leur faſſe du bien, le nombre des Docteurs & des affaires s'accroit continuellement. On excite de nouvelles difficultés, & de nouveaux ſujets de diſpute. Les formules & les inſtrumens du Barreau, deviennent plus nombreux & plus prolixes; les Systêmes, les Méthodes, les Régimes sont plus variés; la *Matiere Médicale* s'étend prodigieusement &c. On peut inférer de-là ce qui a pu arriver naturellement dans la Religion des Egyptiens par le laps du tems.

Il n'est pas étrange que les Biens (*) & l'Autorité de leurs Prêtres se soient tellement accrus, qu'ils ayent presque englouti l'Etat & la Monarchie. Il arriva encore pis dans la Perse, où le Sacerdoce ayant envahi la Couronne, fut dans le cas d'aspirer à l'Empire de l'univers. Que la *Hiérarchie* Persanne ou Babylonienne fut imitée des Egyptiens, quoiqu'elle différât peut-être par le culte & les cérémonies, c'est ce que l'on peut voir dans l'Histoire des Mages (*a*) non seulement, mais encore par ce que l'on rapporte des anciennes Colonies que les Egyptiens avoient envoyées longtems auparavant en Chaldée (*b*) & dans les pays adjacens. Que le systême des Ethiopiens vint d'Egypte ou *vice versa* (car chaque peuple (*c*) avoit ses prétentions) on sait au moins par des traits frappans que l'Empire d'Ethiopie éprou-

---

(*) Qui montoient au tiers des terres. *Sed cum Isis lucro etiam Sacerdotes invitare vellet ad cultus istos, (nempe Osiridis Mariti fato functi) tertiam eis terræ partem ad Deorum Ministeria & sacra munia fruendam donavit*. Diod. Sic. Exemple remarquable de la Superstition des femmes!

(*a*) Hérodote en donne l'Histoire au long dans son III. Livre.

(*b*) Diodore de Sicile. L. 1.

(*c*) Hérodote & Diod. de Sicile.

va le même sort, & qu'il fut englouti par le pouvoir exorbitant de son Hiérarchie (*a*); tant il est vrai que *l'empire suit naturellement la propriété*. Je ne pense pas qu'il soit possible qu'aucun Etat s'oppose aux empiétemens d'un Ordre de Prêtres, fondé sur le modele de ceux d'Egypte ou d'Asie. Les préjugés de la Superstition ne s'éteindront jamais parmi les ignorans, tant que des hommes habiles & adroits pourront impunément usurper des héritages & des biens, en profitant de leur *foiblesse*. C'est un fond inépuisable: les Reclus trouveront facilement de nouvelles formules de culte, de nouveaux miracles, de nouveaux héros, de nouveaux Saints, de nouveaux systêmes, qui atti-

II. Part. Ch. I.

(*a*) *Qui in Meroe (Urbe & Insula primaria Æthiopum) Deorum cultus & honores administrant Sacerdotes, (Ordo autem hic maxima pollet auctoritate) quandocunque ipsis in mentem venerit, misso ad Regem Nuncio, vitâ se illum abdicare jubent. Oraculis enim Deorum hoc edici; nec fas esse ab ullo Mortalium, quod Dii Immortales jusserint, contemni.* Voilà pour les Rois: on voit un peu auparavant ce qui concerne les Sujets: *Unus ex Lictoribus ad Reum mittitur, signum mortis præferens, quo illo viso, domum abiens sibi mortem conscifcit.* C'est là ce qu'on appelleroit de nos jours une Obéissance passive & une Tyrannie de Prêtres; mais l'Historien ajoute: *Et per superiores quidem ætates, non armis, aut vi coacti, sed meræ Superstitionis fascino, mente capti Reges Sacerdotibus morem gesserunt; donec Ergamenes Æthiopum Rex (Ptolomeo secundo rerum potiente) Græcorum Disciplinæ & Philosophiæ particeps, mandata illa primus adspernari ausus fuit. Nam hic animo, qui Regem deceret, sumto, cum militum manu in locum inaccessum, ubi aureum fuit Templum Æthiopum, profectus, omnes illos Sacrificos jugulavit, & abolito more pristino, sacra pro arbitrio suo instauravit.* Diod. Sic. L. 3.

II. PART. CH. I.

reront de nouvelles *donations*, ſi le Magiſtrat les autoriſe, loin de reſtraindre le nombre & les poſſeſſions du Sacerdoce.

Nous trouvons de plus que dans les premiers tems de cette Race de Prêtres, dont nous venons de parler, on jugea à propos pour hâter les progrès de la Dévotion, d'étendre le ſyſtême de la Divinité, & d'augmenter par la voie des Généalogies myſtiques & des Apothéoſes le nombre des objets divins, en un mot d'introduire de nouveaux Dieux dans la Religion: cette ſainte multiplication devint inſenſiblement ſi forte, qu'il ſe trouva en quelque ſorte une foule innombrable de Dieux. On ſait quelles étranges figures ou repréſentations on offrit à la ſuperſtitieuſe vénération du peuple dans les derniers tems. A peine y avoit-il un Animal ou une Plante qui ne fût élevée à la Divinité.

O Sanctas Gentes, quibus hæc naſcuntur in hortis Numina! . . . .

Juven. S. 15.

Il n'eſt pas ſurprenant qu'une Nation ſi feconde en Prêtres, ait fait des conquêtes ſpirituelles dans les pays étrangers, y ait mené des Colonies (*), & détaché des Miſſionnaires

(*) *Ægyptii plurimas colonias ex Ægypto in Orbem terrarum diſſeminatas fuiſſe dicunt. In Babylonem colonos deduxit Belus, qui Neptuni & Libiæ filius habetur, & poſitá ad Euphratem ſede, inſtituit Sacerdotes ad morem Æ-*

pour répandre fa Foi partout. C'étoit un Peuple zélateur qui fuivoit depuis longtems l'impreſſion du climat & de fon gouvernement particulier: les foins réunis de l'Art & de la Nature pendant une longue fuite de fiecles, lui avoient fait faire de rares progrès dans la fcience de la Religion & des Myſteres; il répandit peu à peu fes diverfes cérémonies & fes formules de culte dans les Régions réculées, mais principalement chez fes voifins ou fes dépendans.

L'Hiſtoire nous apprend que lors même que l'Empire Egyptien fut le moins redoutable par fes forces, on le refpecta toujours pour fa Religion & fes Myſteres. Il attira de toutes parts des Etrangers pour voir fes merveilles; & la fertilité de fon fol força les peuples circonvoifins, & les nations errantes qui étoient féparées en Tribus, de venir le vifiter, de rechercher fon alliance, & d'obtenir une certaine liberté de commerce, à quelque prix que ce fût. Les Etrangers pouvoient bien adopter fans doute la doctrine & les cérémonies de ceux qui leur donnoient la fubfiſtance.

Avant qu'Ifraël fut contraint d'aller demander des vivres à ces puiſſantes Dynaſties qui occupoient la baſſe Egypte, le Saint Patriarche Abraham (*) avoit été obligé de faire la même chofe. Il s'étoit préfenté pareillement à la Cour, avoit

gyptiorum exemptos impenſis & oneribus publicis, quos Babylonii vocant Chaldæos, qui exemplo Sacerdotum & Phyſicorum, Aſtrologorumque in Ægypto, obfervant ſtellas. *Diod Sic. L. I.*

(*) Genef. Cap. XII. vers 10, &c.

II.
Part.
Ch. I.

été d'abord bien réçu, puis maltraité & difgracié du Prince: cependant on lui avoit permis de fortir du Royaume, & de fe retirer avec fes effets, fans qu'on eut jamais effayé de le faire revenir par force, comme il arriva à fa Poftérité. Il eft certain que fi ce Patriarche, qui inftitua le premier la Circoncifion dans fa famille ou tribu, n'eut en vue aucune pratique ou cérémonie Religieufe de l'Egypte; cependant il avoit habité ce pais (où la Circoncifion étoit un ufage facré & national) longtems avant qu'il eut la moindre idée ou Révélation divine à ce fujet (a). On dit que ce vénérable Perfonnage n'emprunta pas feulement de fes Hôtes des coutumes religieufes, mais encore d'autres connoiffances. On a fuppofé qu'il avoit appris dans cette Patrie des *Sciences occultes* celle de l'Aftrologie (b), comme fes Succeffeurs y puiferent enfuite les Arts Prophétiques & Miraculeux des Mages ou Prêtres du Pays.

(a) *Abramus, quando Ægyptum ingreffus eft, nondum circumcifus erat, neque per annos amplius viginti poft reditum.... Illius pofteri circumcifi funt, & ante introitum, & dum in Ægypto commorati funt: poft exitum vero non funt circumcifi, quandiu vixit Mofes....* ,, *Fecit itaque* ,, *Jofue cultros lapideos, & circumcidit filios Ifraël in* ,, *Colle Præpuciorum. Factum Deus ratum habuit, dixit-* ,, *que, Hodie abftuli opprobrium Ægypti à vobis"...... Tam Ægyptiis quam Judæis opprobrio erant incircumcifi... Apud Ægyptios circumcidendi ritus vetuftiffimus fuit, & ab initio inftitutum. Hi nullorum aliorum hominum inftitutis uti volunt.* Herodot. L. 2. Cap. XXXVI. Marshami Chronicus Canon. p. 72.

(b) *Julius Firmicus* dans Marsham.

On ne peut en effet s'empêcher d'obferver l'étrange attachement qu'eurent enfuite les Hébreux pour la Nation Égyptienne, & la fervile dépendance où ils furent à fon égard. Il paroît que quoiqu'ils euffent été maltraités autrefois dans la perfonne de leur Patriarche, puis retenus dans la plus abjecte fervitude, chaffés enfuite deux fois ou contraints de fe fauver par la fuite d'un pays qui les opprimoit ; cependant lors de leur derniere retraite, durant une marche dirigée par la main vifible de Dieu, dans le tems même qu'ils étoient entretenus & nourris immédiatement par un bienfait du ciel, ils confervoient néanmoins un fi violent penchant pour les mœurs, la Réligion, les cérémonies, les abftinences, les coutumes, les loix & les conftitutions de leurs oppreffeurs, qu'on eut toutes les peines du monde à les empêcher de venir reprendre (c) leurs fers. Leurs habiles Chefs & Légiflateurs ne purent prévenir

(c) On ne peut gueres concevoir pourquoi l'Ecriture fait entendre que la Retraite des Hébreux fut volontaire. Quant aux Hiftoriens des autres Nations, ils ont ofé affurer que ce peuple fut chaffé de l'Egypte à caufe qu'il étoit lepreux; circonftance à laquelle la Loi Judaïque a tant de rapport. *Plurimi Autores*, dit Tacite, *confentiunt, ortâ per Ægyptum tabe, quæ corpora fœdaret, Regem Occhorim, adito Hammonis oraculo, remedium petentem, purgare Regnum & id genus hominum ut invifum Deis, alias in terras avehere juffum fic conquifitum, collectum que vulgus .... Mofes unum monuiffe &c.* Lib. 5. c. 3. *Ægyptii quum fcabiem & vitiliginem paterentur, refponfo moniti, eum* (Mofen) *cum ægris, ne peftis ad plures ferperet, terminis Ægypti pellunt. Dux igitur Exulum factus, facra Ægyptiorum furto abftulit; quæ repetentes*

II. Part. Ch. I.

leurs retours perpétuels au Culte qu'ils avoient si longtems pratiqué (*a*).

Je ne suis pas dans l'intention d'examiner jusqu'à quel point la Providence s'est prêtée au caractere opiniâtre & stupide de ce Peuple, en lui donnant des Loix, *qu'elle n'approuvoit pas elle-même*, suivant l'expression du Prophete (*b*).

armis Ægyptii, domum redire tempestatibus compulsi sunt. Justin. Lib. 36. C. 2. Marsham cite encore ce passage remarquable de Marathon: *Amenophin Regem, Deorum esse contemplatorem, sicut Orum quesdam Regem priorum. Cui responsum est quod posset videre Deos, si Regionem à Leprosis & immundis hominibus purgaret.* Chronicus Canon. p. 52.

(*a*) Voyez ce que l'on a déjà cité de Marsham dans les Notes, au sujet des Juifs, qui revinrent à la Circoncision sans Josué, après une interruption de la durée d'une génération; ce que Dieu approuva, pour écarter le reproche des Egyptiens, ou ce qui les rendoit odieux & impies aux yeux de cette Nation. Comparez avec ceci les passages au sujet de Moïse même, *Exod.* IV. 18, 25, 26, & *Act.* VII. 30, 34, par lesquels il paroît que par considération pour les Egyptiens chez qui il retourna à l'âge de 40 ans, il circoncit ses enfans, & dissipa cet opprobre national. Sa femme néanmoins lui reprocha cette exécution cruelle, à laquelle elle ne sembla prendre part que malgré elle, & plutôt par crainte de son Mari que de Dieu.

(*b*) *Ezechiel* XX. 25. *Act.* XV. 10. Voyez Spencer au sujet des Institutions Egyptiennes adoptées par les Hébreux. *Cum morum quorundam antiquorum toleratio vi magnâ polleret, ad Hæbreorum animos Dei Legi & Cultui conciliandos, & à Reformatione Mosaicâ invidiam omnem amoliretur; maxime conveniebat, ut Deus ritus aliquos antiquitus usitatos in Sacrorum suorum numerum assumeret, & Lex à Mose data speciem aliquam Cultus olim recepti ferret. . . . Ita nempe nati factique erant Israëlitæ, ex Ægypto recens egressi, quod Deo penè necesse esset, (humanitus loqui fas sit) rituum aliquorum veterum usum iis indulgere, & illius instituta ad eorum morem & modu-*

Je veux seulement conclurre de ce qui a été dit, que *les Mœurs, Opinions, Rites & Coutumes des Egyptiens, avoient fait dès les premiers tems, & de génération en génération, une puissante impression sur les Hébreux, leurs Hôtes & leurs Sujets, & avoient un fort ascendant sur leurs esprits.*

Quelque exorbitant que fût le nombre des Superstitions Egyptiennes, il est certain que la doctrine & la sagesse de ce peuple étoient en grande réputation, puisque les Livres Saints mêmes ne représentent pas comme un petit a-

lum accommodare. Nam populus erat à teneris Ægypti maribus assuetus, & in iis multorum annorum usu confirmatus. . . . . Hebræi, non tantum Ægypti moribus assueti, sed etiam refractarii fuerunt. . . . . Quemadmodum cujusque Regionis & terræ populo sua sunt ingenia, moresque proprii, ita Natura gentem Hebræorum, præter cæteros orbis incolas, ingenio moroso, difficili, & ad insaniam usque pertinaci, finxit. . . . Cum itaque veteres Hebræi, moribus essent asperis & efferatis adeo, populi conditio postulavit, ut Deus ritus aliquos usu veteri firmatos iis concederet, & (uti loquitur Theodoretus) cultum legalem eorum infirmitati accommodatum institueret. . . . . Hebræi, superstitiosa gens erant, & omni pené litteratura destituti. Quam alté Gentium superstitionibus immergebantur, a legibus intelligere licet, quæ populo tanquam remedia superstitionis imponebantur. Contumax autem bellua Superstitio, si præsertim ab ignorantiæ tenebris novam ferociam & contumaciam hauserit. Facilé vero credi potest, Israëlitas, nuper è Servorum domo liberatos, artium humaniorum rudes fuisse & vix quisquam supra lateres atque allium Ægypti sapuisse. Quando itaque Deo jam negotium esset, cum Populo tam barbaro, & Superstitioni tam impensé dedito; pené necesse fuit, ut aliquid eorum infirmitati daret, eosque dolo quodam, non argumentis, ad scipsum alliceret. Nullum animal superstitioso, rudi præcipué, morosius est, aut majori arte tractandum. Spencerus de Lege Hebræorum: p. 627 &c.

vantage pour Moïfe qu'il ait été *imbu de la Sageffe* de cette Nation, dont les Mages & les Prêtres étoient les principaux dépofitaires (§).

Avant que le grand Légiflateur des Hébreux fût élevé parmi ces Sages, un Efclave Ifraëlite (*) qui étoit venu fort jeune à la Cour d'Egypte, s'étoit déja rendu fi redoutable dans ce genre de Sageffe, qu'il triomphoit des principaux Devins & Interprêtes du Pays. Il parvint au rang de premier Miniftre d'un Prince, qui par fes avis, s'empara en quelque maniere de toutes les terres, & conféquemment du pouvoir abfolu. Mais on peut conjecturer quelle étoit déja la puiffance des Prêtres, par la déclaration que fit la Couronne (pour parler felon notre ufage) de ne pas fe mêler des Biens de l'Eglife: en effet, on n'entreprit abfolument rien, dans cette grande révolution, contre le Clergé ; on ne tenta pas même la voie des achats ou des échanges (†). Le Miniftre fe lia d'intérêt avec cet Ordre, & s'unit à lui par un mariage (‡). Le fameux fondateur de la République Juive l'imita enfuite en cela; car il prit une femme (‡) chez les Prêtres de quel-

---

(§) Act. Apoft. Cap. VII. vers. 22. Exod. Cap. VII. vers. II. & 22. Cap. VIII. vers. 7. Juftin. Lib. XXXVI. Cap. II.

(*) *Gen. Cap. XXXIX. &c. Minimus ætate inter fratres Jofeph fuit, cujus excellens ingenium veriti fratres, clam interceptum peregrinis Mercatoribus vendiderunt. A quibus deportatus in Ægyptum, cum magicas ibi artes folerti ingenio percepiffet, brevi ipfi Regi percarus fuit. Juftin. L. 36. c. 2.*

(†) *Genes. Cap. XLVII. vers. 22. 26.*
(‡) *Genes. Cap. XLI. vers. 45.*
(‡) *Exod. Cap. III. vers. 1. Cap. XVIII vers. 1. &c.*

ques Nations voisines qui venoient commercer en Egypte (*) longtems avant qu'il établit l'Etat & la Religion des Hébreux. Observons encore qu'il ne mit la derniere main à son *plan*, qu'après avoir consulté le Prêtre étranger, son Beau-Pere, aux avis duquel il déféra d'une maniere remarquable.

Mais pour revenir aux vastes progrès de la Science ou des Cérémonies des Prêtres d'Egypte, il paroît, par ce qu'on a dit précédemment, que quoique le Sacerdoce fut héréditaire chez eux selon un ancien Etablissement, néanmoins la Magie, l'art de deviner, de dire la bonne avanture &c. n'appartenoient point exclusivement à cet Ordre; & que la sagesse des Magiciens, leur pouvoir de faire des Miracles, d'interpréter les songes, les visions, & de communiquer avec les Dieux, étoient confiés mêmes aux Etrangers qui résidoient en Egypte.

Il paroit encore qu'aucune profession n'étoit plus propre à s'étendre que celle des Prêtres & des Devins : quels efforts ne devoient pas naturellement faire les plus indigens pour se procurer une fortune & l'assurer à leurs Successeurs !

L'Arithmetique vulgaire prouve qu'en pareil cas, comme la proportion de tant de seculiers à chaque Prêtre, diminuoit chaque jour, ainsi les besoins de chaque Prêtre devoient s'accroître de plus en plus. D'ailleurs le Magistrat, qui dans ce Religieux Systême, avoit

(*) Tels étoient les Madianites. Genes. Cap. XXXVII. vers. 28. 36.

cédé le droit de se mêler des affaires spirituelles, ne pût longtems agir d'autorité, ou contenir des hommes sacrés qui se multiplioient sans cesse. Leurs familles mettoient à contribution les profanes, & se détruisoient quelquefois entr'elles (comme certains poissons), lorsqu'il n'y avoit pas d'autre ressource, ou qu'elles étoient trop gênées. Quel moyen restoit-il donc pour accroître le zele des Dévots & augmenter leur libéralité, si non de fomenter leur émulation, de leur faire préférer un Culte à un Culte, une Croyance à une Croyance, & de changer l'*Enthousiasme* en horreur sacrée, en religieuse antipathie, & en haine pour d'autres Cultes!

C'est ainsi que les Provinces & les Nations furent divisées par les cérémonies & les coutumes les plus *contraires* que l'on put imaginer pour semer la plus forte *aversion* possible entre des créatures d'une même espece: car quand les autres animosités expirent, & que la plus terrible fureur s'appaise, la *Haine religieuse* se soutient toujours comme elle a commencé, sans qu'on la provoque, ou qu'elle trouve une offense volontaire à venger. Le faux croyant ou le blasphémateur prétendu, est détesté par le partisan d'un autre Secte qui le représente comme haï & réprouvé de Dieu: sa fureur augmente naturellement comme son zele farouche.

On éleva Autel contre Autel: Dévots contre Dévots. On croyoit honorer son Dieu en bravant celui des autres. Les titres de la Divinité étoient des cris d'allarmes. Chacun portoit la marque de son parti; & immoloit à sa fureur ceux qui ne l'avoient pas. *Renverfez-le! Méritez ainfi le ciel!* dit notre Dryden dans fa Tragédie de l'*Empereur Indien*.

La Philofophie s'étant introduite dans la Religion, loin d'éteindre ce zele affaffin, ne fit que l'enflammer; ainfi que nous pourrons le faire voir ci-après, fi nous revenons encore fur ce fujet, comme il y a apparence; car la matiere eft féconde. Obfervons donc feulement ici ce qui fe préfente d'abord à tout homme qui étudie un peu les Antiquités Sacrées; c'eft que les difputes & l'art des anciens Sophiftes, lorfque la vraie Science & la faine Philofophie tomboient déjà dans une extrême décadence, produifirent des Problêmes Religieux de la même forme: on fabriqua certains *Symboles de Doctrine*, par lefquels les différens Partis s'engageoient & s'enrolloient pour fe faire mutuellement la guerre, avec plus d'animofité qu'on n'en avoit jamais vu dans la défenfe de toute autre caufe: d'horribles maffacres firent enfuite fremir la Nature, les Temples furent démolis, les inftrumens qui fervoient au culte, furent détruits; la pompe des Autels fut foulée aux pieds; & les profanateurs éprouverent à leur tour la même fureur dans leurs perfonnes & dans leur Religion. C'eft ainfi que la rage & la confufion troublerent le monde: c'étoit l'image de ce *Chaos* que notre Scene décrit par la bouche d'un funefte Héros: *Le défordre & l'Aveuglement regnoient jufques dans le fejour célefte, aucun rayon de lumiere, aucune lueur.... Mais les Dieux fe heurtoient dans l'obfcurité* (*).

(*) Oedipe de Dryden & de Lee.

CHAPITRE II.

Jugemens des Théologiens & des graves Auteurs sur l'Enthousiasme. Réflexions sur le Scepticisme. Le Chrétien Sceptique. Jugement des Inspirés au sujet de leurs Inspirations. Connoissance & Croyance. Esquisse de l'Histoire de la Religion. Zele offensif & défensif. L'Eglise en péril. Persécutions. Politique de l'Eglise Romaine.

Mes Remarques propres & particulieres sur l'*Enthousiasme* étant terminées, que l'on me permette d'en citer d'autres pour justifier notre Auteur; je ne tiendrai d'ailleurs compte que de celles qui ont échappé naturellement à quelques-uns de nos plus célebres Ecrivains.

On a regardé comme une étrange témérité de la part de l'Auteur, d'avoir dit que „ l'A„ théïsme même n'étoit pas entiérement exempt „ d'Enthousiasme; qu'il y a eu dans la réalité „ des Athées Enthousiastes, & que l'esprit du „ Martyre pouvoit se trouver dans cette cause „ comme en toute autre, selon la circonstan„ ce." Or outre ce qu'on a dit dans le Chapitre précédent, & ce que l'on peut démontrer par l'exemple de Vanini, & autres Martyrs de l'Athéïsme, nous pouvons rapporter le témoignage d'un docte & grand Théologien (a) très-accrédité chez nous & chez l'étranger. Après avoir décrit un Athée Enthousiaste & Inspiré, il ajoute „ que ces sortes de gens sont

(a) *Systême Intellectuel* du Dr. Cudworth.

„ aussi *fanatiques*; que cependant ce mot sem-
„ ble avoir un rapport plus particulier à quel-
„ que chose qui touche la *Divinité*; tous les
„ Athées étant les fanatiques de l'aveugle Dées-
„ se Nature. Ils sont, dit-il encore ailleurs,
„ possédés d'une sorte de rage que l'on peut
„ appeller (*a*) *Pneumatophobie*, qui leur inspire
„ une horreur déraisonnable & désespérée pour
„ les Esprits ou Substances incorporelles; ils
„ sont de plus agités en même tems par une
„ *Hylomanie*, qui les fait radoter au sujet de la

(*a*) Le bon Docteur emploie ici un trait de raillerie contre ces Messieurs qui sont ennemis de la Superstition, & qui éprouvent le sentiment dont il parle. C'est en effet le caractere de la *peur*, ainsi que de toutes les autres passions qui donnent dans l'excès, de détruire son propre objet, & d'empêcher l'exécution de ce que l'on se propose pour son avantage. La Superstition même n'est qu'une espèce de *Peur*, qui nous agitant fortement par l'image de la vengeance des *Puissances supérieures*, nous empêche de juger ce que sont ces Puissances en elles-mêmes ou par quelle conduite nous pouvons mieux leur plaire. Or si l'expérience de plusieurs illusions grossieres change le motif de la crainte, il lui est naturel de donner avec la même fureur dans l'extrémité contraire. On déteste une passion excessive pour les objets religieux, de sorte que l'horreur & la crainte de l'imposture nous troublent autant que l'imposture même. En pareil cas, l'esprit peut également s'égarer. Il est clair que ce double désordre nous empêche de faire usage de notre raison & de notre entendement : car comment nous fier à notre raison ou nous en servir, si nous *craignons* d'être convaincus. Comment nous dominer nous-mêmes, si nous avons l'habitude de porter l'horreur, l'aversion, la prædilection ou tout autre sentiment exclusif de l'indifférence & de l'impartialité dans le jugement des opinions & la recherche de la Vérité?

„ Matiere, qu'ils adorent dévotement comme
„ la feule Divinité."

Un autre favant Théologien de notre Eglife (a) expofe ce que c'eft que l'impreffion de l'*Extafe*, faite par la Mélancolie, le Vin, l'Amour ou autres Caufes naturelles: c'eft dans un *difcours fur l'Enthoufiafme*, où il cite d'après Ariftote l'exemple d'un Poëte de Syracufe, qui ne verfifioit jamais mieux que dans le delire. Mais quant aux Poëtes en général, comparés avec les Enthoufiaftes de la Religion, il dit qu'ils different en ce que les premiers font Enthoufiaftes *pour rire*, & les autres *à bon efcient*:

„ C'eft une forte tentation pour un *Mélancoli-*
„ *que* que d'éprouver un orage de Dévotion
„ & de zele qui l'affiege comme un Vent im-
„ pétueux: quand fon cœur eft plein de paf-
„ fion, que fa tête lui offre des images claires
„ & fenfibles, & qu'il fort de fa bouche un
„ torrent d'expreffions énergiques qui peuvent
„ étonner des (*) auditeurs ordinaires; c'eft
„ là une fi forte tentation, pour lui que ce fe-
„ roit un grand hazard s'il ne fe croyoit pas
„ alors extraordinairement agité de l'efprit de
„ Dieu: néanmoins tout cet excès de zele &

(a) Le Dr. More.

(*) Il paroit que ce favant Théologien comprend dans la notion qu'il donne ici de l'Enthoufiafme, le *génie focial ou populaire* de la paffion; ce qui fe rapporte à ce que notre Auteur a dit dans fa *Lettre concernant l'Enthoufiafme*, au fujet de l'influence & du pouvoir d'une Affemblée, de la force communicative & du rapide progrès de cette ferveur extatique, une fois allumée & mife en jeu.

„ d'affection, ce flux rapide de paroles, fe
„ rapportent plus viſiblement à la *Mélancolie*,
„ qui eſt une ſorte d'*ivreſſe naturelle.* "

Le ſavant Docteur décrit enſuite à la maniere des Péripatéticiens cette *Ivreſſe Enthouſiaſte*, & fait voir en particulier comment les vapeurs & les fumées de la Mélancolie, tiennent de la nature du vin.

On peut conjecturer de-là que les ennemis de la primitive Egliſe, n'ignoroient point cette Philoſophie, quand ils objectoient contre l'impreſſion apparente de l'Eſprit divin, qui parloit en pluſieurs Langues, que c'étoit-là *un effet du vin nouveau* (*).

Ce dévot & zélé Ecrivain ne s'en tient pas encore là; car outre ce qu'il dit de l'*imagination enthouſiaſte* des Athées, il appelle la Mélancolie, un *tempéramment obſtiné & Religieux*; & il prétend „ qu'il n'émane de Dieu aucune
„ Grace ſpirituelle, que cette ſimple conſtitu-
„ tion naturelle n'imite ou même ne ſurpaſſe,
„ ſuivant ſes différentes modifications ou opé-
„ rations." Il parle enſuite de l'Enthouſiaſme Prophétique, & après avoir établi, de même que notre Auteur, qu'il y en a un vrai & un faux, il juſtifie l'enthouſiaſme de la dévotion dans les Ames ſaintes & ſinceres, & il l'attribue auſſi à la *Mélancolie*.

Il convient que l'Ame peut tellement donner dans les *preſtiges*, qu'elle ne recouvre plus l'uſage de ſes facultés, & que cette terrible énergie d'imagination produit non ſeulement la

(*) Voyez les Actes des Apôtres. Chap. II. verſet 13.

croyance folle des images intérieures, mais qu'elle eſt capable de nous perſuader de la préſence des objets extérieurs *qui ne ſont pas.* Il ajoute que ce que la Coutume & l'Education font par dégrés, l'imagination déſordonnée peut le faire en moins de tems. Traitant enſuite de l'Extaſe & du pouvoir de la Mélancolie dans les viſions extatiques, il avance que ce que l'Imagination produit alors d'elle-même eſt auſſi clair que le jour, & que la perception de l'Ame eſt au moins auſſi forte & vigoureuſe, qu'elle peut l'être jamais quand elle conſidere des objets, étant bien éveillée.

Le Docteur infere de-là que la force de la perception, n'eſt pas un principe ſûr de vérité.

Si tout autre qu'un reſpectable Pere de notre Egliſe s'étoit exprimé de cette maniere, il auroit bien fallu peut-être qu'il eſſuyât une petite accuſation de Scepticiſme.

Le Lord Bacon fut bien heureux d'échapper au titre d'Athée ou de Sceptique, quand en parlant de la Paſſion Religieuſe, ou de l'Enthouſiaſme, ce fondement de la Superſtition, qu'il traite auſſi de terreur *panique*, il la rapporte à la conſtitution naturellement imparfaite de l'Homme (*). Ce que l'on a dit ci-devant,

_____

(*) *Natura Rerum omnibus Viventibus indidit metum & formidinem, vitæ atque eſſentiæ ſuæ conſervatricem, ac mala ingruentia vitantem & depellentem. Veruntamen eadem Natura modum tenere neſcia eſt, ſed timoribus ſalutaribus ſemper vanos & inanes admiſcet: adeo ut omnia (ſi intus conſpici darentur) Panicis terroribus pleniſſima ſint, præſertim humana; & maxime omnium apud vulgum, qui Su-*

suffit pour faire entendre à quel point l'Auteur de la Lettre differe de celui-ci en ce qui concerne le but & le fondement de cette paſſion. Les traités ſuivans nous autoriſent à dire en général qu'il eſt auſſi peu Sceptique (dans le ſens ordinaire du mot) qu'Epicurien ou Athée. C'eſt ce que toute ſa Philoſophie démontre aſſez; & pour les ſujets plus ſublimes & reſpectables, il n'a pas préſumé d'en traiter nulle part; il s'eſt abſtenu en particulier de parler des ſacrés Myſteres de notre Religion, ou des Dogmes vénérables de notre Foi.

Quant à ce qui concerne la Révélation en général, il me ſemble, ſi je ne me trompe, qu'il profeſſe de *croire* autant qu'il eſt poſſible à tout homme qui n'a éprouvé aucune communication divine, ſoit en ſonge, ou viſion, par des apparitions ou autres opérations ſurnaturelles; & qui n'a jamais été temoin oculaire d'aucun ſigne, prodige ou miracle quelconque. Il obſerve qu'il y en a pluſieurs que l'on expoſe aujourd'hui à l'admiration des hommes dans le deſſein de leur donner l'air & l'apparence de ceux de l'Ecriture. Je conviens qu'il ſe

---

perſtitione (quæ vere nihil aliud quam Panicus terror eſt) in immenſum laborat & agitatur, præcipué temporibus duris, & trepidis & adverſis: Bacon de Augu. Scient. L. 2.

J'oſe dire que l'Auteur de la Lettre n'auroit attendu aucun quartier de ſes Critiques, s'il s'étoit exprimé comme ce célebre Ecrivain, qui ne peut rien entendre par ſa *Nature des Choſes*, que la *Nature Univerſelle, qui diſpenſe tout*, qui ſe trompe lourdement dans le premier deſſein ou plan original des choſes, ſelon le ſentiment d'Epicure, que Bacon cite immédiatement après avec éloge.

moque de la pantomime des Modernes inspirés & miraculeux : il regarde même toute prétention de ce genre dans notre siecle comme une imposture ou une illusion. Mais quant aux premiers siecles, il se soumet avec une parfaite résignation au jugement de ses Maîtres. Il ne présume pas d'établir une opinion certaine ou positive, malgré toutes les recherches qu'il a faites dans l'Antiquité pour examiner la nature des Monumens & des Traditions de la Religion : mais en toute occasion, il cede volontiers, avec pleine confiance au Systême établi par la Loi. Et si cela ne suffit pas pour le disculper du reproche de Scepticisme, il doit s'y résoudre avec patience.

A dire vrai, j'ai été souvent surpris qu'on fit tant de bruit sur ce simple nom de *Sceptique*. Il est certain que dans son sens original & direct, il n'implique que cette *suspension de l'Ame où l'on reste à l'égard de tout sujet dont on n'est pas certain.* Celui qui est *certain*, ou qui ose dire qu'il *sait*, est par cela même un *Dogmatique*, soit qu'il ait tort ou raison. Il ne peut y avoir de milieu entre ces deux états ou situations d'Esprit ; car celui qui dit *qu'il croit pour certain*, ou *qu'il est assuré de ce qu'il croit*, parle ridiculement, ou dit en effet, *qu'il croit fortement, mais qu'il n'est pas sûr;* de sorte que quiconque n'a pas le *sentiment* de la Révélation, ni la *connoissance certaine* d'aucun Signe ou Miracle, ne peut-être que *Sceptique* en pareil cas. Le meilleur Chrétien même, qui, destitué des moyens de certitude, ne fonde sa Croyance que sur l'histoire & la tradition, n'est tout au plus qu'un

Sceptique Chrétien. Il n'a qu'une *Foi Historique*, scrupuleusement discutée, sujette à diverses spéculations, & à mille Critiques des Langues & des faits.

II. PART. CH. II.

Voilà ce qu'il éprouvera s'il entreprend de fouiller les Originaux pour se rendre son propre Juge, & pour se décider par les forces de sa propre raison. Si d'un autre côté il n'est pas *Critique*, ni duement versé dans la connoissance de ces originaux, il est bien clair qu'il ne peut pas juger immédiatement par lui-même, mais qu'il doit s'en rapporter à l'opinion de ceux qui ont la facilité d'examiner ces matieres, & qu'il regarde comme des juges impartiaux & désintéressés. Sa Foi ne regarde pas les anciens Faits ou Personnages, ni les anciens Ecrits ou Monumens, ni ceux qui les ont conservés; car il ne peut y rien entendre. Mais il faut qu'il mette sa confiance dans ces Modernes ou ces *Sociétés d'Hommes*, auxquels le Public, ou lui-même, attribue le jugement de ces Documens, ou la détermination du sens des Ecritures & de l'Histoire Authentique de la Religion. Qu'il soit aussi décidé sur ces points importans qu'on le voudra, il n'est pas dans la réalité *Dogmatique*, & il ne peut s'exempter d'une certaine espece de Scepticisme. Il se reconnoîtra toujours capable de *douter*; ou si de peur de *douter*, il s'efforce de bannir toute pensée contraire, s'il n'a pas la résolution de délibérer là-dessus; il n'en sera pas quitte néanmoins. Nous sommes si peu Maîtres de trouver vrai ce que nous desirons être tel, que nous ne saurions jamais regarder comme sûr que ce qui nous paroît d'une certitude indépendante de nous, & de notre volonté. La Foi *implicite*, même la plus forte, n'eſt réellement qu'une eſpece de *Scepticiſme Paſſif*, une réſolution de n'examiner ou méditer que le moins qu'on pourra une *Croyance*, que l'on craint de perdre après l'avoir adoptée.

S'il m'étoit permis d'imiter notre Auteur en touchant un peu ſur le caractere de nos grands Théologiens, je ferois voir à ce ſujet combien l'illuſtre Apôtre des Nations en a agi généreuſement dans ſes divins Ecrits. Quoiqu'il eut un témoignage céleſte, une Révélation immédiate pour fondement de ſa Converſion; quoiqu'il eut dans ſa propre perſonne l'expérience des Miracles extérieurs & des communications intimes, il daignoit en pluſieurs occaſions parler en *Sceptique* avec quelque réſerve, & comme en héſitant, ſur la certitude de ces dépoſitions divines. Parlant de quelques faits de ce genre, & qui le concernoient lui-même, à ce que nous pouvons préſumer, il dit ſeulement *qu'il a connu (a) un Homme; qu'il ne peut dire ſi c'eſt dans ſon propre corps ou autrement; mais qu'il ſavoit qu'autrefois il avoit été enlevé juſqu'au troiſieme Ciel plus de quatorze ans avant ce qu'il écrivoit alors.* Quand, dans un autre endroit, le même Ecrivain ſacré inſtruiſant ſes Diſciples, diſtingue ce qu'il leur preſcrit (b) par *l'ordre de Dieu*, de ce qu'il propoſe comme *ſon propre jugement* & *ſon opinion particuliere*, il a l'indul-

---

(a) 2. Cor. XII.
(b) 1. Cor. VII.

gence de ne pas prendre un ton décifif, comme s'il avoit un *Criterium* inconteftable. Il s'exprime en différens autres paffages, comme s'il doutoit de déterminer certainement *s'il écrit par infpiration ou autrement. Il croit feulement avoir l'Efprit.* Il n'en eft pas fûr; & il ne veut pas qu'on compte fur lui que fur ce pied-là, dans des matieres d'une difcuffion fi délicate.

Les faints fondateurs & Ecrivains infpirés de notre Religion, n'exigeoient pas, à ce qu'il femble, une fi *ftricte* adhéfion, ou une Foi auffi *implicite* pour leurs Ecrits ou Révélations, qu'en demandent nos Docteurs modernes pour leurs Commentaires & leurs Eclairciffemens, quoiqu'ils ne foient pas infpirés, & qu'ils ne puiffent s'autorifer d'aucun Miracle ou témoignage divin. Les premiers & les pires Hérétiques, dit-on, furent les Gnoftiques, qui tirerent leur nom de leur audace à vouloir pénétrer clairement les plus grands Mifteres de la Foi: préfomption de la plus dangereufe efpece; il eft très-probable que la plus fûre méthode doit être le doute modefte des Sceptiques.

Il eft inconteftable que notre Sainte Religion, dans fa Conftitution originelle, fut tellement féparée de la Philofophie, ou de toutes Spéculations abftraites, qu'elle leur fembloit diamétralement oppofée. Un homme pouvoit être Sceptique dans tous les points controverfés des Ecoles ou des Sectes, ou même ignorer abfolument tout cela, quoiqu'il fut en regle à l'égard de fa Foi, de fon Culte & de fa Religion.

Chez les Payens éclairés de l'ancien Monde,

II. PART. CH. II.

les différens départemens de la Religion & de la Philofophie fe foutenoient, fans fe mêler en aucune maniere. Si chez quelques Nations barbares, le Philofophe & le Prêtre n'étoient que la même chofe, il eft à remarquer que les Myfteres qui réfultoient de cette union extraordinaire, étoient tenus fecrets & voilés. Le Prêtre Philofophe étoit content lorfque fon Profelite initié gardoit le refpect & la vénération convenable pour la tradition & les cérémonies de fon Temple, en s'acquittant de tous les devoirs extérieurs qu'il lui impofoit. On ne s'embarraffoit pas enfuite de la *Foi Philofophique* de l'Adorateur; on lui laiffoit la liberté des opinions, & il pouvoit raifonner felon les principes de la Secte ou de l'Ecole qu'il préféroit. Chez les Juifs mêmes le Saducéen, ou Matérialifte qui nioit l'Immortalité de l'Ame, étoit admis à la Religion de même que le Pharifien, qui, fur les maximes de Pythagore, de Platon & autres favans Grecs, avoit appris à raifonner des Subftances immatérielles & de l'Immortalité *naturelle* de l'Ame.

Il n'eft pas étonnant que le monde ait décliné fi vîte en fait d'efprit, de fens, de raifon, de fciences &c, quand l'Empire Romain eut une fois triomphé des autres Empires, & répandu une tyrannie univerfelle fur la face de toute la terre. Les Romains mêmes après avoir goûté les douceurs d'un long & paifible regne, commencerent à gemir fous le joug qu'ils s'étoient impofé. Combien les autres Nations & de puiffantes Villes n'abhorrerent-elles pas leur tyrannie, & leur efclavage commun fous un Peuple qui étoit lui-même efclave?

C'étoit une difpofition de la Providence fans doute que le Monde attendît alors avec tant d'empreffement un divin Libérateur, & que cette opinion fe répandît des bords de la Judée, promettant un Sauveur qui armé par le Ciel même, renverferoit cet Empire qu'aucun Pouvoir humain n'étoit en état d'attaquer. Rien ne pouvoit mieux préparer le Genre humain à recevoir la Miffion Evangelique que la méprife où donnerent plufieurs des premiers Chrétiens, en interprêtant la promeffe du Meffie, comme s'il devoit reparoître inceffamment une feconde fois, & regner fur la terre.

Alors, la Superftition ne pouvoit manquer de s'accroître par la mifere & l'ignorance. Les Empereurs devinrent plus fuperftitieux à mefure qu'ils devienrent plus barbares. Les terres, les revenus & le nombre des Prêtres Payens s'accroiffoient fans ceffe; & quand, par la converfion d'un Empereur au Chriftianifme, les poffeffions des Prêtres payens (*)

(*) On peut juger de leurs amples poffeffions, furtout dans le dernier Empire par ce qui appartenoit au feul Ordre des Veftales, par les revenus des Temples du Soleil fous le monftre Heliogabale, & par les immenfes donations des autres Empereurs. Mais ce qui fait concevoir encore une plus haute idée de ces richeffes, c'eft que dans le dernier période du Paganifme qui devenoit alors toujours plus fuperftitieux, on révoqua les loix concernant les gens de *main-morte*, par lefquelles il étoit deffendu aux particuliers d'aliéner en leur faveur aucun héritage par teftament, ou de toute autre maniere. Le Clergé Payen engloutit par là a difcrétion les terres & les tréfors; c'étoit un gouffre qui abforboit tout. *Senatus-confulto & Conftitutionibus Principum, Heredes inftituere conceffum eft Apollinem Didymaeum, Dianam Ephe-*

eurent été transportées aux Ecclésiastiques Chrétiens, y a-t'il lieu de s'étonner que tant d'autorité, de richesse & de grandeur, les ayent corrompus, comme on le voit assez clairement par leurs Ecrits.

Les Ecoles des anciens Philosophes, qui tomboient depuis longtems, ayant été détruites par le Christianisme, & les Sophistes étant devenus Docteurs Ecclésiastiques, l'union monstrueuse de la Religion & de la Philosophie se consomma, & le monde en vit les fruits. Les étranges représentations de la Divinité, les temples, les instrumens du Culte, que les Egyptiens avoient opposés les uns aux autres, furent métamorphosés en *formes philosophiques* & en *fantômes* : ou les déploya comme les étendards de partis ennemis qui s'attaquoient de part & d'autre. Dans les premiers tems, le peuple barbare dont nous avons parlé, étoit le seul qui se battoit pour la Religion ; mais le monde entier l'imita dans cette époque, ou au lieu de *cicognes* & de *crocodiles*, on vit s'élever des *chimeres*, des *sophismes*, des *notions absurdes*, du *galimathias*, des *solécismes* & des *sottises*, en un mot mille monstres sortis de l'Ecole, qui animoient & partageoient le vulgaire.

fiam, Matrem Deorum &c. Ulpian, apud Marsh. Cela ne se rapporte pas mal à la pratique moderne de *rendre notre ame notre héritiere*, en donnant à Dieu ce qu'on a pris assez indécemment à l'homme, & en disposant des biens de ce monde pour les mettre à gros intérêts dans l'autre. Le reproche de l'ancien Satyrique n'est plus de mise ; les Prêtres peuvent compter ce qu'ils gagnent, & celui-là passeroit pour un sot qui demanderoit aujourd'hui, *Dicite Pontifices, in sacro quid facit aurum ?*

Alors commença le *Bigotisme*, qui se livra à II. PART. CH. II. de plus grands excès qu'on n'en eut encore vus, & qui fut moins capable de modération qu'aucune forme ou mêlange de Religion chez les anciens Payens. Les Mysteres qu'on avoit traités, jusqu'alors avec un profond respect, & soustraits aux yeux du vulgaire, furent prostitués au public. Des ignorans, des cœurs lâches, des esprits foibles les soutinrent par la terreur, la force & la violence : armes convenables à de telles gens. Les Traditions des Juifs même & leur Cabale acquirent la même autorité : ce qui étoit naturellement le sujet d'une profonde spéculation, & de grandes recherches, exigea une adhésion rigoureuse & absolue. On changea entiérement l'exposition allégorique & mythologique des Mysteres; on n'eut plus la liberté de juger ou d'expliquer; plus de sujet de recherches & d'examen. L'Esprit dogmatique régna universellement; tout étoit *article* positif & *proposition*.

Voilà la source d'une espece d'Enthousiasme Philosophique qui se répandit dans le monde. La *Bigoterie* (sorte de Superstition (*a*) presque inconnue jusqu'alors) s'empara du cœur de l'Homme, & lui inspira de nouveaux sujets de jalousie. Un Idiome & des termes barbares s'introduisoient tous les jours; on inventoit & on prescrivoit de monstrueuses notions des cho-

(*a*) Quiconque sent distinctement ce que signifie le mot *Bigoterie*, n'a qu'à le rendre dans une ancienne Langue, & il verra quelle passion particuliere elle implique, & combien elle différe de la simple affection de l'Enthousiasme ou de la Superstition.

ses ; de nouveaux plans de Foi s'élevoient de tems en tems, & des horreurs détestables s'exerçoient à cette occasion ; de sorte que l'Enthousiasme ou le zele des hommes pour chaque Culte particulier, de *défensif* seulement qu'il avoit presque toujours été, devint universellement *offensif*.

On s'attend peut-être qu'après avoir passé de la haute antiquité aux tems modernes, je parlerai à ce sujet avec une exactitude plus scrupuleuse. On pourra dire que je marche ici au hazard, négligeant de produire mes autorités, ou de continuer mes citations selon la maniere que j'ai paru adopter dans ce Chapitre. Mais comme nous avons, nous autres Ecrivains de *Mélanges*, plusieurs grands privileges, la liberté des changemens, des variations, digressions &c. je me contenterai, moi surtout, qui *commente* un autre Auteur, d'être discret à cet égard, & de ne pas m'expliquer davantage que par une Histoire connue, qui semble se rapporter au présent sujet.

On voit dans les divines Ecritures que les Ephésiens, quelque zélés & enthousiastes qu'ils parussent, n'avoient qu'un zele *défensif* pour leur Temple (*b*) quand ils s'imaginoient sérieuse-

―――――――――――――――――――――

(*b*) La magnificence & la beauté de ce Temple sont bien connues de tous ceux qui ont quelque idée des Arts des Anciens. Je suis frappé que notre poli & savant Apôtre, quoiqu'ennemi de l'esprit machinal de Religion dans les Ephésiens, se soit cependant proportionné à leur foiblesse avec son indulgence ordinaire, en écrivant à ses Disciples ou Proselites en stile d'Architecte : il fait presque continuellement allusion à l'art de bâ-

sement qu'il étoit en péril. Dans le tumulte qui arriva dans leur ville lors de la retraite du St. Apôtre, on vit un exemple remarquable de ce que notre Auteur appelle une *Terreur panique* de Religion. Quoique le peuple fût peu bigot & fort éloigné du zele *persécuteur*, cependant lorsqu'il crut qu'on attaquoit l'Eglise établie, avec quelle impétuosité son zele n'éclatat'il pas ? *Tout le peuple s'écria d'une voix unanime pendant l'espace de deux heures, en disant, la Grande Diane des Ephésiens!* En même tems cette multitude se trouvat dans une si grande confusion, que *la plupart ne savoient pas comment ils s'étoient rassemblés*. Conséquemment ils ne pouvoient pas dire comment leur Eglise étoit en danger. Mais l'Enthousiasme étoit allumé, & ils trembloient tous d'une *terreur panique* pour le Temple. Cette passion se changea en fureur populaire ou frénésie épidémique, qui se communiqua, comme l'exprime notre Auteur, par l'aspect, ou, pour ainsi dire, par contact ou sympathie.

Il faut convenir qu'outre ces motifs, il y avoit un ressort secret qui animoit l'Enthousiasme; car on avoit rassemblé sous main des gens de parti, rusés, habiles, & fortement unis par l'intérêt, à qui l'on avoit dit: ,, Vous savez ,, que nous gagnons nos richesses à ce métier ,, ou par ces Misteres. Vous voyez de plus,

bâtir, à la majesté, à l'ordre, & à la beauté qui caractérisoient leur Temple, & qui en faisoient un chef-d'œuvre. *Epître aux Ephésiens*, Chap. II. versets 20, 21, 22. Chap. III. versets 17, 18, &c. Chap. IV. versets 16. 29.

„ & on vous a informé que ce n'eſt pas ſeulement à Epheſe, mais dans preſque toute l'Aſie que ce Paul a perſuadé & ſéduit beaucoup de monde, en leur annonçant que des Figures, qui ſont l'ouvrage des hommes ne ſont pas de vrais Dieux; de ſorte que non ſeulement notre métier, mais encore le Temple, eſt en danger."

Rien de plus ſage & de plus modéré, rien de plus conforme au grand art du Magiſtrat que notre Auteur recommande dans ſa Lettre, que la conduite du Secrétaire d'Epheſe dans cette occaſion; & il faut convenir qu'il pouſſa un peu loin cette modération. „ Il oſa aſſurer le peuple que tout le monde acquieſcoit à l'ancien culte de la grande Déeſſe, & à la Tradition concernant l'Image, que Jupiter avoit envoyée du ciel; que c'étoient là des faits inconteſtables, & que la nouvelle Secte ne ſe propoſoit ni de détruire le Temple, ni de blaſphêmer ou parler mal contre la Déeſſe."

C'étoit-là prendre aſſez de liberté, comme on le vit enſuite par l'événement. On pouvoit ſoupçonner ce Secrétaire d'être un *Non-Conformiſte*, ou au moins un Orthodoxe qui vouloit ſe prêter au tems, puiſqu'il répondoit ſi franchement de la Nouvelle Secte, qu'il garantiſſoit l'Egliſe ſubſiſtante de tout inconvénient, & de tout danger pour l'avenir. Cependant le tumulte s'appaiſa. Le Temple n'eſſuya aucune diſgrace pour cette fois. La nouvelle Secte ratifia la juſtification qu'on en avoit faite. En conſéquence le zele de l'Egliſe Fayenne, qui n'étoit que *défenfif*, fe calma & ne pourfuivit pas plus loin les partifans de la nouvelle Religion.

Il paroît que jufqu'ici la Perfécution n'avoit point encore ouvertement éclaté dans le monde. Il fuffifoit pour la fureté d'un homme, qu'il ne troublât pas l'établiffement public. Mais lorfqu'un Parti eut affiché le zele *offenfif*, les autres furent en quelque forte obligés d'être aggreffeurs à leur tour. Ceux qui avoient obfervé ou éprouvé cet efprit d'intolérance, ne purent longtems refter tolérans (*); & ceux

(*) Tel étoit l'état des chofes avant l'Empereur Julien, lorfqu'on verfoit le fang avec fi peu de ménagement, & qu'il s'exerçoit des cruautés fi barbares, non feulement entre Chrétiens & Payens, mais même entre Chrétiens & Chrétiens. Quiconque eft le moins du monde au fait de l'Hiftoire de ces tems-là, fent bien quel étoit le zele de plufieurs des premiers Chrétiens contre les Idolâtres de leur fiecle. Quant à nous autres Modernes, on ne peut pas dire qu'en qualité de *bons Chrétiens* (felon l'idée générale de ce titre) nous foyons lents ou fcrupuleux à damner les malheureux, que nous déclarons coupables d'Idolatrie. Le nom d'*Idolatre* eft un prétexte fuffifant pour autorifer toutes fortes d'infultes contre la perfonne & furtout contre le Culte de celui qui erre à cet égard. Le mot même de *Chrétien* défigne dans le langage du peuple un *Homme* par oppofition aux *Bêtes brutes*, fans donner même un rang intermédiaire aux pauvres Payens, qui étant cenfés les bêtes les plus féroces, font condamnés au maffacre, tandis qu'on renverfe leurs Dieux & leurs Temples. Un Poëte François a peint ce zele primitif, même fur le Théâtre, avec un grand fuccès: Corneille dit dans *Polieucte*,

Ne perdons plus de tems, le Sacrifice eft prêt,
Allons-y du vrai Dieu foutenir l'intérêt;
Allons fouler aux pieds ce foudre ridicule
Dont arme un bois pourri ce Peuple trop crédule;

qui l'avoient exercé contre d'autres, ne purent se flatter d'être traités avec plus d'indulgence,

>Allons en éclairer l'aveuglement fatal,
>Allons briser ces Dieux de pierre & de métal:
>Abandonnons nos jours à cette ardeur célefte,
>Faifons triompher Dieu; qu'il difpofe du refte.

Je n'aurois peut-être pas rapporté cette citation, fi je ne m'étois point rappellé le fens peu favorable que quelques gens ont donné à ce que notre Auteur dit de l'Empereur Julien, après avoir expofé les Perfécutions Payennes & Chrétiennes. Il n'en a pas dit davantage que fes plus grands ennemis, lorfqu'ils ont parlé de ce brave & vertueux Prince; pas plus même que ceux qui, à la honte de la Religion, fe vantoient qu'on l'avoit traité avec infolence en toute occafion, & qu'un Soldat Chrétien l'avoit enfin affaffiné en traitre. Si je citois les invectives & le ftile faintement injurieux de ces Auteurs, cela ne feroit guere agréable, & furtout dans des *Mélanges* de l'efpece de ceux que nous avons entrepris. Mais il ne fera pas hors de propos de tranfcrire une Lettre de cet élégant & fpirituel Empereur, pour donner un échantillon de fon caractere, de fon génie, de fes principes & de fes fentimens à ce fujet.

JULIEN AUX BOSTRAINS.

,, J'aurois cru que les Chefs des Galiléens fentiroient
,, qu'ils m'ont plus d'obligation qu'à celui qui m'a pré-
,, cédé dans le gouvernement de l'Empire: car fous fon
,, regne, plufieurs ont fouffert l'exil, la perfécution,
,, l'emprifonnement, & quantité de ceux qu'ils appel-
,, lent Hérétiques ont été égorgés; de forte que dans les
,, Provinces de Samofate, de Cyzique, de Paphlagonie,
,, de Bythinie, de Galatie, & nombre d'autres, des vil-
,, les entieres ont été détruites jufqu'aux fondemens.
,, On a vu tout le contraire de mon tems. Les Exilés
,, ont été rappellés, & les Profcrits ont été rétablis dans
,, la légitime poffeffion de leurs biens. Mais ces gens-
,, là font fi furieux & fi infenfés, qu'ayant perdu le pri-

de sorte que chaque Société Religieuse, ne s'occupe que de l'extirpation de ses Rivales.

„ vilege de se tyranniser les uns les autres, & de per-
„ sécuter leurs propres Sectaires, ou les Membres de la
„ saine Religion, ils se livrent à tout ce que la rage in-
„ spire, & remuent ciel & terre pour exciter le tumulte
„ & la sédition; tant ils méprisent la vraie piété & l'o-
„ béissance qu'ils doivent à nos Loix & à nos Constitu-
„ tions quelque humaines & tolérantes qu'elles soient;
„ car nous sommes constamment résolus de ne pas per-
„ mettre qu'on en traine un seul de force à nos autels.
„ Quant au peuple, il paroît qu'il a été entrainé dans
„ la sédition & les cabales, par ceux d'entr'eux que l'on
„ nomme *Clercs*, qui sont aujourd'hui furieux d'être
„ restraints dans l'usage de leur ancienne puissance &
„ autorité excessive. Ils ne peuvent plus agir en Ma-
„ gistrats ou en Juges civils, ni disposer des testamens,
„ ni supplanter les parens, ni s'emparer des patrimoines
„ des autres, ni engloutir tout sous de spécieux pré-
„ textes.... A ces causes, j'ai jugé à propos d'avertir
„ ces gens-là par cet Edit public, de ne plus exciter de
„ troubles, & de ne plus s'assembler en séditieux auprès
„ de leurs Clercs, au mépris du Magistrat qui a été in-
„ sulté & presque lapidé par cette canaille échauffée.
„ Cependant ils peuvent assister à leurs assemblées re-
„ ligieuses tant qu'ils voudront, s'acquitter de leur Culte
„ avec leurs Chefs, recevoir l'instruction & prier, selon
„ qu'on leur enseigne. Mais s'il s'y passe quelque chose
„ qui tende à la sédition, qu'ils prennent bien garde à
„ ce qu'ils feront, & qu'ils se souviennent que c'est à
„ leurs propres périls, s'ils s'attroupent & se mutinent....
„ Vivez donc tranquillement en paix, sans vous faire
„ de peine réciproquement, ni sans vous traiter d'une
„ maniere injurieuse. Peuple abusé de la nouvelle Secte,
„ prenez garde de votre côté! Et vous partisans de
„ l'ancien Culte établi, ne nuisez pas à votre prochain,
„ ni à vos concitoyens que l'enthousiasme, l'erreur &
„ l'ignorance ont égaré plutôt qu'un mauvais dessein
„ prémédité. C'est par la raison, & non par la force,
„ l'insulte ou la violence, qu'il faut conduire les hom-

Dans cette crife, il auroit peut-être été fort à fouhaiter pour le genre humain, que l'un de ces partis incompatibles triomphât enfin des autres, & obtint le pouvoir abfolu de fixer l'orthodoxie, & de rendre efficacement *Catholique* le fyftême particulier qu'il jugeoit le plus digne de ce titre. Alors les maffacres & la défolation auroient pu occafionner la paix dans la Religion, & établir l'unité *civile* au moyen de l'unité *fpirituelle*.

Je ferai remarquer en finiffant les moyens propres & convenables qui fervirent à la Religion chrétienne Romaine pour établir fa puiffante Hiérarchie fous l'aufpice des Empereurs qui l'embrafferent & la protégerent. L'Eglife de Rome, autrefois Catholique, confidéra fagement les différentes Superftitions & fentimens enthoufiaftes des hommes; elle les éprouva & en connut la force. Elle eut l'art de concilier dans fon Syftême de Théologie toutes les contrariétés apparentes des paffions humaines. Elle tira parti des hautes fpéculations de la Phi-

„ mes à la Vérité, & les convaincre de leur erreur. Je
„ veux donc & j'ordonne que les Amis zélés de la vraie
„ Religion n'injurient, ne moleftent & n'affrontent en
„ aucune maniere les Galiléens."
Tels furent les fentimens de ce bon & généreux Empereur, que l'on peut appeller *Payen*, mais non pas auffi juftement *Apoftat*; car ayant été élevé dans fa jeuneffe par des Maîtres de l'une & l'autre Religion, & après avoir fucé les principes de différentes Ecoles, il fit fon choix dans l'âge mûr; ce choix fut malheureux, puifqu'il adopta l'ancienne Religion de fes Peres & de fon Pays. Voyez les Lettres du même Prince à Artabius, à Ecebole & au Peuple d'Alexandrie.

losophie, & des plus grossieres notions du peuple ignorant. Elle sentit toute la différence qu'il y a entre l'Enthousiasme qu'inspirent les choses spirituelles, selon le principe simple de l'existence de Dieu, de celui qui roule sur les formes extérieures, sur la magnificence des Temples, des cérémonies, des processions, de la musique, & de toutes les beautés qui captivent l'œil & l'oreille. En conséquence, elle ajouta toujours à cette derniere espece, & fit de la Religion un spectacle toujours plus pompeux par la somptuosité des Edifices, la richesse des statues, peintures, vétemens, coupes, mitres &c. Elle vint à bout de subjuguer par ces armes le Goth victorieux, & de se garantir des fureurs d'un Attila (*a*), lorsque les Césars ne furent plus en état de défendre l'Empire.

Cependant que peuvent produire ces cérémonies pompeuses, des calices, des chandeles, des vêtemens des gestes & des danses figurées ? Un enthousiasme vulgaire, & rien de plus. Cependant on regardoit cela comme un *ingrédient de dévotion* qui n'étoit pas à mépriser,

---

(*a*) Dans le tems que ce barbare Vainqueur marchoit à grands pas vers Rome, le Pape S. Léon alla à sa rencontre dans tout l'éclat de sa dignité. Le Prince fut frappé, obéit au Prêtre, & se retira aussitôt avec toute son armée : il allegue pour justifier sa *terreur panique* que dans le cortege du Pontife, il avoit vu un homme d'un aspect extraordinaire qui l'avoit menacé de la mort, s'il ne se retiroit à l'instant. On voit dans l'Eglise de St. Pierre, au Vatican & ailleurs à Rome différens morceaux exquis de sculpture & de peinture, représentant ce Miracle.

& nous pouvons le préfumer avec d'autant plus de fondement qu'on trouve de nos jours que c'eſt une méthode merveilleuſement efficace chez quelques Dévots qui ne paſſent pour rien moins que ſuperſtitieux, & qui ſont comptés au nombre des gens bien élevés. La ſage Hiérarchie Eccléſiaſtique peſa tout cela comme il convenoit; mais ſentant d'ailleurs qu'il y avoit d'autres caracteres qui ne ſe laiſſeroient pas ſi aiſément ſubjuguer par cet appas extérieur, elle deſtina une autre forme de Religion pour les Proſelites d'une trempe & tempéramment, qu'il falloit conduire par la contemplation intérieure & l'amour divin.

En effet les Eccléſiaſtiques ſont ſi éloignés d'être jaloux du pur Enthouſiaſme ou de la Dévotion extatique, qu'ils accordent aux Myſtiques d'écrire de la maniere la plus enthouſiaſte & *Séraphique*. Ils leur permettent, pour ainſi dire, de ſurſeoir tout Culte extérieur, & de triompher des formes ſenſibles juſqu'à proſcrire en termes exprès ou en apparence les devoirs vulgaires & établis de la Religion. Lorſqu'ils en ſont là, on réprime leur Enthouſiaſme (*b*) ſuppoſé exceſſif, qui pourroit devenir funeſte à l'Etat Hiérarchique.

Si les *viſions*, les *prophéties*, les *ſonges*, les *charmes*, les *miracles*, les *exorciſmes* &c. des Modernes, ſont renfermés dans ce que nous appellons *Fanatiſme* ou *Superſtition*, on laiſſe un champ libre à cet eſprit: mais d'un autre côté, on permet à de judicieux Ecrivains de

(*b*) Temoins Molinos, & le pieux, le digne & l'ingénieux Fenelon, Archevêque de cambrai.

mettre poliment en question les prouesses Spirituelles des Monasteres, ou celles que font çà & là des Prêtres errans ou les Missionnaires.

Telle est cette ancienne Hiérarchie, qui, si l'on considere son premier établissement, sa politique, & la solidité de sa constitution, ne peut paroître qu'auguste & vénérable à certains égards, aux yeux mêmes de gens qui ne passent pas pour foibles. Voilà les Conquerans spirituels, qui, comme les premiers Césars, ont fondé une Monarchie presque universelle sur les plus débiles commencemens. Il n'est pas étonnant qu'aujourd'hui l'aspect immédiat de la Ville & de la Cour de Rome, où réside le Chef de cette Hiérarchie, fasse une impression extraordinaire sur les Etrangers des autres communions plus modernes. Il n'est pas étonnant que le Spectateur émerveillé, ou conçoive dès lors la plus terrible aversion pour tout Gouvernement de Prêtres; ou l'admire tellement qu'il souhaite de se réunir à cette vieille Mere de toutes les Eglises.

L'exercice du pouvoir, quelque arbitraire ou despotique qu'il soit, semble moins intolérable dans une Souveraineté Ecclésiastique, si étendue, si ancienne, & qui cite une si longue succession de Pontifes, que de la part de petits Tirans, & de nouveaux Prétendans. Les premiers peuvent persécuter avec une certaine grace pour ainsi parler; les autres qui voudroient volontiers rapporter la source de leur autorité à ceux-ci, & se fonder sur leur droit de succession, font nécessairement une fort étrange figure; tandis qu'ils tâchent de prendre le même air d'indépendance du Magistrat, d'affecter la même autorité dans le gouvernement, la même grandeur & la même pompe dans le culte, ils se rendent très-ridicules aux yeux de ceux qui ont du discernement, & qui peuvent distinguer les originaux des copies :

O Imitatores servum pecus! Horat.

CHAPITRE III.

De la Force de la Bonne humeur en Religion. Confirmation des principes de notre Auteur dans son Essai sur la Raillerie. Discussion du zele. Chirurgiens Spirituels. Exécuteurs. Origine des Sacrifices humains. Enjouement de la Religion. Différens points de vues: causes extérieures.

Les fameux Ecrivains de Mêlanges, les Faiseurs d'Essais, les Distillateurs de Réflexions les Méditatifs & autres Auteurs de compositions irrégulieres & décousues, peuvent dire en leur faveur qu'ils imitent la variété de la Nature ; & ce moyen de défense peut être certainement très-juste dans un climat tel que le nôtre. Nous autres Insulaires, célebres par nos révolutions, le sommes encore plus particuliérement par l'inconstance & la mobilité des saisons dans notre pays. Si notre goût pour les Lettres correspond à la temperature de notre climat, il est visible qu'un Ecrivain doit être d'autant plus estimable dans sons espece, qu'il sait mieux surprendre son Lecteur par des changemens soudains, & en passant brusquement d'une extrémité à l'autre.

Si ce n'eut été l'ascendant connu de ce goût & la déférence apparente que l'on marque à ces Génies qui *élevent* & *suprennent*, l'Auteur de ces *Mélanges* auroit pu craindre d'épouvanter ses Lecteurs de ce fatras de Réflexions diverses & légeres. Il est certain que si l'on considere le début & la marche de cet Ouvrage, on trouvera qu'il varie passablement. Après avoir affiché un ton léger & frivole, nous voilà d'une gravité qui ne s'y rapporte guere. Nous nous sommes embarqués en avanturiers, & l'on diroit actuellement que nous venons de sortir du sein des tempêtes. Il est tems de jouir du calme, & au lieu de déployer toutes nos voiles, retirons-nous sous le vent, & ramons dans une onde tranquille.

Nous pouvons comparer le Philosophe, l'Orateur ou le Poëte, à un vaisseau de haut bord qui se précipite dans l'immensité de l'océan, & dont l'orgueilleux mouvement brave la fureur des vagues. Nous autres Ecrivains de *Mélanges*, nous sommes d'une foible construction, ou de l'espece des Galeres. Nous marchons par saut & par bonds, suivant que le mouvement se renouvelle dans de fréquens intervalles. Nous n'avons pas en vue de grands projets, & nous ne pouvons pas dire certainement où nous allons. Nous n'entreprenons pas des voyages pénibles & dangereux où l'on a besoin de consulter les Etoiles & la boussole; mais nous faisons un commerce de cabotage en nous traînant de baye en baye; il nous faut l'été & du beau tems.

Nous ne devons donc nous eftimer heureux qu'après avoir heureufement terminé nos réflexions fur l'Enthoufiafme, & après être parvenus au fecond Traité de notre Auteur (*). Il faut que nous foyons actuellement obligés de paffer à des idées plus agréables, & que nous ayons en vue des fujets qui exigent naturellement un ftile plus familier. La Raillerie & l'Enjouement furquoi roule l'Opufcule dont il eft queftion, ne souffriroient guere un examen grave, qui ne procéderoit qu'avec poids & mefure. Nous ferons peut-être mieux de quitter la morgue des féveres Raifonneurs, & de revenir à notre babil, que l'on goûte généralement davantage par haine pour le ton guindé de la méthode; car trop d'inftructions forcées & d'avis folemnels peuvent infpirer aux hommes de l'averfion pour tout ce qu'on leur offre avec un air de fcience & de fageffe fublime; furtout fi le fublime eft fi élevé qu'il foit au-deffus de l'art, du raifonnement & de la raifon même.

Cependant fi certains Pédans de ce genre nous objectoient que nous ne faurions rien prouver fans le prouver *en forme*, nous pouvons condefcendre une fois à leur demande, établir la thefe en regle, & divifer le fujet felon les loix précifes de la méthode.

Nous propofant donc de défendre notre Auteur qu'on a accufé de préfomption pour avoir

(*) *L'effai fur la Raillerie & l'Enjouement.*

REFLEXIONS DIVERSES.

employé une méthode enjouée dans la difcufion des matieres religieufes & partant fi refpectables, nous tâcherons de faire voir, 1. Que l'Efprit enjoué & la Raillerie renforcent la Religion, & avancent la vraie Foi. 2. Que les faints Fondateurs de la Religion s'en font fervis à ce deffein. 3. Enfin que malgré le caractere noir & fombre de quelques Myftiques, nous avons réellement en général une Religion agréable & enjouée.

Je me rappelle qu'entr'autres connoiffances de ma jeuneffe, je voyois une cotterie de trois ou quatre plaifans, qui étoient liés depuis longtems, & dont les plaifirs étoient prefque toujours communs. Un fois qu'ils étoient allés en courfe dans un canton, où on les avoit avertis qu'ils feroient déteftablement régalés, & que pour comble d'agrément, ils trouveroient les plus mauvais des chemins; il y en eut un, qui paroiffant le plus infenfible à ces menaces, dit légérement & fans deffein, que le meilleur expédient en pareil cas feroit de fe tenir toujours gais, & de louer malgré foi tout ce qu'on leur offriroit. Les autres donnerent auffitôt dans cette idée; mais d'autres réflexions s'étant préfentées, ils n'y penferent plus pour le moment.

Cependant les voilà en campagne, & ils pénetrent dans cette déplorable terre, fans qu'il leur échappe la moindre plainte. Lorfqu'ils rencontroient par hazard un petit bout de chemin paffable, ou une vue fort ordinaire, ils ne manquoient pas de les louer, & fouvent ils donnoient tellement carriere à l'imagination que les objets venoient à leur plaire réellement.

Ayant paſſé la plus grande partie du jour de cette maniere, ils arrivent où ils ſe propoſoient de prendre leur quartier: le premier qui avala un morceau, ou qui but un coup, en fit l'éloge avec tant d'aſſurance, & témoigna ſi vivement qu'il étoit content, que les autres ſe preſſerent de ſe ranger à ſon avis, & de célébrer ſon bon goût par de plus grandes exagérations encore.

Ils trouvoient mille raiſons ingénieuſes pour approuver la ſaveur étrange ou l'air des mets. Ceci étoit *fort ſain*; cela étoit du *haut goût*: on *apprêtoit* de la ſorte dans tel ou tel pays étranger. Chaque plat étoit conforme à quelque fameuſe recette de cuiſine; le vin fut exalté à ſon tour ainſi que les autres liqueurs. En un mot nos Meſſieurs mangerent & burent à merveille; & ils firent tant d'honneur à la mauvaiſe chere, qu'ils s'étoient apparemment perſuadés qu'on les avoit bien ſervis.

Leurs domeſtiques qui n'avoient pas formé un pareil complot contre eux-mêmes, garderent leur bon-ſens, & dirent ſans detour ,, que ,, leurs maîtres avoient certainement perdu le ,, leur; & qu'autrement ils n'auroient pas dé- ,, voré avec tant de ſatisfaction tout ce qu'on ,, leur avoit préſenté?"

Un Lecteur méchant m'accuſeroit d'avoir deſſein, en rapportant cette petite avanture de donner à entendre qu'on perſuade aiſément au peuple toute opinion ou ſyſtême de croyance que l'on juge à propos. Mais on ne penſera jamais que des hommes vraiment judicieux travaillent à pervertir leur jugement, & à corrompre leur raison. Ils conçoivent sans peine qu'une pareille entreprise, si elle avoit le moindre succès, seroit d'une pire conséquence pour eux que tout dérangement du goût de l'appétit & des sens.

Il y a pourtant des circonstances où l'intérêt, le caractere ou les passions des hommes, agissent assez fortement sur eux pour les faire entrer dans un pareil complot contre leur propre Jugement, & les porter à se persuader à eux-mêmes & aux autres ce dont ils jugent la croyance convenable & utile.

Si dans plusieurs occasions particulieres, où l'on agit par faveur ou par un principe d'affection, il est si facile de nous en imposer à nous-mêmes, il ne sauroit être certainement bien mal-aisé de nous séduire lorsque nous regardons comme un axiome *qu'il est question de nos plus grands intérêts.* Or ce n'est pas surement un petit *intérêt* pour les hommes de croire ce qui est établi par autorité, puisque dans le cas de l'incrédulité, il faut absolument choisir l'alternative d'être hypocrite, ou de passer pour profane. Supposé encore qu'on laisse les hommes à eux-mêmes, & qu'on leur accorde la liberté du choix, ils ont toujours assez de disposition à croire, & ils ne négligeront rien pour se persuader de la vérité de toute imposture qui les flatte.

Il n'est pas d'ailleurs extraordinaire qu'on réussisse à ce projet, comme mille exemples le prouvent, & entr'autres tant d'Opinions & de Symboles Religieux absurdes & contradictoires, qui se sont cependant succédés d'âge en âge sur le fondement des miracles & d'une prétendu délégation célefte. Ces chimeres ont été auffi généralement adoptées & chéries que les plus auguftes vérités & la Révélation la plus inconteftable. On ne peut gueres fuppofer que tant d'abfurdes combinaifons fe foient formées, & que des fourberies palpables ayent obtenu tant de crédit, fi les hommes n'y avoient coopéré d'eux-mêmes, & fait voir qu'ils avoient bonne part aux fuccès du menfonge par la fureur de croire.

Il eft conftant que dans un pays, où la Foi fe perpétue depuis longtems & fe tranfmet par héritage fous les aufpices de la Loi qui l'établit, le vulgaire n'a pas beaucoup d'occafion d'altérer fa croyance, ou de délibérer fur ce que la Religion propofe de croire. Partout où le Gouvernement juge à propos de fe mêler des opinions des hommes, & de prefcrire par autorité abfolue une formule de croyance, il n'en eft peut-être aucune, pour ridicule & monftrueufe qu'elle foit, qui ne puiffe étrangement réuffir. C'eft ce qui s'opere efficacement en certains pays, au moyen d'une politique foutenue qui applique à propos la méthode des châtimens & des récompenfes: il y a des Cours particulieres établies à ce fujet, des formes particulieres de juftice, des Magiftrats & des Officiers particuliers, des recherches particulieres, & certaines rigueurs falutaires, qu'on n'emploie pas légérement, & dont on ne fe joue pas, mais qui font duement exercées pour entretenir la *conformité* & l'*unité* du même Culte.

Mais

Mais quand ce feroit même la Vérité qu'on auroit établie de cette maniere, la nature de ces moyens ne feroit que peu d'honneur à ceux qui l'auroient fondée, & ce feroit un petit mérite pour leurs Difciples & les Croyans. Il eft certain que le Mahométifme, le Paganifme, le Judaïfme ou toute autre Symbole de foi, peut avoir ce fondement tout comme le véritable. Celui qui eft actuellement Chrétien, auroit été, par la vertu d'une pareille difcipline, un auffi fidele Mufulman, ou un auffi grand Hérétique, s'il étoit né dans un autre pays.

Conféquemment, il ne peut y avoir de croyance raifonnable que lorfqu'il eft permis de *comparer*, d'*examiner*, & que l'on tolere fincérement le fyftême contraire. Or j'ofe dire dans ce cas que quelque Croyance qu'adopte ou que protege le Magiftrat, c'eft pour elle un avantage fuffifant, fans qu'il foit néceffaire d'employer la force & les menaces, ou de lui accorder une faveur extraordinaire. Si la formule de Foi eft à certain point conforme à la vérité & à la raifon, elle obtiendra autant de crédit auprès des hommes que la vérité & la raifon l'exigent. A quelques difficultés que les fpéculations ou les Myfteres qui y entrent foient expofés, les hommes les plus fenfés tâcheront de les paffer fous filence. Ils croiront (comme le dit notre Auteur) *tant que leur raifon pourra s'étendre*; ils donneront des aîles à leur Foi pour fe rendre plus *fociables*, & fe conformer davantage à ce que leur intérêt conjointement avec leur bonne difpofition, les porte à adopter comme *croyable*, & à obferver comme un devoir religieux.

II.
Part.
Ch. III.

C'eſt ici que l'on doit faire uſage de la bonne humeur de nos voyageurs. Leur caractere heureux s'appliquera avec avantage aux matieres de la Religion : il ſera toujours content de la Foi établie ſous un Gouvernement doux, paiſible & tolérant, quelque merveilleuſe ou incompréhenſible que cette Foi puiſſe être.

Perſonne n'ignore qu'on entend par Héréſie une obſtination de la volonté, & non un ſimple défaut du jugement. En conſéquence, il eſt impoſſible qu'un honnête homme de *bonne humeur* ſoit Schiſmatique ou Hérétique, & qu'il affecte de ſe ſéparer légérement du Culte de ſa Nation.

Etre pourſuivi par de petits Inquiſiteurs, être menacé de punition ou de loix penales, être noté comme dangereux & ſuſpect, être joué publiquement avec tout l'art de la colomnie ; ce ſont là des motifs ſuffiſans pour aigrir un caractere, pour lui inſpirer de la mauvaiſe humeur, & pour le forcer à faire Schiſme, quoiqu'il n'ait jamais eu auparavant une pareille intention. Mais la vertu de la *Bonne Humeur* en Religion peut aller juſqu'à reconcilier même les gens avec un Culte contre lequel ils ſont prévenus, ou qui n'eſt pas originairement le leur.

Il faut inférer de ces conſidérations qu'il n'y a rien de ſi ridicule en fait de Politique, ou de ſi odieux & de ſi gauche à l'égard de l'humanité, qu'une *demie-perſécution* modérée. Elle ne fait qu'aigrir le mal, exciter la mauvaiſe humeur du genre humain, animer les eſprits bouillans, inſpirer de l'indignation aux Spectateurs, & ſemer les ſemences du Schiſme dans le sein des hommes. Une Persécution audacieuse & décidée ne laisse pas à ces inconvéniens le tems ou les moyens d'éclore. Elle acheve tout d'un coup, par l'extirpation, le bannissement, ou des massacres; elle tranche comme en Chirurgie par une prompte amputation, ce qu'une main maladroite n'auroit fait qu'empirer pour le supplice perpétuel du malade.

S'il y a sur la terre un moyen propre à faire soupçonner la Vérité sacrée, c'est de la soutenir avec des menaces, & de prétendre introduire la Croyance par la terreur. C'est une espece de défi que l'on fait aux hommes dans un cas où ils savent qu'ils ont la supériorité, & qu'on ne peut les atteindre. Le plus foible Mortel sent en lui-même que quoiqu'on puisse le démonter & le piquer, on ne peut jamais lui faire violence dans ce qui regarde son sentiment ou son adhésion. Il n'y a guere de gens qui connoissent assez peu la Nature humaine, & ce qu'ils ont de commun avec leur espece pour ne pas comprendre, que quand quelqu'un marque beaucoup de feu & de véhémence dans ce qui regarde seulement un autre, c'est rarement sans quelque motif d'intérêt particulier.

Dans les disputes ordinaires, les fougueux Antagonistes gâtent en apparence la meilleure cause. Un Paysan s'avisa un jour d'aller entendre les disputes Latines des Docteurs à l'Université. On lui demanda quel plaisir il pouvoit trouver à ces combats, puisqu'il ne pouvoit connoître quels étoient les victorieux. *Quant à cela*, reprit le Payſan, *je ne ſuis pas aſſez ſot pour ne pas voir celui qui met l'autre en colere.* La Nature ſeule lui faiſoit ſentir que celui qui l'emporteroit, ſeroit tranquille & de bonne humeur; mais que celui qui ne ſeroit pas en état de ſoutenir ſa cauſe par la raiſon, perdroit naturellement ſa modération, & ſe livreroit à la violence.

Suppoſons que deux Voyageurs conviennent de conter ſéparément leur Hiſtoire en public: l'un eſt un homme franc & ſincere, mais déciſif & ſuffiſant, tandis que l'autre moins ſincere, eſt d'un caractere facile & de *bonne humeur*, quand même ce que rapporteroit le dernier tiendroit de l'incroyable, il ſe feroit plutôt croire, & ſeroit plus favorablement reçu par le public que le fier & véhément Défenſeur de la Vérité.

Que l'enjouement ſoit une principale cauſe d'adhéſion à la Foi, c'eſt ce que l'on peut prouver par l'eſprit même de ceux que nous appellons communément *Critiques*: la prévention où l'on eſt à l'égard de ces Meſſieurs, fait ſuppoſer qu'ils ſont généralement pleins de bile & de mauvaiſe humeur. Le monde veut que ce ſoit la bile qui les agite, & je trouve que cela eſt ſi vrai, que quoique tous les Critiques ne ſoient pas néceſſairement attrabilaires, cependant tous les attrabilaires (qu'ils ſoient naturellement tels, ou que de mauvais traitemens les ayent aigris) tous les attrabilaires dis-je, ſont néceſſairement portés à la Critique & à la Satire. Quand les hommes ſont tranquilles avec eux-mêmes, ils laiſſent les autres tranquilles, & se prêtent sans peine à ce qui paroît raisonnable & propre à entretenir la paix & la bonne intelligence avec leurs semblables. Ils ne s'appliquent point à exciter des doutes, ou des difficultés. Quant aux affaires de Religion, ils ne nourrissent guere de mauvaises pensées ou de soupçons, tant qu'on ne les vexe pas. Mais si on les inquiete par des accusations sans fondement, par des invectives inutiles, des déclamations ameres, & par des chicanes, ils se font Critiques, & commencent à douter de tout. L'esprit de Satire s'éveille aussitôt, & la grande passion de ceux que l'on a ainsi chagrinés, est de censurer, de condamner, de décéler, de confondre tout, en un mot de ne rien laisser passer sans critique.

Ce sont les Sceptiques contre lesquels s'excitent ces clameurs. Cependant il est visible que ces clameurs mêmes, jointes aux menaces & à l'appareil d'autorité qu'on emploie en pareil cas, excitent principalement cet Esprit Sceptique, & contribuent à accroître le nombre de ces Critiques de *mauvaise humeur*. De simples menaces sans pouvoir, ne font qu'aigrir & irriter. Ceux qui manient les armes temporelles comme les spirituelles peuvent s'en servir à leur gré, & selon la mesure qu'ils jugent à propos. Mais quand le Magistrat est fortement résolu de réserver son autorité pour ce qui concerne proprement sa charge, & de tirer les instrumens de mort des mains des autres, c'est en vain que des Chefs spirituels prennent des tons de maîtres. Il ne leur convient de se servir de pareilles armes que quand ils sont assez forts pour commander au Magistrat, & lui faire exécuter leurs ordres.

Si quelque Lecteur, en parcourant cet endroit, sentoit naître en lui même quelque sentiment d'aversion contre l'Auteur, parce qu'il soutient avec tant de zele le principe de la *Liberté de Religion* & la *Tolérance mutuelle*; je souhaite qu'il pese murement le sujet de sa mauvaise humeur. S'il daignoit s'examiner de près, il trouveroit certainement que ce n'est pas le zele de la Religion ou de la Vérité qui l'agite dans cette occasion; car s'il se trouvoit chez une Nation, où il ne fût pas *Conformiste*, & où il ne pût se flatter d'obtenir la prééminence pour sa Communion particuliere, il ne verroit rien d'absurde dans cette indulgente Doctrine. C'est un fait indisputable que toute Secte ou Religion la moins considérable, quoiqu'elle ait persécuté auparavant, a néanmoins aussitôt recours à des principes de modération, quand on la persecute à son tour, & réclame l'indulgence, l'esprit social & la Bonne Humeur, qui doivent caractériser la Religion. Voici donc à quoi se réduit la cause secrette du chagrin & de l'indignation de mon dévot Lecteur: c'est qu'étant dévoué aux intérêts d'un parti qui possede déja ou qui attend les avantages extérieurs attachés à une certaine formule de Croyance, il faut qu'en bon zélateur, il regarde d'un œil jaloux toute opinion contraire, & qu'il justifie les moyens qu'il juge propres à prévenir ses progrès. Il n'ignore pas qu'en matiere de Religion les erreurs sont personnelles; il sait que si l'on est damné pour ses opinions, on doit l'être à plus forte raifon pour fes vices. Toutefois mon Cenfeur trouvera aifément, pour peu qu'il rentre en lui-même, qu'il ne s'intéreffe pas avec tant de fureur à la conduite des hommes, qu'il n'a pas tant de reffentiment contre leurs vices & leurs mauvaifes Mœurs, lorfqu'il n'en eft point incommodé : d'où il inférera fans peine que Sa Colere en pareille occafion n'eft pas de pur zele, mais qu'elle a fa fource dans fon intérêt particulier.

Paffons, maintenant comme nos Orateurs s'expriment, à notre *fecond Point*, que nous pourrions encore fubdivifer, fi cette méthode d'analyfer un fujet fubfiftoit encore : mais elle eft depuis peu hors de mode.

C'étoit l'ufage chez nos Ancêtres, & peut-être même dès le regne du Roi Arthur, de ne fervir à table que des pieces entieres & *fubftantielles*. Un fanglier par exemple, ou un bœuf entier, formoient le feftin. On confervoit intacte la figure de l'animal, & l'Ecuyer tranchant dépeçoit en regle : c'étoit toujours un homme d'une profonde habileté & merveilleufement adroit ; il paroiffoit debout avec une contenance grave & impofante ; puis il découvroit la tête & les membres, coupant le tout felon les regles de l'art, & divifant fon *fujet* en diverfes parties conformes à l'appétit de ceux qu'il fervoit. La mode a voulu enfuite qu'on mangeât moins méthodiquement. Chacun coupe pour foi. La docte manière de l'Ecuyer tranchant n'eft plus de mife, & l'on a introduit un certain ton de cuifine, qui rend inutile toute la Science anatomique des tables.

II. PART. CH. III.

Les Ragoûts & fricaſſées ſont les plats à la mode: mais tout y eſt ſi mutilé & dans un tel deſordre, qu'on ne peut guere diſtinguer une partie de l'autre, ou l'en ſéparer.

La Mode eſt une puiſſante Souveraine: elle a tellement dégradé de pleine autorité la coutume de *dépécer* & l'uſage de *Solides*, juſques dans les Sermons & les Livres, que nos Prêtres mêmes ont pour la plupart changé la maniere de nous diſtribuer la nourriture ſpirituelle. Ils ont quitté la méthode *ſolide* des diviſions & ſubdiviſions, & pour ſe mettre à la mode, ils ont adopté le goût plus agréable des *Mêlanges*. Il n'y a plus que l'Orateur ſans éducation qui offre à ſes auditeurs groſſiers des Diſcours *diviſés*. Le Prédicateur de Cour prend la voie des *Mêlanges*, & rougiroit de dire *premierement*, *ſecondement* &c. devant une aſſemblée du bon ton.

Si donc en qualité d'*Ecrivain de Mêlanges* ou de *Faiſeur d'Eſſai*, je venois à oublier mes *Prémiſſes* & à perdre le fil de mon Diſcours, il n'y auroit peut-être rien là de bien ridicule. De crainte cependant qu'on ne m'accuſe de ne pas tenir parole, je tâcherai de ſatisfaire mon Lecteur, en ſuivant la méthode que je me ſuis propoſée, ſi toutefois il peut ſe rappeller ce qu'étoit cette méthode: au reſte la matiere n'eſt pas ſi importante qu'il ne puiſſe continuer ſa lecture ſans s'inquieter davantage.

Revenons donc. Quelques moyens que l'on emploie pour ſoutenir ou étendre un Syſtême de Religion, déja établi, il eſt clair qu'il a dû être fondé dans ſon début ſur la complaiſance naturelle & *l'enjouement*, qui inspirent aux hommes la confiance. La Terreur seule, quoiqu'étayée de miracles & de prodiges de toute espece, n'est pas capable de produire cette Foi sincere & absolue pour ce qu'annonce un Docteur inspiré, & un Chef spirituel. L'affection & l'amour, qui produisent une véritable adhésion à de nouveaux principes religieux, dépendent de la *Bonté* réelle ou contrefaite du *Fondateur*. De quelque motif d'ambition qu'il soit animé, quelque zele sauvage & persécuteur qu'il garde en réserve pour éclater quand il aura assez de crédit & de pouvoir; il n'annonce cependant d'abord que *joie, amour, douceur* & *modération*.

La Religion peut à cet égard se comparer dans plusieurs Sectes à cette sorte de flatterie, dont le Beau-Sexe se plaint si souvent. Au commencement d'une passion, lorsqu'une Belle reçoit les premiers soins d'un Soupirant, elle n'entend parler que de *tendres vœux*, de *soumission*, de *service*, d'*amour* &c. Mais bientôt après, quand vaincue par la gentillesse & l'humilité apparente de son Adorateur, elle cede à ses empressemens, c'est dès-lors un autre ton: les mots de *soumission* & de *service* ont une signification à laquelle elle ne s'attendoit guere. Les mots de *Charité* & d'*Amour fraternel* sont très-engageans; mais qui s'imagineroit que la Charité & l'Amour fraternel seroient ensuite appuyés par le fer, le feu, les gibets & autres recettes qui peuvent établir la grandeur temporelle du Sacerdoce, & faire, dit-on, le bien particulier des Ames auxquelles on s'intéresse si charitablement?

II.
Part.
Ch. III.

Notre Auteur a obfervé, dans fa *Lettre fur l'Enthoufiasme*, que les Juifs étoient naturellement fombres & mélancoliques. Jamais peuple n'eut moins d'enjouement en fait de Religion comme en toute autre chofe. Sans cela, fon faint Libérateur & Légiflateur, qui fut déclaré *le plus doux des hommes* (*), & qui avoit tâché durant plufieurs années d'obtenir fon affection par la familiarité la plus populaire & tous les actes poffibles de bienveillance, l'auroit peutêtre traité enfuite avec plus d'indulgence; & il n'auroit pas eu befoin de verfer tant de fang pour le contenir dans le devoir (†). Obfervons ici que fi les premiers Chefs, des Ifraëlites & leurs Rois les plus célebres en agirent conformément aux Inftitutions de leur grand Fondateur, non feulement la mufique, mais même les jeux & la danfe furent de *droit divin*. Le premier Monarque de cette Nation, quoiqu'il fut mélancolique, mit de la mufique dans fes exercices fpirituels, & s'en fervit comme d'un remede contre ce noir *Enthoufiasme*, ou cet *Esprit malin* dont notre Auteur n'a pas prétendu déterminer le rapport avec l'*Efprit de Prophétie* qui l'agita même après fon Apoftafie. Il eft certain que le Succeffeur de ce Prince fut un grand partifan de la Dévotion enjouée, & fon exemple a fait voir qu'elle étoit fondamentale dans la Conftitution Religieufe de fon Peuple. La fameufe *Entrée*, ou *Sarabande* qu'il danfa d'une maniere fi folemnelle à la proceffion de

---

(*) Nombres Chap. XII. verfet 3.
(†) Exode Chap. XXXII. verfet 27 & fuiv. Nombres Chap. XVI. verfet 41.

l'Arche d'alliance, montre qu'il ne rougiſſoit pas plus d'exprimer publiquement les tranſports de ſa joie, ou de ſa bonne humeur, que le dernier Prêtre ou autre Dévot (*).

Outre les divers Hymnes ou Cantiques répandus dans l'Ecriture, le Livre des *Pſeaumes*, *Job*, les *Proverbes*, le *Cantique des Cantiques* &c. qui ſont viſiblement poëtiques & remplis d'images gaies & de ſaillies badines, font ſuffiſamment voir que les Ecrivains ſacrés, avoient recours à l'enjouement comme à un moyen d'étendre la Religion & d'affermir la Foi établie.

Lorſque les affaires des Juifs tomberent dans un état déſeſpéré, & que tout ſembloit les menacer d'une ruine générale & de la captivité, le ſtile des divins Auteurs & des Prophetes pouvoit fort bien différer de celui qu'on avoit employé dans les premiers tems & dans les beaux jours de la République & enſuite de la Monarchie, lorſque les Princes mêmes prophé-

---

(*) Quoique les Danſeurs ne fuſſent pas alors tout nuds, il paroît cependant qu'ils étoient ſi légérement habillés qu'il auroit autant valu qu'ils ne portaſſent rien du tout, parce que leur nudité ſe faiſoit aſſez voir par leurs ſauts, leurs cabrioles & leurs violentes attitudes. Le Lecteur curieux peut examiner le rapport de cette extaſe religieuſe avec la *proceſſion des Prophetes nuds*, (1. Reg. Cap. XIX. verſ. 23 & 24.) où le Prince, le Prêtre & le Peuple prophétiſoient conjointement. Il paroît même qu'avant ſon élévation au trône, il avoit été ſaiſi de cet Eſprit Prophétique *errant & badin*, qui étoit accompagné d'une eſpece de danſe guerriere, exécutée au ſon de la flute & du tambour pendant la marche de la proceſſion &c. 1. Reg. Cap. X. 5. XIX. 23, 24. 2. Reg. Cap. VI. 5.

tifoient, & que de puiffans Rois étoient au nombre des Écrivains infpirés. Mais ce que l'on peut affurer, c'eft que fi les Prophetes ont paru quelquefois mélancoliques & de mauvaife humeur, ce n'étoit pas là l'*Efprit* que Dieu avoit coutume d'encourager en eux; temoin l'avanture de Jonas, qui eft fi naturellement décrite dans les Livres Saints.

Quelque puéril que fut ce Prophete, & reffemblant plutôt à un enfant mutin & refractaire qu'à un homme, on peut dire que Dieu, comme un Maître indulgent, voulut bien s'accommoder à fon humeur, fouffrir fa colere, lui expofer en plaifantant toute fa folie, & le faire rentrer en lui-même.

Leve-toi, dit le Seigneur, *& va à Ninive*. Point du tout, dit le Prophete en lui-même; mais je veux paffer à Tarfis. Il fit le pareffeux comme un poliçon du premier ordre, & il fe flatta de fe cacher aux yeux de fon Maître pendant la route. Mais Dieu le voyoit venir de loin; il le furprit en mer, où il excita une tempête pour lui fervir de leçon, & la baleine étoit déjà prête. Cet entêté fe trouva-là beaucoup plus mal à fon aife que fur terre; il fut très mortifié de fon accident, fe convertit, pria, moralifa, & dit des merveilles contre les vanités du monde.

Le Prophete rentre donc en grace, & reçoit ordre d'aller à Ninive pour y prêcher l'abomination de la défolation. Il la prédit, Ninive fe repent & le Prophete s'irrite.

„ Seigneur! N'ai-je pas prévu à quoi ceci
„ aboutiroit? *Ne l'avois-je pas dit quand j'étois*

„ *tranquille & en sureté chez moi?....* En se-
„ roit-il arrivé autrement, si j'avois couru ail-
„ leurs?.... Comme si je ne savois pas com-
„ bien il faut peu compter sur la résolution de
„ ceux qui sont toujours si prêts à pardonner,
„ & qui se *répentent* de ce qu'ils ont décidé....
„ Non!.... Faites-moi *mourir!.... Prenez*
„ *ma vie* dans ce moment!.... *C'est le mieux*
„ *pour moi....* O si jamais je prophétise en-
„ core....
„ *Comment peux-tu te fâcher de la sorte, Jo-*
„ *nas?* Fais-y bien réflexion.... Viens!...
„ Puisqu'il faut que tu sortes de la Ville pour
„ voir dans l'éloignement *ce qui lui arrivera,*
„ armes-toi plus efficacement contre les ar-
„ deurs du soleil qui t'incommodent. Mêts
„ ta tête à l'abri de ce grand arbrisseau; ra-
„ fraichis-toi, & ne te fâche plus."
Le Tout-Puissant ayant eu cette complaisance pour le Prophete, cela le rendit de meilleure humeur, & il passa assez bien la nuit. Mais
le lendemain matin, voilà un maudit *ver* & un
vent du midi qui détruisent & dépouillent l'arbre. Le Soleil dardoit vivement ses rayons,
& la tête du Prophete fut brûlée à l'ordinaire.
Sa bile revient, & il gronde comme auparavant. „ J'aimerois mieux mourir que de vivre
„ à ce prix.... La mort, la mort seule peut
„ me satisfaire.... Qu'on ne me parle plus de
„ vivre.... Non!... Ce discours seroit su-
„ perflu."
Dieu l'exhorte encore: mais le bourru l'arrête tout court, & lui répond brusquement,
qu'il est fâché, qu'il doit l'être, & qu'il le sera

jusqu'à la mort. Mais le Seigneur touché de compassion pour lui, expose à ce caractere chagrin & rétif, toute la folie de sa conduite, il l'exhorte tendrement à se mettre de bonne humeur, en lui offrant les images les plus agréables, & en lui montrant familiérement qu'il a plus de soin & d'attention pour les *bêtes brutes*, qu'il n'en a lui-même pour son espece & pour les hommes qu'il a convertis par sa prédication (*).

Les commencemens de l'Histoire Sainte, où il est parlé de l'origine des choses & de la Race Humaine, offrent assez d'exemples de ce *stile familier*, de ce commerce agréable & aisé, de ces Dialogues entre Dieu & l'Homme; je pourrois ajoûter, entre l'Homme & l'Animal, & ce qu'il y a de plus extraordinaire, entre Dieu & Satan.

Tous les traits de ce genre, qu'on tourne en Allégories, ou qu'on transforme en Fictions ou Paraboles, sont au moins très-plaisans, agréables & facétieux dans les Récits, les Descriptions, le stile & les Phrases. Mais de crainte qu'on n'interprete méchamment mes intentions, si je m'avisois de rapporter certains passages dans leur vrai sens, ce qui a néanmoins été exécuté par de fort bons Chrétiens & de très-illustres Docteurs (†) de notre Eglise, je ne pousserai pas plus loin cette discussion.

Quant au stile de J. C. il n'est pas plus véhément & majestueux dans ses Discours graves

---

(*) Voyez le Livre qui porte le titre de Jonas Ch. I. II. III. IV. &c.

(†) Burnet, *Archæolog. Cap. VII. p. 180. &c.*

ou dans ſes déclamations, qu'il n'eſt vif, enjoué & ſpirituel dans ſes reparties, ſes réflexions, ſes paraboles, ſes comparaiſons & autres reproches plus modérés. Ses exhortations à ſes Diſciples, ce qu'il dit de leurs mœurs particulieres, les images plaiſantes ſous leſquelles il peint ſes préceptes & ſes maximes, ſes miracles mêmes (ſurtout le premier qu'il a fait) annoncent un certain enjouement, une *bonne humeur* ſi frappante, que je regarde comme impoſſible de ne pas être agréablement affecté de la ſeule expoſition de tout cela.

II. Part. Ch. III.

Or ſi ce que j'ai avancé juſqu'à préſent en faveur de la Plaiſanterie & de l'Enjouement, eſt juſte & exact relativement aux Religions Juive & Chrétienne, je ne doute pas qu'on ne m'accorde la même choſe à l'égard des différens Syſtêmes du Paganiſme. Il eſt donc certain que leurs Fondateurs ont pris le plus grand ſoin d'*égayer* la Religion, & d'écarter l'air grave & ſombre auquel elle eſt ſujette, ſelon les diverſes modifications d'Enthouſiaſme, que nous avons ſpécifiées plus haut.

Il me ſemble que notre Auteur a fait voir que ces Fondateurs étoient de vrais Muſiciens, & des Maîtres de Poëſie, de Muſique & d'Arts agréables, qu'ils ont pour ainſi dire *incorporés* à la Religion, & non pas ſans ſujet, à ce que je m'imagine: car il me paroît clairement, que dans le début de toutes les Religions, lorſque les peuples étoient encore barbares & ſauvages, on avoit toujours du penchant pour une ſombre & noire Superſtition, ce qui, entr'autres horreurs, fit établir les Sacrifices humains.

II. Les Livres Saints mêmes indiquent quelque
PART. chofe de (*) cette nature, & les autres Hiftoi-
CH. III. res nous en fourniffent davantage.

Tout le monde fait combien le Culte du Paganifme renfermoit de jeu, de poëfie & de danfe. Quoique les Dévots mélancoliques & plus fuperftitieux n'approchaffent de leurs Divinités qu'en rampant lâchement, & que leurs grimaces trahiffent les penfées baffes qu'ils avoient de la Nature Divine, il eft cependant très-connu que les plus fages méprifoient & foupçonnoient fouvent ce zele de *Sycophantes*, comme vil & irrégulier (*a*).

Quelle

(*) Gen. C. XXII. 1, 2 &c. Jud. C. XI. 30, 31 &c. Je ne cite ces endroits qui concernent Abraham & Jephté, que pour montrer l'idée que ces Chefs pouvoient avoir de ces horribles forfaits fi communs parmi les habitans de la Paleftine & autres Nations voifines. Il paroît que le premier ne fut pas extrêmement furpris du genre d'épreuve auquel Dieu l'expofoit; il ne penfa pas même à difputer en aucune maniere avec Dieu, tandis que dans un autre tems il fe rendit fi importun pour folliciter le pardon d'une Ville ennemie de l'hofpitalité, meurtriere, impie & abominable. *Gen. XVIII. &c.* Voyez les citations de Marsham, p. 76. 77. *Ex iftis fatius eft colligere hanc Abrahami tentationem non fuiffe actionem innovatam, non recens excogitatam, fed ad priftinos Cananæorum mores defignatam.* Confultez la favante Differtation de Capel fur Jephté. *Ex hujus voti lege* (Lev. XXVII. 28, 29.) *Jephte filiam omnino videtur immolaffe, hoc eft, morte affeciffe, & executus eft in eâ votum quod ipfe voverat. Jud. XI. 39*

(*a*) ..... *Non tu prece pofcis emaci &c.*
Haud cuivis promptum eft, murmurque humilesque fufurros
Tollere de Templis . . . .

De

Quelle contenance différente les bons & les vertueux montroient au Temple! C'est ce que Plutarque, entre plusieurs autres, témoigne dans son excellent *Traité de la Superstition (b)*,

De Jove quid sentis? Estne, ut præponere cures
Hunc cuinam?
. . . . *Quâ tu mercede Deorum*
Emeris auriculas? . . . .
O curvæ in terras animæ, & cælestium inanes?
Quid juvat hoc, Templis nostros immittere mores,
Et bona Diis ex hac scelerata ducere pulpa?

PERS. S. 2.

Non est meum, si mugiat Africis
Malus procellis ad miseras preces
Decurrere . . . .

HORAT. L. 3. Od. 29.

(b) „O misérables Grecs, dit-il en parlant à ses Com-
„ patriotes dégénérés, vous qui vous livrez si superfti-
„ tieusement au goût des Nations barbares, & qui por-
„ tez dans la Religion cet aspect effrayant d'une vile
„ dévotion, humiliation & contrition: vous avez l'air
„ abjectement consterné; vous vous prosternez, vous
„ vous défigurez, & dans les cérémonies du Culte, vous
„ avez des attitudes contraintes & pénibles; vous affec-
„ tez des contorsions, un front ridé, un langage de
„ mendians, des grimaces, des postures rampantes &c.
„ O honte des Grecs! car nous savons qu'il nous est
„ prescrit par nos loix particulieres concernant la Musi-
„ que & les Chœurs, d'en rendre l'exécution agréable
„ d'y apporter une contenance mâle & convenable, évi-
„ tant ces grimaces & ces contorsions, dont quelques
„ Chanteurs contractent l'habitude. Mais lorsqu'il s'a-
„ git du culte plus immédiat de la Divinité, ne conser-
„ verons-nous pas cet air noble & cet aspect mâle? Ou

Tome III. G

II.
Part.
Ch. III.
& dans un autre contre l'Athéisme d'Epicure, où l'on voit combien la *Bonne Humeur* étoit es-

„ supposé qu'on observe scrupuleusement les autres cé-
„ rémonies religieuses, devons-nous négliger la princi-
„ pale décence qui concerne la voix, les paroles & les
„ manieres? Insulterons-nous par des cris abjects, des
„ attitudes viles & une conduite lâche, à la majesté na-
„ turelle de cette divine Religion & de ce Culte natio-
„ nal que nos Peres nous ont transmis, & qui est puri-
„ fié de tout ce qui sent la barbarie?"

Plutarque expose élégamment dans son *Alcibiade* ce qu'il indique ici au sujet de la contenance mâle & noble des Musiciens. Ce fut ce jeune Héros, qui, selon cet Auteur, détermina le premier les Athéniens du premier rang à quitter absolument l'usage de la Flute, qu'ils avoient beaucoup aimée jusqu'alors. Le motif de cette proscription fut l'air bas des joueurs de flute, dont l'exercice défiguroit entiérement le visage en soufflant. Quant aux grimaces du Superstitieux, c'est ainsi qu'il les décrit.

„ L'Ame sans consolation voudroit volontiers avoir des
„ Fêtes & se réjouir: mais sa Religion ne lui permet ni
„ enjouement, ni gaieté. Les réjouissances & les so-
„ lemnités publiques sont pour elle des jours de deuil.
„ Les soupirs & l'anxiété accompagnent ses prieres. La
„ crainte & l'horreur corrompent ses plus légitimes af-
„ fections. Quand elle étale les décorations extérieu-
„ res & l'appareil magnifique que l'on doit trouver dans
„ le Temple, cela même lui inspire de la mélancolie;
„ la pâleur, l'effroi flétrissent sa contenance. Elle trem-
„ ble en adorant. Elle exprime des vœux d'une voix
„ foible & débile, tandis que l'ardeur de ses espéran-
„ ces, de ses desirs & de ses passions paroît dans le
„ désordre de tout son extérieur. En un mot, elle fait
„ voir par son exemple que Pythagore n'avoit pas eu
„ raison de dire que nous étions dans le meilleur état,
„ & que nous avions l'aspect le plus décent lorsque nous
„ nous approchions des Dieux: car c'est alors surtout
„ que le Superstitieux se trouve dans la situation d'es-
„ prit la plus déplorable & la plus abjecte. Il s'appro-
„ che du sanctuaire des Puissances célestes avec un fré-

sentielle à la vraie Piété chez les Anciens les plus éclairés (*).

„ missement aussi lâche que s'il entroit dans une caverne
„ d'ours & de lions, dans un antre de basilics ou de
„ dragons, en un mot dans tout autre repaire de bêtes
„ féroces & de monstres furieux. Il me paroît étonnant
„ qu'on condamne l'Athéïsme comme une impiété,
„ tandis qu'on épargne la Superstition. Celui qui tient
„ qu'il n'y a pas de Puissances Divines, passera-t'il pour
„ Impie? & ne regardera-t'on pas pour bien plus impie
„ celui qui se représente la Nature Souveraine comme
„ le Superstitieux se la figure & la croit? Pour moi,
„ j'aimerois mieux que les hommes &c." Rien de plus digne d'attention que ce que l'Auteur dit encore un peu plus bas. „ L'Athée croit qu'il n'y a pas de Deité; le
„ Superstitieux voudroit qu'il n'y en eut pas. S'il croit,
„ c'est contre sa volonté; il n'ose se défier de rien, ni
„ douter de ses notions. Mais s'il pouvoit secouer en
„ toute sureté cette crainte accablante, qui comme le
„ rocher de Tantale, est suspendue sur sa tête & le
„ presse vivement, il rejetteroit avec transport ses en-
„ traves, & se jetteroit dans le parti des Athées, com-
„ me dans un port heureux. Les Athées sont exempts
„ de superstition; mais les Superstitieux sont toujours
„ des Athées d'intention, quoiqu'ils ne puissent maîtri-
„ ser leurs pensées, & qu'ils soient incapables de croire
„ au sujet de l'Etre Suprême comme ils le voudroient
„ bien volontiers."

(*) Plutarque parlant de la Religion Payenne telle quelle étoit de son tems, avoue qu'il n'y avoit pas de remede aux dispositions du vulgaire; que plusieurs mêmes d'un rang supérieur admettoient insensiblement quelque sentiment de terreur & de crainte dans leurs exercices pieux; mais que ce mal étoit infiniment compensé par la satisfaction, l'espérance, la joie & les délices qui accompagnoient le culte des Dieux. „ Cela est mani-
„ feste, dit-il, par les témoignages les plus incontesta-
„ bles, car ni les sociétés, ni les assemblées publiques
„ dans les Temples, ni les Fêtes mêmes, ni toute autre
„ partie d'amusement, ni Spectacles &c., tout cela n'est

Il me semble que voilà beaucoup de gravité & de sérieux pour défendre ce qui est diamétralement contraire au sérieux & à la gravité. J'ai plaidé très-solemnellement la cause de la Gaieté & de la *Bonne Humeur*. J'ai déclamé contre la pedanterie en Langue savante, & j'ai attaqué en forme les *formalités* des Ecoles. Mais je m'impatiente du joug de la Méthode, & je prétens jouir légitimement du privilege que j'ai réclamé, c'est-à-dire errer de sujet en sujet, de stile en stile selon le titre que j'ai pris pour cet effet.

Cependant on pourra bien trouver mauvais que je supprime le troisieme *Chef* de mes discussions. Mais si le Lecteur ami de la Méthode, à quelque scrupule à ce sujet, qu'il revienne sur ses pas; & s'il peut tirer mon troisieme *Point* du second, qu'il me pardonne d'avoir anticipé dans un Ouvrage, qui dépend moins de la forme que de l'humeur. J'avois à la vérité

„ pas plus agréable ou réjouissant que ce que nous
„ voyons & que nous faisons dans les saints Sacrifices &
„ Mysteres qui appartiennent au Culte des Dieux. Nous
„ ne sommes pas alors dans cette situation d'esprit où
„ l'on est en présence des Potentats, des terribles Souverains
„ verains & des Despotes de la terre. Nous ne nous
„ humilions pas bassement, nous ne nous prosternons
„ pas pénétrés d'effroi & de confusion, comme nous le
„ ferions naturellement en pareil cas. Mais là où la
„ Divinité est censée plus près de nous, & plus immé-
„ diatement présente, l'horreur & l'étonnement sont
„ absolument bannis; le cœur se livre librement au
„ plaisir, à la fête, aux jeux, à la gaieté, à la bonne
„ humeur & à l'amusement: on pousse même tout cela
„ jusqu'à l'excès."

résolu de rassembler une vaste collection de passages dans nos plus sublimes Théologiens pour fournir à ce dernier point de mon Chapitre, & pour prouver par de meilleures autorités que la mienne, que nous avions en général une *Religion enjouée*. Mais après y avoir pensé, j'ai conclu en moi-même qu'il valoit mieux ne pas citer du tout que de citer d'une maniere partiale. Or si je rapportois honnêtement ce que l'on a dit pour & contre l'enjouement en matiere de Religion, la question seroit assez contrebalancée, & il faudroit conclure en derniere analyse que généralement parlant, tant qu'un Théologien est de bonne humeur, il peindra la Religion comme la chose la plus délicieuse & la plus gaie qui soit au monde; mais que s'il est autrement affecté, ce qui n'est pas rare, la perspective change entiérement.

C'est ainsi que nous sommes alternativement sublimes ou rampans, gais ou abbattus, suivant que notre Directeur spirituel est monté lui-même. Cela est peut-être pour notre avantage & édification, afin que par ces contrariétés & ces changemens nous puissions devenir plus souples & plus complaisans. Si nous sommes atterrés, on nous releve; si nous sommes élevés, on nous humilie. Voilà la discipline. Si la Religion avoit toujours le même aspect, & si on nous la représentoit toujours uniforme, peut-être que cela nous inspireroit trop d'audace, & que nous nous familiariserions avec elle. Nous pourrions la connoître plus à fond & pénétrer son génie & son vrai caractere. C'est ce qui nous rendroit peut-être refractaires à la voix des Docteurs, & moins difposés à nous foumettre à des gens autorifés à nous la peindre fous le point de vue qu'ils jugent le plus convenable.

Je conclûrai donc non feulement brufquement; mais même en Sceptique à l'égard de ce dernier point, en renvoyant le Lecteur à ce qui a déjà été dit, & qui peut rendre probable cette propofition, *que nous avons en général une Religion enjouée.*

Au refte, j'ofe affurer que notre Religion a certaines faces enjouées & agréables en elles-mêmes, & que les triftes tableaux qu'on en fait font fi fombres & lugubres, qu'ils peuvent exciter une paffion toute contraire à celle que l'on fe propofe.

TROISIEME PARTIE.

CHAPITRE I.

Remarques ultérieures sur l'Auteur des Traités. Son plan & son dessein. Ses Observations sur la succession de l'Esprit, & les progrès des Lettres & de la Philosophie. Des Mots, Relations & Affections. Patrie, Patriote. La vieille Angleterre. Patriotes du Sol. Virtuoses & Philosophes. Le Goût.

Ayant déja établi mon droit, en qualité d'Ecrivain de Mêlanges ou d'Essai, de traiter tout sujet de la maniere que je juge à propos; d'employer l'ordre, ou de le négliger selon que cela me convient; de parler de Méthode lorsqu'il s'agit de l'ouvrage d'un autre, quoique je m'en dispense & que je marche au hazard dans le mien; j'oserai à-présent considérer la Méthode & l'Ordre des Traités de mon Auteur selon l'arrangement de la derniere Edition.

Malgré les grands airs de Scepticisme que l'Auteur prend dans sa premiere Piece, je ne puis cependant m'empêcher de croire qu'il est au fond un vrai *Dogmatique*, & qu'il a clairement une opinion, une croyance & une Foi à lui, de même que le plus Dévot des Hommes. Quoiqu'il affecte peut-être de tirer contre les autres Systêmes, il a quelques notions en réserve, un Systême particulier, ou au moins une Hypothese qui n'a actuellement que peu de partisans.

En conséquence, je compare sa conduite à celle d'un ambitieux Architecte, qui étant appellé pour étayer un toit, relever un mur, ou augmenter quelque appartement, ne se contente pas de ces petits échantillons de son Art, mais prétend démontrer les inconvéniens & les défauts du vieil édifice, forme le dessein d'un nouveau, & brûle d'étaler son adresse dans la principale partie de l'Architecture & de la Mécanique.

Il est certain qu'en fait de Litterature & de Philosophie, la pratique de *détruire* est plus agréable que celle d'*édifier*. Bien des gens qui ont fait des merveilles au premier égard, ont échoué dans le second. On peut trouver mille Ingénieurs qui sauront *sapper*, *miner* & *faire sauter* avec un art admirable, pour un seul qui sera en état de bâtir un Fort, ou de faire la platte-forme d'une citadelle. Quoiqu'un sentiment de compassion puisse rendre les ravages de la *guerre réelle*, moins agréables, il est constant que dans la *guerre Litteraire*, le jeu des mines, le renversement des tours, des bastions & des ramparts de la Philosophie, avec des Systêmes des Hypotheses, des Opinions & des Doctrines en l'air, forment le spectacle le plus réjouissant.

Notre Auteur auroit bien fait d'entrer dans des considérations plus détaillées à ce sujet. Nous l'avons suivi dans ses deux premieres Pieces, & nous voilà à la troisieme. Il me semble qu'il a soutenu jusqu'ici avec assez de grace son caractere destructeur, faisant main-basse sur tout ce qu'il rencontroit. Il n'a donné que quelques indices fort légers d'où l'on puisse conjecturer qu'il ira plus loin, & qu'il formera quelque plan qui puisse faire voir ses talens pour *édifier*. Le troisieme Traité même offre encore un air de Scepticisme, & ce qu'il propose comme une Hypothese à établir, est très-foible: il n'en ose parler tout haut, mais il murmure tout bas d'une maniere incertaine, & dans un *Soliloque* supposé. Le peu de *forme* & de *Méthode* qu'il semble employer, est tellement effacé par la marche irréguliere des *Mélanges*, qu'on diroit qu'il ne l'affecte que par plaisanterie & non sérieusement. C'est dans le quatrieme Traité qu'il paroît sensiblement Dogmatique & Ecrivain méthodique: son Hypothese & ses Opinions forment un tout si serré & si pressant, que l'on se rappelle la figure & le ton d'un Logicien d'Université (*).

Nous ne savons guere ce qu'on peut dire en sa faveur lorsqu'il s'engage dans de si profonds sujets. En attendant, il me suffira de me joindre à lui, & de donner à son exemple un *Avis* à des personnages considérables, soit Auteurs ou Politiques, Virtuoses ou Petits-Maîtres. Notre Auteur sera du nombre de ceux que je conseillerai; j'en serai pareillement, si l'occasion se présente.

D'abord, quant à la Dissertation qui forme le troisieme traité où des Reflexions sur les Auteurs en général, & sur l'origine & le progrès des

―――――――――――
(*) Il s'agit de la *Recherche concernant la Vertu, & le Mérite.*

III.
PART.
CH. I.

Arts, servant d'introduction à sa Philosophie; nous pouvons observer que ce n'est pas sans quelque apparence de raison qu'il a pris cette méthode. Il faut convenir que quoique les premiers tems ayent pu produire des hommes divins & d'un génie transcendant, qui ont donné des Loix à la Religion & au Gouvernement, au grand avantage de l'Humanité; cependant la Philosophie, considérée comme une Science & une Profession digne de ce nom, ne put guere naître qu'après les autres Arts, & lorsqu'ils eurent fait préalablement des progrès proportionnés. Comme ce genre étoit de la plus grande importance, il ne se forma que le dernier. Il fut longtems à se dépouiller de la parure affectée des Sophistes, ou du ton enthousiaste des Poëtes, jusqu'à ce qu'il parut dans tout l'éclat de sa beauté simple & naturelle.

Le Lecteur excusera peut-être notre Auteur d'avoir tant chargé ses pages dans cette partie, de profondes autorités & de citations d'Anciens, lorsqu'il se rappellera qu'il y a nombre de Professeurs de Belles-Lettres, qui sont fort embarassés dans de pareilles recherches, qui écrivent réciproquement d'une maniere contradictoire & contre l'évidence naturelle de leur sujet. La vraie *Succession* de l'Esprit est clairement fondée dans la Nature, comme notre Auteur a entrepris de le prouver par l'Histoire & par les Faits. Les anciens Grecs, qui sont nos Modeles à l'égard des Sciences & des Beaux-Arts, en étoient eux-mêmes les Créateurs: car quoique les Egyptiens, les Phéniciens, les Thraces ou autres Barbares aient fait quelques découvertes en Agriculture, en Architecture en Litterature ou relativement à la Navigation; quoiqu'ils ayent inventé une forme de Culte, des Dieux, des instruments de Musique, des fêtes, des jeux ou des danses (sur quoi il y a de grandes disputes parmi les Savans) il est constant que les Arts & les Sciences ne se sont perfectionnés que dans la Grece. Ce fut là que la Musique, la Poësie & leurs sœurs acquirent quelque beauté, & furent distinguées en ordres & en classes. Tout ce qui a fleuri, ou qui est parvenu à quelque dégré de correction ou de vraie perfection, étoit l'ouvrage des Grecs seuls : tout s'achevoit entre les mains de cette Nation qui étoit la seule polie & la plus civilisée.

C'est ce qui ne paroîtra pas étrange si l'on considere l'heureuse Constitution de ce Peuple : quoiqu'il fut composé de différentes Nations qui avoient chacune leurs Loix & leur Gouvernement à part; quoiqu'il fut séparé par des mers & des continens ; néanmoins comme il avoit la même origine, la même langue, le même esprit libre & social, qui malgré la haine qui divisoit les Etats particuliers, forma une Puissance redoutable représentée par le Conseil des Amphyctions, & établit les Jeux Olympiques, Isthmiques & autres &c; il falloit absolument que ce peuple se polît & se rafinât. Il fixa ainsi les regles & la mesure de son bel Idiome, en laissant seulement quelque différences dans les Dialectes, qui rendoient surtout sa Poësie infiniment agréable. La même regle fut appliquée aux autres Arts dans une égale proportion. On fit les diftinctions, & les différens genres furent trouvés & mis à part: les Maîtres furent honorés & admirés; & à la fin les Critiques mêmes furent reconnus & établis comme Maîtres fupérieurs à tous les autres. La Mufique, la Poëfie, la Rhétorique, la modefte Hiftoire, la Sculpture, l'art du Statuaire, la Peinture, l'Architecture, en un mot tout ce qui étoit gracieux, tous les Arts des Mufes obtinrent les plus grands honneurs, & exciterent la plus ardente émulation. Ainfi quoique la Grece exportât les Arts chez les autres Nations, elle ne recevoit point d'échange. Tout ce qu'on pouvoit lui offrir fe bornoit à quelques matériaux groffiers, informes & barbares. Ce Peuple fut donc un vrai *Original* à cet égard: toutes les belles connoiffances nâquirent *d'elles-mêmes* chez lui, & fortirent en quelque forte du fein de la Nature par le cours néceffaire des chofes. Or en conféquence de ce progrès naturel des Arts, fpécial à la Grece, il devoit arriver qu'au commencement, lorfqu'on fit le premier effai du Langage, lorfque le monde plein d'admiration porta le premier jugement, & éprouva fon goût pour les beaux-arts, il devoit arriver, dis-je, que le *grand*, le *fublime* & l'*étonnant* paffaffent d'abord en mode, & fuffent préférés; les métaphores, la multiplicité des figures, les expreffions fortes & fonores ont dû naturellement l'emporter. Quoique membres de la République, ou occupés des affaires du Gouvernement, les hommes avoient originairement un langage fimple & direct; mais lorfque la parole devint un art, qui fut enseigné par des Sophistes & autres prétendus Maîtres, le haut stile de la poësie & la diction figurée s'établirent jusques dans les Cours de Judicature & dans les Assemblées publiques; de sorte que l'illustre Chef des Critiques, Aristote, après avoir célébré le Poëte Euripide, blâme les Rhéteurs de son tems d'avoir retenu le galimathias que les Poëtes mêmes, sans en excepter les Tragiques, avoient déjà abandonné, ou considérablement adouci. Mais le goût de la Grece se polissoit; on jugea bien mieux lorsque l'on entendit Démosthene, & qu'on le goûta. Le peuple même, comme notre Auteur l'a fait voir, réforma la Comédie & le stile familier lorsque la Tragédie & le haut stile eurent atteint la perfection sous le pinceau d'Euripide. Dès ce moment on s'attacha surtout à mettre de la simplicité & du naturel dans les principaux ouvrages de goût; & cela se soutint pendant plusieurs siecles jusqu'à la ruine de tout sous une Monarchie universelle.

Si le Lecteur a par hazard la curiosité de comparer le goût ancien de notre Nation avec le moderne, qu'il jette les yeux sur les Discours de nos Ancêtres au Parlement. Il observera généralement qu'ils étoient courts & simples, mais grossiers, & sentant *le terroir*, jusqu'à ce que la Science fût introduite parmi nous. Quand nos Princes & nos Sénateurs furent érudits, ils parlerent en érudits. Le stile pédantesque prévalut depuis l'aurore des Lettres vers l'époque de la Réforme, jusques bien longtems, après; témoins les plus beaux Discours & les

Sermons les plus admirés qui ont illuftré chaque regne jufqu'à nos jours. On remarquera fans doute que les penfées & la diction tenoient du genre fleuri & figuré, & que ce genre s'eft foutenu prefque jufqu'à la fin du dernier fiecle. Rien ne paroiffoit plus agréable qu'une phrafe bien ronflante, une comparaifon tirée de loin, les pointes, les jeux de mots. Rien d'un autre côté ne paroiffoit plus vil & plus bas que le fimple & le naturel; de forte qu'il faut convenir que nous fommes tombés fort bas à l'égard de l'Age précédent; ou que fi nous nous fommes réellement perfectionnés, le Naturel & le Simple qui cachent & couvrent l'Art, font véritablement ce qu'il y a de plus habile; en un mot, que c'eft là le meilleur, le plus vrai & le plus folide goût, comme on l'a fait voir ailleurs plus amplement.

Quant à la Philofophie de notre Auteur, telle qu'elle fe trouve indiquée dans ce Traité (*Soliloque ou Avis à un Auteur*) mais plus développée dans le fuivant (*Recherches concernant la Vertu*); nous allons l'examiner graduellement felon fa méthode; puifqu'il ne conviendroit pas à celui qui s'eft donné les airs de lui fervir de Second & de le paraphrafer gaiement, d'entrer brufquement fans une jufte préparation dans fes Recherches & fes raifonnemens arides concernant les *Paffions fociales* & les *Affections naturelles*, qu'il analife d'une maniere fi pointilleufe.

De toutes les Affections humaines la plus noble & la plus convenable à notre Nature, eft l'Amour de la Patrie. C'eft ce qu'avoueront peut-être tous ceux qui ont réellement une Patrie, & que l'on peut appeller un (*) *Peuple*, qui jouit d'une conftitution réelle, qui le rend libre & indépendant. Il eft peu de *Patriotes* ou d'*Hommes Libres* affez pervers pour décourager ou condamner directement cet amour du public & de la Société nationale. On attaque plutôt ce principe d'une maniere indirecte. On fe plaint communément qu'il n'y a plus guere de cet amour dans le monde, d'où l'on fe hâte de conclure qu'il n'y a point ou peu d'affection fociale inhérente à notre Nature, ou propre à notre efpece. Il paroît cependant qu'il eft à peine une feule créature humaine qui n'ait au moins une légere portion de cet amour pour fon pays.

Nefcio quâ Natale Solum dulcedine captos
Ducit . . . .

OVID.

C'eft confidérer l'Humanité fous un bien miférable afpect, que de vouloir réduire l'effence & le fondement de cette généreufe paffion à un rapport avec une argille inanimée, à l'exclufion de tout ce qui eft intelligent, fenfible ou *moral*. J'avoue cependant que toutes les

(*) Une multitude contenue par force, quoique fous un feul & même Chef, n'eft pas proprement unie; elle ne peut faire un *peuple*. C'eft une confédération Sociale fondée fur quelque bien ou intérêt commun qui fait un *peuple*. Le Defpotifme annulle le public, & partant la Conftitution: il n'y a plus ni patrie ni nation.

III.
Part.
Ch. I.

Affections naturelles dépendent en quelque manière de certaines Relations ou Proportions respectives. Et sous ce point de vue, on ne sauroit nier que nous n'ayons chacun de nous une certaine Relation avec la terre même, avec la surface de cette Planete, où nous autres, pauvres Reptiles, nous sommes engendrés & nourris avec d'autres animaux de différentes especes. Mais si par hazard quelqu'un de nous autres Anglois étoit né dans la mer, ne pourroit-il pas s'appeller proprement un Anglois? Ne seroit-il point *Patriote* dans aucun sens, parce qu'il n'auroit aucune Relation distincte à un certain Sol ou Région, & point d'autre voisin que les habitans des eaux ou les monstres marins? Sûrement, si nous étions nés de parens légitimes sous la protection des Loix, quelque part qu'ils fussent détenus, dans quelques Colonies qu'ils fussent envoyés, par quelques accidens, expéditions ou avantures qu'ils fussent éloignés pour le service public ou celui du genre humain, nous trouverions toujours un peuple, une patrie, qui nous réclameroit. Il faudroit toujours nous regarder comme Concitoyens, & l'on nous permettroit d'aimer notre pays ou nation d'aussi bon cœur que celui qui est né sur le sol même. On feroit attention à notre *état politique* & *social*, & l'on nous reconnoîtroit pour aussi *naturels* & *essentiels* dans notre espece qu'un pere à l'égard de son fils, & réciproquement, ce qui donne lieu à ce que nous appellons particuliérement *Affection naturelle*. Mais supposant que notre naissance & nos parens soient inconnus, & qu'à

cet

cet égard nous foyons en quelque forte comme des *cadets* relativement au refte du genre humain; cependant l'éducation nous feroit adopter quelque pays, & nous mettant avec joie fous la protection d'un Magiftrat, il faudroit bien fe réunir de toute néceffité, & par le pouvoir inflexible de la Nature, à la fociété générale des hommes, & de ceux en particulier avec lefquels nous fommes entrés dans une plus étroite communication de bienfaits & d'affections fimpatiques. Ce n'eft donc qu'un lâche fubterfuge des petites ames de rapporter cette paffion naturelle pour la Société & la Patrie à une relation femblable à celle d'un Champignon ou autres plantes du même genre au fumier qui l'a fait naître.

III. PART. CH. I.

La relation des Compatriotes, fi l'on accorde que ce n'eft pas une chimere, doit renfermer quelque chofe de moral & de focial. L'idée même préfuppofe naturellement un état civil & politique, & fe rapporte à cette partie de la Société, à laquelle nous devons nos principaux avantages en qualité d'hommes & de créatures raifonnables qui font naturellement & néceffairement unies pour leur bonheur & leur foutien mutuel, & pour la plus grande des félicités, le commerce des ames, le libre ufage de la raifon & l'exercice d'une amitié réciproque.

Un habile Médecin moderne confidérant la dépendance naturelle des Animaux & des Végétaux obligés de tirer leur fubfiftance du fein de la Terre, leur mere commune, les uns reftant attachés au lieu où ils ont pris racine, &

Tome III. H

les autres errans de côté & d'autre pour chercher leur nourriture, appelle les Animaux, *les fils émancipés de la terre.* Si nous ne nous estimons pas davantage, nous serons les *enfans de la terre mis en liberté*, sans tenir à aucun sol ou territoire particulier. La division des climats & des pays est fantastique & artificielle, & à plus forte raison les limites des contrées particulieres, villes ou Provinces. Notre sol natal doit être dans ce Système le Globe même qui nous porte, & à cet égard les animaux & les plantes de toute espece sont au même dégré que nous avec cette Mere commune.

De plus, cette *parenté* s'étendroit à tout l'Univers matériel sans exception; & il n'en faut pas moins pour la completter. Mais quant au terrain particulier que nous appellons notre Pays dans le sens ordinaire, ce rapport ne subsisteroit pas à son égard, & nous ne saurions assigner aucune affection propre & naturelle, qui l'eût pour objet.

Si par avanture, un homme étoit né dans un cabaret ou dans un méchant hameau, il ne voudroit pas, je pense, se borner, au nom de ces endroits pour se caractériser par le lieu de sa naissance. Bien loin de là, il ne daigneroit pas même honorer du nom de Patrie la Province où ils sont renfermés, quelque riche ou florissante qu'elle fût. Qu'est-ce que nous oserons donc appeller notre pays? Est-ce l'Angleterre? Et l'Ecosse la comptons-nous pour rien? Est-ce la Brétagne? Quoi! nous en excluons les autres Isles, les Orcades, Jersey, Guernesey, les Colonies, & la pauvre Irlande? Qu'arriveroit-il après tout en cas de conquête ou de captivité, de migration, de déplacement national, d'abandon de notre pays pour nous aller fixer dans un autre? Nos Peres ont été dans ce cas comme personne ne l'ignore. Quelque grand & puissant peuple que nous soyons depuis quelque tems, & que nous ayons toujours été, tant que les Conseils furent libres & les Ministres passables; si nous retombions dans des principes de servitude, ou que nous fussions gouvernés par des hommes qui n'ayant pour eux-mêmes aucune notion de liberté, en auroient beaucoup moins pour l'Europe ou nos Voisins; nous pourrions voir à la longue naître une guerre dont le siege seroit chez nous, & devenir enfin une conquête. Nous pourrions nous trouver dans le cas de prendre avec joie le dur parti de nos prédécesseurs, & de quitter notre chere patrie pour une terre inhabitée dans quelque coin du monde. Si nous éprouvions jamais ce sort; s'il se formoit des tristes restes de la Nation une colonie considérable, que nous rencontrassions, comme par miracle dans quelque climat reculé, n'y auroit-il donc plus d'Anglois. Ne resteroit-il aucun lien d'alliance ou d'amitié qui nous autorisât à nous appeller *compatriotes* comme auparavant? D'où avons-nous tiré cet ancien nom d'Anglois? N'a-t'il pas traversé avec nous les terres & les mers? Ne l'avons-nous pas apporté des extrémités de l'Allemagne jusqu'en cette Isle?

J'ai été tenté plusieurs fois, je l'avoue, d'en vouloir à notre Langue pour nous avoir refusé l'ufage du mot de *Patrie*, en nous laiffant feulement celui de *Contrée* pour rendre l'idée de notre Société. Les termes en vogue ont fouvent affez de force pour influer fur la notion que nous avons des chofes. Je ne fais d'où cela vient, mais il eft conftant que nous fommes prêts à mêler quelque chofe de matériel & de terreftre avec un enthoufiafme plus qu'ordinaire à l'idée de notre *Etat Civil* ou de notre Nation. Jamais peuple, qui dut tant à la Conftitution & fi peu au climat, ne fut fi indifférent pour l'une & fi paffionné pour l'autre. On s'imagineroit fur les propos de nos Anglois que les plus belles Régions des environs de l'Euphrate à Babylone & en Perfe, les riches plaines de l'Egypte, le Tempé des Grecs, la Campanie, la Lombardie, la Provence, l'Andaloufie, en un mot les plus délicieux cantons des deux Indes, ne font que des miferes en comparaifon de la *vieille Angleterre*.

Mais avec la permiffion de ces dignes *Patriotes du fol*, je prendrai la liberté de dire que la vieille Angleterre étoit à tous égards un pays fort chétif; & que la moderne Angleterre vaut infiniment mieux depuis un fiecle ou deux qu'elle n'a valu même depuis le tems de la Reine *Befs*. Au commencement du regne de fon Grand Pere, notre Nobleffe reffembloit à celle de Pologne & nous n'avions d'autre liberté que celle qui nous étoit commune avec les autres Monarchies & Principautés Gothiques de l'Europe. Il eft vrai qu'en fait de Religion, notre gloire effaçoit celle de toutes les autres Nations, parce que nous étions plus foumis au joug ecclésiastique au dedans, & les meilleurs tributaires & Serviteurs de Rome au dehors.

Je vais plus loin, & je pense que la moderne Angleterre, depuis la Révolution, est préférable de beaucoup à l'ancienne, & qu'en général nous figurons un peu mieux dans l'Europe que nous n'avons fait sous les regnes précédens. Quelque éclat cependant qu'ait obtenu notre Nation, quelque crédit que nous ayons acquis, quelques progrès qu'ayent fait chez nous le commerce, la navigation, nos manufactures ou notre économie domestique; il est certain que notre Région, notre Climat, notre Sol, sont dans leur nature toujours les mêmes. Quelque policés que nous nous croyons déjà, il faut convenir que nous sommes le dernier peuple de l'Europe qui soit sorti de la barbarie. Il faut convenir que la premiere conquête des Romains nous tira d'un état qui ne valoit pas même à peine celui des Tribus sauvages des Indes; & que la derniere conquête des Normands nous mit seulement dans le cas de recevoir les Arts & les lumieres des étrangers. Ils sont venus par dégrés des climats les plus éloignés, & nous ne les tenons que de la seconde ou de la troisieme main. Les Ecoles, les Académies, les Etats, les Cours des pays étrangers nous ont rendu ce que nous sommes.

Malgré cela nous avons une idée présomptueuse de nous-mêmes, comme si nous avions droit de nous prétendre *Originaux*, & *enfans du sol*. Quoique nous ayons si souvent changé de maîtres, & que nos familles se soient confondues avec celles des vainqueurs, nous nous regardons toujours comme *possesseurs naturels* de notre pays, de même que les Athéniens prétendoient l'être du leur. Il faut remarquer cependant, à la gloire de cet ancien, sage & spirituel peuple, que malgré les beaux pays qu'il possédoit comme légitime Souverain, malgré sa supériorité dans les sciences, les arts, & la politesse, il étoit si éloigné d'être suffisant ou présomptueux & de mépriser ridiculement les autres Nations, qu'il donnoit même dans l'extrémité contraire: il admiroit tout ce qui étoit le moins du monde curieux ou ingénieux parmi les étrangers. Ses grands hommes voyageoient constamment; ses Législateurs & Philosophes passoient en Egypte, en Perse, en Chaldée, & ne manquoient pas de visiter les Colonies ou Possessions Grecques éparses dans les Isles de la Mer Egée, en Italie, & sur les côtes d'Afrique & d'Asie. On regarda comme un prodige qu'un grand Philosophe, (a) quoiqu'il fut connu pour avoir toujours été pauvre n'eut jamais voyagé, & ne fut pas sorti d'Athenes pour accroître ses lumieres. Quelle modeste réflexion pour un peuple tel que les Athéniens!

Pour nous, nous ne nous embarassons gueres que des Etrangers viennent chez nous (*b*) & nous

---

(*a*) *Socrate.*
(*b*) Mauvais signe qui fait douter que nous soyons entiérement civilisés, puisqu'au jugement des Sages & des hommes polis, cette disposition a toujours été regardée comme une principale marque de barbarie. Voyez

ne nous soucions pas davantage d'aller chez eux. Tout le fin de notre politique & de notre éducation se réduit, à ce qu'il semble, à ne jetter les yeux hors de chez nous que le moins qu'il est possible, à resserrer nos vues dans les limites les plus étroites, à mépriser tout ce qui n'est pas un fruit de notre climat. Quelle estime auront pour les Anciens ceux qui dédaignent d'une maniere si résolue ce que les Nations modernes les plus polies ont inventé dans la Littérature, les Beaux-Arts & la Philosophie?

Cette disposition de nos Anglois, de quelque cause qu'elle vienne, est une circonstance qui me paroît peu favorable pour notre Auteur, qui vouloit avancer quelque chose de neuf ou du moins quelque chose de différent de ce que la Philosophie ou la Morale discutent ordinairement. Il se propose principalement de découvrir comment nous pouvons former en nous-mêmes avec plus davantage ce que l'on nomme dans le monde poli le *Bon Goût*.

Il commence, il est vrai, aussi *près de nous* qu'il est possible, & il nous borne à la conversation la plus limitée, celle du *Soliloque*. Mais ce commerce intérieur est selon lui absolument impraticable sans l'usage préalable du monde.

―――――
Strabon & plusieurs autres. Le Ζεὺς ξένιος des Anciens étoit un attribut particulier de l'Être Suprême, bienfaisant pour les hommes, recommandant l'amour universel, les soins & les bons offices entre les peuples les plus éloignés & les plus différens en toutes choses. Telle étoit la Charité Payenne, & les soins sacrés qu'elle donnoit à tout le genre humain, malgré la différence des Nations ou des Cultes.

Plus cet usage est étendu, plus l'autre est aisé & utile. La source de cet Art de la *Conversation intérieure* est l'ancien *Dialogue*, ou *Dispute*, qui étoit un modele de politesse & d'élégance. Rien, continue notre Auteur, ne peut faire reparoître aussi efficacement cette pratique du Soliloque que la recherche & l'étude de ce qu'il y a de plus poli dans les conversations modernes. Pour cela il faut nécessairement prendre la peine de quitter le pays, & de voir l'étranger : aussi paroit-il que l'Auteur n'espere guere, d'être goûté ou compris par ceux de ses compatriotes qui n'ont pas voyagé ; il ne compte que sur ceux qui se plaisent dans le commerce libre & ouvert du Monde entier, & qui aiment à recueillir des vues & des lumieres de tous les pays, afin de mieux juger de ce qui excelle, & qui est conforme à la regle du vrai goût dans chaque genre.

Il est peut-être à-propos de remarquer en faveur de l'Auteur, que la même espece de ridicule, dont on peut accueillir les Philosophes, tombe ordinairement sur les *Virtuoses* ou Beaux-Esprits du Siecle. Sous cette dénomination générale sont compris les gens du bon ton, ceux qui aiment les Beaux-Arts, ceux qui ont vu le Monde, ceux qui se sont instruits des mœurs & des coutumes des diverses Nations de l'Europe, qui ont fouillé dans leurs Antiquités, considéré leur police, leurs loix, leurs constitutions ; observé la situation, la force & les ornemens de leurs villes, leurs principaux Arts, leurs études & amusemens, leur architecture, peinture, musique, leur goût en Poësie & dans ce qui concerne les Sciences, le Langage & la conversation. III. PART. CH. I.

Il n'y a pas là jusqu'ici de ridicule, ni la moindre prise aux traits des satiriques ou des plaisans. Mais si nohs poussons plus loin le caractere d'un Virtuose, & que nous le suivions dans des recherches plus minutieuses, lorsque passant du spectacle du genre humain & de ses affaires, à l'examen vétilleux des ouvrages de la Nature, il contemple peut-être encore avec plus de zele la vie d'un Insecte, l'habitation & le menage d'une race de poisson à écailles, lorsqu'il forme un cabinet en regle sur le vrai modele de son esprit plein de fatras, d'idées stériles, & de chimeres; c'est alors qu'il faut le persiffler, & qu'on le joue avec raison dans toutes les bonnes compagnies.

Un plus triste sort encore afflige ordinairement ces Virtuoses subalternes, qui déterrent avec tant de manie des Raretés, dont ils deviennent amoureux à cause de la *Rareté* même. Ce qu'il y a de plus *rare* dans le Monde, ce sont les Monstres; en conséquence les études & les goûts de ces Messieurs deviennent réellement monstrueux. Ils n'ont d'autre volupté que celle de choisir & d'admirer en extase tout ce qu'il y a de plus monstrueux, de défiguré, & de plus incompatible avec les tableaux de la Nature.

Il en est exactement de même en Philosophie. Supposons un homme, qui ayant seulement résolu d'employer son jugement le mieux qu'il est possible, considere *qui il est*, ou *ce qu'il est*; d'où il vient & quelle est son origine; à

H 5

quelle fin il a été deftiné, & ce qu'il doit faire dans la vie felon la direction de la Nature dans fa conftitution : fi cet homme après cela defcendoit en lui-même pour examiner fes facultés intérieures ; ou s'il fortoit pour ainfi dire de fa ville, de fa nation pour découvrir & reconnoître la grande Société commune & univerfelle dont il eft membre ; il n'y auroit fûrement rien là-dedans qui dût le rendre ridicule. Au contraire, l'homme du bel air, n'eft après tout qu'un imbécile, lorfqu'après avoir tant parlé de la connoiffance du monde, il n'a jamais penfé à fe connoître lui-même ou la nature & le gouvernement de ce Monde, de ce Public, dont *il tire tout fon être.*

Quid fumus, & quidnam victuri gignimur? (*)

Où fommes-nous? Sous quel toit? Sur quel vaiffeau? Où allons-nous? Quelles affaires? Quel eft le Pilote, le Gouvernement ou notre garantie. Voilà les queftions que tout homme fenfé fe feroit naturellement, s'il étoit fubitement tranfporté fur une nouvelle fcene. Il eft bien fingulier qu'un mortel, qui eft depuis longtems au monde, qui a porté fa raifon & fon jugement partout avec lui, ne fe foit jamais propofé cette fimple queftion : *Où fuis-je,* ou *Que fuis je ?* mais qu'au contraire il s'applique méthodiquement à toute autre recherche, & néglige celle-ci comme la moins importante, tandis qu'il en laiffe l'examen à d'autres, établis à ce qu'il fup-

(*) Pers. Sat. 3.

pose pour penser pour lui à ce sujet. Nous regardons comme une bagatelle d'être dupés par de faux avis sur une matiere de si grande importance. Nous avons des yeux de linx pour les autres: nous voulons être exactement informés de leurs affaires qui ne nous regardent point. Mais notre grand intérêt, ce qui nous touche le plus immédiatement, nous le laissons discuter aux autres, & nous prenons là-dessus l'avis des premiers venus, en comptant avec confiance sur leur honnéteté & leur bonne foi.

Il me semble qu'ici le ridicule tombe plutôt sur les ennemis de la Philosophie que sur les Virtuoses ou les Philosophes. La Philosophie, prise dans son sens primitif pour la Science éminente de la Vie & des Mœurs, ne peut-être ridicule, quelque sot que soit le siecle. Mais considérons la Philosophie comme une simple manie de Virtuoses, dans son cours ordinaire, & nous verrons que ce ridicule flétrit ceux du premier rang comme les subalternes. Il y a partout des *coquillages* & des inepties. Plusieurs choses qui sont au dehors de nous-mêmes, & qui n'ont aucun rapport à nos vrais intérêts ni à ceux de la Société, sont l'objet des recherches les plus exactes: on explique chimériquement les opérations les plus secrettes de la Nature, ses plus profonds misteres, & les plus difficiles phénomenes: on éleve des hypotheses & des systêmes fantastiques; on analise l'univers, & lorsqu'on en a donné la solution par quelque admirable mécanique, le tout paroît un jeu & n'est plus un secret pour ceux qui connoissent le ressort. On peut même dans l'occasion montrer & répéter la création; on peut faire des transformations, des transmutations, des projections & autres Secrets philosophiques, qui produiront tout dans le Monde matériel, tandis que dans le Monde intellectuel, une tirade de termes & de distinctions métaphysiques peut résoudre toute difficulté que l'on propose en Logique en Morale, ou en toute autre Science importante.

Il paroît par là que les défauts de la Philosophie & ceux de la profession de Virtuose sont les mêmes. Rien de plus dangereux qu'un mauvais choix ou qu'une fausse application dans ce genre. Mais quelque ridicules que soient les études susdites entre les mains de leurs sots admirateurs, il paroît néanmoins qu'elles sont essentielles par leur nature pour former l'*Homme du bon ton* & l'*Homme de sens*.

A parler exactement, *philosopher* c'est porter le *savoir-vivre* au plus haut degré; car la perfection du savoir-vivre est d'apprendre tout ce qui est *décent* en compagnie & ce qui est *beau* dans les Arts. Or le sommaire de la Philosophie est d'apprendre ce qui est *juste* dans la Société & *beau* dans la Nature ou l'ordre du Monde.

Ce n'est pas l'esprit seul qui forme le savoir-vivre; le cœur y contribue autant pour le moins. De même, ce n'est pas la tête simplement, mais le cœur & la résolution qui constituent le vrai Philosophe. L'Homme bien élevé & le Philosophe aspirent à ce qu'il y a d'excellent, & ont en vue le *beau* & le *bienséant*. La conduite respective & les mœurs distinctes de l'un & de l'autre se reglent sur ces principes. L'un

REFLEXIONS DIVERSES.

s'applique à mettre à leur aife & à bien entretenir les perfonnes qu'il voit; l'autre confulte les intérêts les plus effentiels du genre humain & de la fociété; l'un fe conduit felon fon rang & fa qualité dans l'ordre civil & politique: l'autre felon fon rang & fa dignité dans la Nature. Ces deux caracteres font-ils convenables & bienféans en eux-mêmes ? c'eft une grande queftion qu'il faut décider de quelque maniere. L'homme qui fait vivre, l'a déjà déterminée à fon égard, & s'eft déclaré pour ce qui eft beau; car quoiqu'il faffe, il ne prétend faire que ce qu'il fe doit à lui-même, fans fe propofer d'autre avantage. Le Philofophe foi-difant, qui ne fait ni fe déterminer, ou qui ne fauroit fuivre le parti qu'il a pris avec conftance & fermeté, eft à l'égard de la Philofophie ce qu'eft un payfan ou un fot à l'égard des belles manieres & de la bonne éducation. Ainfi dans les principes de notre Auteur, le goût du Beau, du Décent, du Jufte & de l'Aimable accomplit le caractere de l'Homme du Monde & du Puilofophe. La culture de ce goût fera toujours le grand foin de celui qui defire auffi bien d'être *fage* & *bon* que d'être *agréable* & *poli*.

Quid verum atque decens curo & rogo, & omnis in hoc fum.

HORAT.

CHAPITRE II.

Autres éclaircissemens sur le Goût. Ceux qui le tournent en ridicule ; leur esprit, leur sincérité. Application du Goût aux matieres de Gouvernement & de Politique. Caracteres visionnaires dans l'Etat. La jeune Noblesse. Recherche de la Beauté. Préparation à la Philosophie.

III.
Part.
Ch. II.

On voit certainement que je suis suffisamment embarqué dans la défense du Système de notre Auteur au sujet du *Soliloque ou Conversation intérieure*. Il se propose, comme il paroît dans le troisieme Traité, de recommander les *Mœurs* sur le même pied que ce qu'on appelle vulgairement *Manieres*, & d'établir la Philosophie (quelque peu flexible que soit ce sujet) sur le fondement de ce qu'on nomme l'*Agréable* & le *Poli*. C'est à cet égard qu'en qualité de son Interprête ou Commentateur, j'ai entrepris de l'imiter & de l'accompagner aussi loin qu'il est possible dans un Essai de ce genre.

Nous devons donc montrer conjointement que tout ce qu'on trouve charmant ou délicieux dans le Monde poli, tout ce qui est adopté comme un amusement ou un plaisir de quelque espece qu'il soit, ne sauroit s'expliquer, s'établir ou se soutenir sans la supposition préalable d'un goût antérieur. Nous n'apportons certainement pas au monde un goût ou un jugement déjà formé. Quelques principes naturels en ce genre que nous trouvions en nous, & quand la Nature nous auroit donné les facultés les plus excellentes, une imagination vive, des fentimens exquis, un tact fin & fubtil, perfectionné fans le fecours de l'art & prefque fans notre participation; l'idée générale du beau que produit cet enfemble de bonnes qualités, & la notion précife de ce qu'il y a d'effentiel & de plus eftimable dans tous ces objets, ne pafferont pas fans doute pour *innées*. L'ufage, la pratique & la culture les doivent précéder. Un jufte & légitime goût ne peut-être conçu ou produit fans le travail préliminaire de la *Critique*.

III. Part. Ch. II.

C'eft pourquoi, nous ofons non feulement défendre la caufe des Critiques, mais déclarer encore une guerre ouverte à ces indolens & ftupides Auteurs, Artiftes, Lecteurs, Auditeurs, Acteurs ou Spectateurs, qui établiffent leur caprice feul pour regle du Beau & de l'Agréable, fans qu'ils en puiffent apporter de raifon, rejettent l'Art de la Critique ou de l'Examen, qui eft indifpenfablement néceffaire pour découvrir la vraie Beauté & la Valeur de chaque objet.

Si ces infipides perfonnages qui affectent de jetter un ridicule fur les bons Critiques, en étoient crus, la jouiffance des Arts & de la Beauté naturelle feroit perdue pour nous: nous deviendrions même auffi barbares dans nos mœurs & nos affaires les plus importantes que dans nos plaifirs & nos amufemens. Je n'ofe m'imaginer cependant que ces ennemis des Critiques foient affez groffiers ou vuides de tout fentiment focial pour foutenir que *La vie la plus fauvage ou le plaifir le plus brutal, eft auffi défirable que ce qu'il y a de plus poli & de plus rafiné.*

III. Part. Ch. II.

Pour moi, lorsque j'entens des gens qui passent pour habiles se plaindre des Critiques sur le ton de l'invective je crois qu'ils se sont mis dans la tête d'abbaisser par jalousie le génie naissant de la jeunesse, en la détournant de la recherche & de l'examen dont dépend toute bonne production aussi bien que tout bon jugement. J'ai souvent vu un homme de goût se livrer avec une maligne complaisance à la mauvaise humeur d'une compagnie, où en faveur du beau-sexe principalement on persiffloit les Critiques & leurs travaux. *Les malheureux! qu'ils sont impertinens ces Critiques, comme vous les appellez! Comme si l'on ne pouvoit pas connoître sans eux ce qui est joli ou agréable! Cela est admirable qu'on n'ait pas la permission de penser pour son compte! Si mille Critiques me disoient que la nouvelle Piece de Mr. A.... n'est pas la plus belle chose du monde, je regarderois leur avis comme rien du tout.*

Un homme d'esprit entend cela avec patience, & ajoute peut-être de lui-même qu'il est un peu dur que le monde soit obligé dans ses divertissemens & amusemens, de choisir non ce qui lui plaît, mais ce qui plaît aux autres. Il va immédiatement après à la Comédie; il trouve qu'un de ses camarades loue ou admire à tort, & se tournant alors vers un autre qui est assis à côté de lui, il lui demande en confidence ce qu'il pense du goût de son ami.

Telle est la malignité du monde. Ceux qui à force de travail & d'industrie, ont acquis un bon goût pour les Arts, se félicitent de leurs avantages sur les autres qui n'en ont point, ou qui

qui n'en ont qu'un mauvais. A une enchere de Livres ou de Tableaux, vous entendrez ces Meſſieurs s'engager mutuellement à prendre ce qui leur plaît. Mais en même tems ils feroient très-mortifiés d'avoir acheté ſur l'avis de ceux qu'ils regardent comme de bons juges, des articles pitoyables ou d'un mauvais goût. Ce même homme qui conſeille à ſon voiſin d'orner ſon jardin ou ſon appartement, ſelon ſa fantaiſie, prend bien ſoin que ce qu'il ordonne pour ſon propre uſage, puiſſe ſoutenir l'examen le plus ſévere. Étant juge lui-même ou paſſable connoiſſeur, il ne ſe propoſe pas de changer la nature des choſes, ou de la ſoumettre à ſon humeur: mais laiſſant la Nature & la Vérité telles qu'elles ſont, il tâche d'y conformer ſon goût. S'il en agiſſoit de même en matieres plus ſublimes & plus importantes, il pourroit devenir auſſi ſage & auſſi grand homme qu'il eſt déja homme de goût. L'un de ces ſentimens lui enſeigne à diſpoſer ſon jardin, à arranger ſa maiſon, à imaginer le ton de ſes équipages, à ordonner ſa table : l'autre l'inſtruit à connoître la valeur de ces amuſemens dans la vie, & en quoi ils peuvent contribuer au bonheur d'un être libre. En effet s'il veut ſavoir réellement quelle eſt la vraie ſcience de la vie, il découvrira qu'une Ame droite & des ſentimens généreux ont plus de charme & de beauté que toute autre Symmétrie la plus parfaite ; que l'honnêteté & un bon naturel valent mieux que tous les emplois, les biens & autres dons de la fortune, puiſqu'ils transforment quelquefois en lâches des hommes eſtimables qui oubliant

III. PART. CH. II.

leurs principes, sacrifient leur honneur & leur liberté au petit éclat d'une servitude abjecte, pusillanime & changeante.

Un meilleur goût (quelque médiocre qu'il fût) dans les affaires de la vie, corrigeroit, si je ne me trompe, les mœurs & feroit la félicité de quelques nobles Citoyens qui entrent dans le monde avec de grands avantages & un caractere digne d'estime. Mais ils n'y restent pas longtems que leur mérite devient malheureusement vénal. Des équipages, des titres, des prééminences, des bâtons, des rubans, sont les brillantes idoles auxquelles on sacrifie l'Honneur intérieur & le vrai Mérite.

Peut-être qu'ils s'applaudissent en secret de gagner à ce prix la faveur de l'aveugle Déesse. Mais qu'ils sont loin de leur compte, lorsqu'il s'agit d'en venir à l'épreuve! Ils peuvent descendre des plus illustres ancêtres, de patriotes qui se sont couverts de gloire en souffrant pour la liberté & le salut de leur nation; cette réputation & cette gloire anticipée les ont pu introduire avantageusement dans le monde; ils ont pu en conséquence parvenir aux dignités qu'ils étoient censés avoir méritės. Mais quand ils se trouveront dans le cas de changer le plan honnête qu'ils se sont prescrit, & de sacrifier leurs vrais intérêts & ceux de leurs amis à des intérêts imaginaires & personnels; ils sentiront par expérience qu'ils ont perdu le *goût de la Vie*, & qu'ils ont cédé un *honneur* paisible, tranquille & touchant pour d'autres *honneurs* insipides, misérables & trompeurs. Qu'ils jouent après cela la Comédie comme ils le jugent à propos; qu'ils entendent les qualités & les vertus qu'on leur donne sous les titres de *Grandeurs*, d'*Excellences* & autres dénominations ridicules. Qu'ils entendent même d'un air sérieux parler d'*honneur*, de *patrie*, de *principes* & de *mérite*. Ils savent bien mieux en eux-mêmes, & ils ont occasion de trouver qu'après tout, le monde sait aussi mieux. Ils sentent qu'il faut que leurs Amis & Admirateurs ayent le génie bien superficiel ou une profonde hypocrisie.

Je me représente un fameux Patriote, que l'on regarde comme une forte colomne de notre Constitution; de longs services & une conduite toujours soutenue lui ont acquis une grande réputation de zele dans son parti, & d'honnête candeur chez ses ennemis; soudain lorsqu'on lui propose sa récompense, il accepte le marché & se vend pour ce qu'il vaut dans sa vieillesse, qui devoit être flétrie par une infame trahison de ses amis & de sa patrie.

Je considere d'un autre côté un homme d'un parti contraire, défenseur connu de la liberté ecclésiastique & civile, qui abhorre l'abjecte dépendance des Cours & les principes des faux dévots. Après plusieurs services importans rendus au public, il se laisse insensiblement induire à chercher des emplois à la Cour en conservant le caractere de Patriote. Mais le succès ne répondant pas à son attente, il change de méthode & devient un flateur du Prince: le voilà donc Courtisan contre son vrai caractere; il rampe & se soumet d'une maniere d'autant plus basse que ses principes réels sont plus connus à la Cour & au nouveau parti qu'il feint d'avoir adopté, & dont il est proselite en apparence.

Plus le génie de cet esclave est supérieur, plus sa servitude augmente, & plus le fardeau est pesant. Il vaudroit mieux qu'il n'eut jamais marqué tant de zele pour le bien public, ou qu'il ne se fût pas signalé dans le parti qui auroit la plus mauvaise grace à sacrifier les intérêts de la Nation à la Couronne, ou à la volonté particuliere & au bon plaisir d'un Prince. Supposé en effet qu'un génie comme celui-là eût eu à faire sa Cour à quelques Monarques absolus, son rôle auroit été bien moins infâme. Il eut été bien moins esclave au milieu d'un peuple d'esclaves. S'il eut été, par exemple, du nombre de ces tristes Gentils-hommes de Dannemark ou de Suede qui gémissent depuis la perte de la Liberté; s'il n'eut pas été membre d'une nation libre, où le pouvoir du Souverain est heureusement contre-balancé; s'il n'avoit eu aucun talent pour les affaires du gouvernement, ou aucune occasion de l'exercer à l'avantage du genre humain; car après tout la honte que l'on partage avec tout un peuple, est moins grande: l'on n'a point à rougir de flatter lorsque la flatterie est une loi: l'hommage le plus bas & le plus servil paroît légitime lorsqu'il est nécessaire à la sureté de chaque particulier dans un gouvernement absolu & despotique? Peut-être qu'à la rigueur, le *goût* est encore mauvais dans cette dure situation: mais qu'il est inexcusable de n'en pas avoir un meilleur dans une situation directement contraire!

car supposons que notre Courtisan n'est pas seulement Anglois, mais qu'il descend de ces anciens Patriotes, qui résistoient généreusement aux entreprises de la Cour, punissoient ses flateurs, & chassoient de tels empoisonneurs d'auprès des Princes; supposons encore qu'il a une belle fortune & des desirs modérés, ennemi du luxe & d'une prodigalité magnifique; que dira-t'il en pareil cas pour excuser ou justifier son choix? Comment rendre raison de son goût absurde, de l'étrange préférence qu'il donne à la ruse & à la fausseté sur la sagesse, l'honnêteté & la droiture?

Il est plus aisé, j'en conviens, d'expliquer cette *corruption du goût* dans quelque jeune Seigneur, dont l'imagination est plus gaie & plus frivole, s'il est né dans la grandeur, & d'une famille illustre; s'il a l'ame généreuse & une vaste fortune. Ces avantages mêmes peuvent l'entraîner dans le piege. L'élégance de son goût dans les choses extérieures peut lui faire négliger le vrai mérite, la Beauté intérieure. L'amour de la grandeur & de la magnificence mal dirigé, a peut-être prévenu trop fortement son imagination en faveur des frontispices, des parterres, des équipages, d'une valetaille bigarrée, & d'autres serviteurs en appareil de gentils-hommes. Magnanime étalage de gloire & de générosité! En ville un palais meublé somptueusément; la même chose en campagne avec des édifices & des jardins que nos Ancêtres ne connoissoient pas, & qui ne sont pas naturels dans un climat tel que celui de la Grande Bretagne.

III.
PART.
CH. II.

En attendant, l'année s'écoule ; mais le revenu n'eſt pas proportionné à la dépenſe. Que faudra-t'il retrancher ? Comment ſe conduire après un tel début ? Une imagination ſans bornes a produit tout cela, & il faut qu'un eſclavage ſans bornes le maintienne.

Voilà notre jeune homme engagé dans une chaſſe qui lui donnera aſſez de peine & aſſez peu de profit. Il ſe *prend* lui-même, & il ne ſe tirera pas facilement de ce labyrinthe, où il oſe pénétrer, plutôt que de ſuivre la route plus unie & plus directe, où il a marché auparavant. Il perd dès lors cet eſprit généreux qui ne diſoit que ce qu'il penſoit, qui ne louoit que ce qui étoit digne d'éloge, & qui ne faiſoit que ce qu'il croyoit juſte : Il faut à préſent qu'il cultive des Favoris, qu'il careſſe baſſement les petits inſtrumens du crédit & du pouvoir ; il craint un honnête homme, & il abhorre comme un être dangereux & malfaiſant tout Patriote qui parle ou qui écrit librement. Juſqu'à ce qu'il ſe ſoit entiérement proſtitué, & qu'il ait perdu tout ſentiment de honte ; juſqu'à ce qu'il parvienne à ſe moquer de la vertu publique & du bien général ; juſqu'à ce qu'il ait ouvertement renoncé à tous les principes de l'honneur & de l'honnêteté ; il doit éviter en bonne politique tous ceux auxquels il eſt trop expoſé, & fuir tout commerce & toute familiarité avec des hommes dont la ſociété faiſoit toutes ſes délices.

Tel eſt le honteux ſacrifice qu'exige une ſotte vanité & qu'approuve un amour-propre inconſidéré. L'ame d'un tel courtiſan devient nécessairement aussi basse, aussi vile, aussi abjecte que sa conduite extérieure est insolente & insupportable.

Il y a une autre espece de gens qui se prêtent aux hommes en place, & qui vendent leur mérite & leur liberté pour un gain extérieur: on les plaindroit volontiers. Ils sont humains, compatissans & d'un bon naturel; ils font des vœux pour l'humanité & leur patrie. Peut-être embrasseroient-ils sans peine la pauvreté, plutôt que de se soumettre à quelque chose qui diminueroit leur liberté intérieure ou celle de la nation. Mais ce qu'ils peuvent souffrir dans leurs propres personnes, ils ne le sauroient souffrir dans celles qui doivent venir après eux. Leurs meilleures & plus nobles affections sont avilies par l'excés de celle qui tient ensuite le premier rang, je parle de l'amour pour les parens ou les amis.

Ces esclaves cependant dédaigneroient de se livrer à tout Prince ou Ministre, dont les vues seroient absolument tyranniques, & incompatibles avec le véritable intérêt de leur Nation. Dans d'autres cas moins extrêmes, ils peuvent se prosterner dans le Temple de la Faveur, porter le joug de leurs stupides Maîtres & étayer le crédit destructeur de leurs patrons corrompus.

Cette abjection est bien suffisante pour des ames honnêtes, que la seule cruauté du sort a avilies. Mais loin de devenir orgueilleux & insolens, en conséquence de leur crédit extérieur & de leur prétendue élévation, ils tiennent souvent une conduite toute contraire à celle des plus grands hommes. S'ils ont été auparavant un peu rigides & féveres; ils font devenus foumis, obligeans. Quoiqu'ils fuffent autrefois tranchans & décififs dans la converfation, en matiere de Politique & de Gouvernement, ils écoutent avec une extrême patience; ils font les moins difpofés à parler magiftralement, & ils préferent tout fujet agréable d'entretien à ce qui concerne le public, ou leur fortune perfonnelle.

Rien qui approche tant de la vertu qu'une pareille conduite; mais rien n'en eft plus éloigné, ou ne prouve plus fûrement des mœurs corrompues qu'une conduite contraire. Dans un Gouvernement libre, il eft tellement de l'intérêt de tout homme en place de fe conduire avec modeftie & complaifance, que l'infolence & le ton impérieux, en pareil cas eft la marque d'un fort petit génie, qui n'entend pas même fes propres intérêts.

On conçoit donc, après tout, que ce n'eft pas feulement ce que nous appellons *Principes*, mais le *Goût*, qui gouverne les hommes. Ils peuvent fe figurer comme certain que ceci eft *bien* & cela *mal*; que ceci eft un *crime* ou un *péché*, que cela eft *puniffable* par l'Homme ou par Dieu. Cependant fi le Goût contredit l'honnêteté; fi l'imagination & les defirs fe déclarent pour la Beauté fubalterne, pour un ordre de proportions temporelles & paffageres; l'action fera infailliblement analogue à cet appétit.

La *Confcience* même, que la Religion éclaire, ne fera prefque rien, fi le goût eft corrompu. Il peut fe faire qu'elle faffe merveille parmi le vulgaire. Le Diable & l'Enfer agiront fi la prifon & le gibet font inutiles. Mais tel eft le caractere des hommes polis & bien nés, que bien loin de fe piquer de la fimplicité des enfans, ou de penfer aux récompenfes ou punitions futures dans leur conduite avec la Société, ils font plutôt difposés à faire voir par le détail de toute leur vie qu'ils regardent ces pieux récits comme des contes puériles faits pour l'amufement du vulgaire.

Effe aliquos Manes, & fubterranea regna,
. . . .
Nec pueri credunt, nifi qui nondum ære lavantur (*).

Il me femble donc qu'il faudroit imaginer quelque chofe de plus pour l'ufage de notre généreufe Jeuneffe, pour corriger fon goût dans les intérêts divers de la vie: car ce goût la déterminera. Ce n'eft que la Jeuneffe qu'il faut avoir en vue à cet égard; elle peut toujours donner quelques efpérances. Dans l'âge mûr, on a pris décifivement fon parti. Un homme méchant dans la vigueur de l'âge, fut-il dévot ou Orthodoxe, n'eft qu'un prodige ordinaire. Un vieillard méchant n'en eft pas un. Mais un homme méchant dans la jeuneffe eft encore, grace au ciel! un phénomene. Auffi ne puis-je trop admirer ce que

(*) Juven. Sat. 2.

dit une fois un homme de bien au premier aſpect de quelques jeunes gens corrompus. Il déclara qu'il frémiſſoit de voir que la Nature fut capable de s'altérer ſi tôt, & qu'il prévoyoit de plus grandes calamités pour ſa patrie, par ce ſeul exemple d'une perverſité ſi précoce, que de tous les artifices des vieux fripons.

Suivons donc cette idée, & adreſſons-nous à la jeuneſſe du monde poli. Parlons à ceux dont le goût intérieur & moral n'étant pas auſſi formé que ſemble l'être la conduite extérieure, eſt encore ſuſceptible de réforme.

Qu'il y ait une regle pour cela, c'eſt ce que l'on ſentira à la premiere réflexion. Il ne s'agit que de ſavoir ce qui eſt bien, ce qui eſt juſte & vrai ; enfin ce qui eſt faux & affecté. Il n'eſt preſque perſonne qui ne prétende décider & connoître ce qui eſt *élégant & beau*. Il n'y en a guere dont la groſſiéreté aille juſqu'à renoncer abſolument à la belle éducation, & ſe réſoudre à méconnoître l'idée de la beauté dans les manieres & la conduite extérieure. J'avoue qu'avec de pareilles gens, s'il s'en trouve, je ne ſerois guere tenté de prendre la peine de les convaincre de l'exiſtence du *Beau* dans les principes & les ſentimens.

Quiconque a une idée de ce que nous appellons *Politeſſe*, *Savoir vivre* &c. connoît déjà tellement la grace & la décence qu'il ſent auſſi-tôt un plaiſir & une ſorte de jouiſſance dans le ſpectacle des objets extérieurs. Or ſi l'étude & l'amour du *Beau* ſont eſſentiels aux plaiſirs délicats ; l'étude & l'amour de l'ordre & de

REFLEXIONS DIVERSES. 139

la symmétrie, d'où dépend le *Beau*, doivent être aussi essentiels au même égard.

III. PART. CH. II.

Il est impossible que nous puissions faire le moindre progrès dans le goût de l'ordre & de la proportion extérieure, sans reconnoître qu'un état d'ordre & de régularité, est réellement le plus heureux & le plus naturel pour chaque sujet. Les mêmes traits qui font la laideur, produisent de l'incommodité & des indispositions. La même forme qui constitue la beauté, procure des avantages, en se prêtant à l'activité & à l'usage de celui qui la possede. Dans les Arts même d'imitation, auxquels notre Auteur renvoie si souvent, la vérité ou la beauté de chaque figure ou statue, est mesurée sur la perfection de la Nature qui conforme les membres & chaque partie à l'activité, à la force, à l'adresse, à la vie & à la vigueur de l'espece particuliere ou de l'animal que l'on représente.

C'est ainsi que le *Beau* & le *Vrai* sont clairement liés à la notion de l'utilité & de la convenance, dans l'esprit même de tout Artiste habile (*), de l'Architecte, du Statuaire ou

───────────

(*) ,, *In Græcis Operibus, nemo sub mutulo denticulos
,, constituit &c. Quod ergo supra Cantherios & Templa
,, in Veritate debet esse collocatum, id in imaginibus, si
,, infrà constitutum fuerit, mendosam habebit Operis ratio-
,, nem. Etiamque Antiqui non probaverunt, neque insti-
,, tuerunt &c. Ita quod non potest in Veritate fieri, id
,, non putaverunt in imaginibus factum, posse certam ratio-
,, nem habere. Omnia enim certa proprietate, & à veris
,, Naturæ deductis Moribus, traduxerunt in Operum per-
,, fectiones: & ea probaverunt quorum explicationes in dis-
,, putationibus rationem possunt habere Veritatis. Itaque
,, ex eis originibus Symmetrias & proportiones uniuscujus*

du Peintre. C'eſt la même choſe en Médecine: la ſanté naturelle eſt la juſte *proportion*, le *vrai*, le cours régulier des choſes dans une bonne Conſtitution: c'eſt la *beauté interne* du corps. Lorſque l'harmonie & la juſte meſure du pouls, des humeurs ou des eſprits, ſont troublées ou perdues, alors la *Difformité* paroît, & avec elle la maladie & la mort.

N'en ſeroit-il pas de même à l'égard de l'Ame. N'y a-t'il rien là qui tende à l'altération & à la diſſolution? Les paſſions ou affections n'ont-elles point un ton, un ordre naturel? N'y a-t'il ni Beauté ni difformité dans ce genre moral? ou en le ſuppoſant, cela n'implique-t'il point en conſéquence un état de ſanté ou de maladie, de proſpérité ou de malheur? Ne trouvera-t'on pas qu'à cet égard ſurtout, ce qui eſt *Beau* (*) eſt harmonique & proportion-

„ *quæ generis conſtitutas reliquerunt*". *Vitruvius*, Lib. IV. Cap. II. Voyez auſſi ſon Commentateur Philander ſur le même endroit.

(*) Voilà l'*Honeſtum*, le *Pulchrum*, le τὸ Καλὸν, ſur quoi notre Auteur établit la baſe de la Vertu, dans tous ſes Traités, comme dans celui que nous commentons actuellement. L'Orateur Romain ne put peindre autrement ce *Beau* dans la majeſté ordinaire de ſon ſtile, qu'en le traitant de *Miſtere*: *Honeſtum igitur id intelligimus quod tale eſt, ut detractâ omni utilitate, ſine ullis præmiis, fructibuſve, per ſeipſum poſſit jure laudari. Quod quale ſit, non tam definitione quâ ſum uſus intelligi poteſt, quanquam aliquantum poteſt, quam communi omnium judicio, & optimi cujuſque ſtudiis, atque factis; qui permulta ob eam unam cauſam faciunt, quia decet, quia rectum, quia honeſtum eſt; & ſi nullum conſecuturum emolumentum vident.* Notre Auteur, qui tient ici peu de l'Orateur, & qui eſt moins reſtraint par les loix du *Decorum* propre à des Ecrivains plus graves, peut s'exprimer plus familiérement

né; que ce qui eſt harmonique & proportionné eſt *vrai*; & que ce qui eſt en même tems *beau*

III. Part. Ch. II.

à ce ſujet. Il ſe prête donc ſans le moindre ſcrupule à tout ſtile ou à toute fantaiſie. Il ne veut pas trouver ici le moindre Myſtere. Il prétend s'autoriſer là-deſſus du témoignage, non ſeulement des Orateurs, des Poëtes & des ſublimes Virtuoſes, mais encore des *Petits-Maîtres* mêmes, & de tous ceux qui cherchent les graces & le Beau chez leurs *Maîtres à danſer*. On voit qu'il ſe fait fort de tirer cette nation des amuſemens les plus familiers, tels que la parure, les équipages, la toilette, ou les boutiques de colifichets. C'eſt ainſi qu'il entre en matiere dans ſon ſtile particulier du *Soliloque*, commençant peut-être par quelque plan particulier, ou *Echelle du Beau*, qu'il ſe propoſe de former ſelon les principes de ſa Philoſophie, en diſtinguant, ſpécifiant & diviſant les choſes *animées*, *inanimées* & *mixtes*.

Dans les choſes *inanimées*, il débute par ces figures régulieres & ces ſymmétries qui flatent les yeux des enfans; d'où il paſſe par dégrès aux proportions de l'Architecture & des autres Arts. Il conſidere ſous le même point de vue le ſyſtême des ſons, ou la Muſique. Il contemple le *Beau* dans les pierres, les rochers, les mineraux, les végétaux, les mers, les rivieres, les montagnes, les valées, le globe, les corps céleſtes & leur ordre, la ſublime *Architecture* de la Nature, la Nature même en tant qu'elle eſt *paſſive* & *inanimée*.

Dans les choſes *animées*, l'Auteur paſſe des animaux & de leurs différentes eſpeces, natures & ſagacités, à l'Homme; & des individus, de leur caractere privé de leur eſprit, de leur génie, de leurs diſpoſitions & de leurs mœurs, aux Sociétés publiques ou Etats; après avoir obſervé les troupeaux & autres aſſemblages naturels de créatures animées, il vient aux Intelligences humaines, & à ce qu'il y a de plus élevé dans ce genre. Il examine la correſpondance, l'union & l'harmonie de la Nature même, en tant qu'elle eſt *animée* & *intelligente*.

Il voit dans les *mixtes*, comme dans un ſeul individu, qui eſt compoſé de corps & d'ame, l'union & l'harmo-

& *vrai*, est conséquemment *agréable* & *bon*.

Où donc trouver cette Beauté, cette Harnie convenables & nécessaires pour constituer la *personne*; l'amitié, l'amour ou toute autre affection; une maison, une ville, une nation avec certains pays, édifices & autres dépendances ou décorations locales, qui forment par leur réunion l'agréable idée d'une *famille*, d'un *pays* &c.

Qu'est-ce que cela? dira un petit Elégant, qui n'aime point à réfléchir? Que signifie ce catalogue, ou cette *échelle*, comme il vous plaît de l'appeller.... „ Je ne
„ veux, Monsieur, que me satisfaire, & faire voir que
„ je ne suis pas le seul qui ait l'idée d'une chose qu'on
„ nomme *Beauté*; que presque tout le monde est de mon
„ avis, & que tout admirateur du *Beau* doit avoir une
„ certaine sagacité pour le découvrir, sans quoi l'on
„ donne dans des travers & des erreurs étranges qui
„ nous font toujours prendre le change. Voyez avec
„ quelle ardeur & quelle véhémence, un Jeune Homme,
„ négligeant sa famille & ses semblables, & oubliant ce
„ qui est *décent*, *beau* ou *convenable*, dans les affaires
„ humaines, poursuit ces avantages dans ces objets or‑
„ dinaires de son affection, un *cheval*, un *chien*, un
„ *faucon*. Dans quel delire ne le jettent pas ces *Beau‑*
„ *tés?* Quelle admiration n'a-t-il pas pour l'espece de
„ son *Animal* & ensuite pour l'Animal même qu'il trai‑
„ te avec une sorte d'idolatrie comme une chose sacrée,
„ en la mettant à part, ainsi qu'il arrive souvent, pour
„ ne servir que de spectacle, & rassasier les yeux avi‑
„ des de son maître. Considérez cet autre Jeune Hom‑
„ me, qui n'oublie pas à ce point l'espece humaine,
„ mais qui ne se la rappelle que de travers; il est épris
„ d'une Beauté d'un autre genre: *Quam elegans forma‑*
„ *rum Spectator!* Passez à d'autres Beautés qui n'offrent
„ ni possession, ni jouissance, qui ne permettent en un
„ mot que la simple vue ou l'admiration; telle est la
„ passion du Virtuose, le goût de la Peinture & de tous
„ les Arts d'imitation. Quels avantages pour l'illustre
„ Génie, pour le grand Seigneur qui rassemble toutes
„ ces Beautés, & qui renferme tant de graces diverses

RÉFLEXIONS DIVERSES. 143

monie ? Le moyen de découvrir cette fymmé- III. Part. Ch. II.
trie, & d'en faire l'application ? Eſt-ce un au-

„ dans l'enceinte de ſon ſomptueux palais! Quelles pei-
„ nes, quelle étude, quelle ſcience! Contemplez l'or-
„ dre & la diſpoſition de ces magnifiques appartemens,
„ jardins, maiſons de campagne &c. Voyez l'eſpece
„ d'harmonie qui réſulte de l'agréable mêlange des for-
„ mes & des couleurs rangées ſur une ligne, & qui ſe
„ traverſent ſans confuſion. Des parterres, des boſ-
„ quets, des ſolitudes, des ſtatues des Vertus, de la
„ Force, de la Tempérance ; des Buſtes de Héros, des
„ têtes de Philoſophes, avec les Inſcriptions convena-
„ bles ; des repréſentations pompeuſes de choſes *profon-*
„ *dément* naturelles, des cavernes, des grottes, des ro-
„ chers. Regardez ces Urnes, ces Obéliſques dans des
„ lieux retirés, & placés à des diſtances convenables,
„ & dans des points de vue qui peignent en ſilence l'or-
„ dre, l'harmonie, la paix & la *Beauté*. Mais qu'eſt-ce
„ qui correſpond à tout cela dans l'ame des poſſeſſeurs ?
„ Quelle eſt leur poſſeſſion ou leur propriété ? Quelle
„ conſtance, quelle garantie de jouiſſance ? Quelle
„ paix, quelle harmonie au dedans ? "

Telles ſont les Réflexions de notre Auteur qui s'entretient lui-même dans ſon *Soliloque*, lorſqu'il cherche s'il trouvera le *Beau* & le *Décent* par l'admiration vulgaire dans les objets extérieurs. Il ſemble que notre ſévere Diſcoureur dédaigne de ſe laiſſer ſéduire par ces objets ſubalternes : ne voulant être captivé que par l'Etre Supérieur & *Original*, il s'engage à loiſir & ſans la moindre émotion dans les profondeurs de la Philoſophie ; il paſſe en revue de pompeuſes ſcenes qui ne le touchent pas ; il voit avec indifférence le faſte des Cours, les Monarques enviés, & il ne s'apperçoit pas des Riches, des Grands ou même des Belles. En un mot, il n'éprouve pas d'autre étonnement que celui qu'excite en lui la vue de ces importunes, & de ces pieges ſpécieux. Il obſerve en effet que ceux-là ſurtout tiennent plus fortement à ces miſeres, qui ſe moquent le plus de principes ſemblables aux ſiens, & qui dans leur vaine morgue, prouvent qu'ils ſont des impuiſſans détracteurs d'une *Beauté*,

tre art que celui de la Philosophie, ou l'étude des *proportions intérieures*, qui peut la faire appercevoir dans la vie ? . Et dans ce cas, qui pourroit avoir un *goût* de ce genre sans le devoir à la Philosophie ? Qui peut admirer les Beautés extérieures, & ne pas recourir aussitôt aux internes qui sont les plus réelles & les plus essentielles, qui touchent le plus naturellement, qui sont les plus délicieuses & les plus utiles ? Les mœurs & la bonne conduite de la vie dépendent d'un petit nombre de connoissances choisies : c'est à nous de travailler à nous former le goût par les principes philosophiques. Nous pouvons y réussir, si nous le voulons réellement. Nous pouvons estimer & évaluer, approu-

qu'ils poursuivent toujours ardemment, soit qu'ils le veuillent ou non; les uns dans les traits réguliers d'un beau visage, les autres dans la belle ordonnance d'un palais, les autres dans le luxe de la parure ou dans le faste somptueux des équipages. O Mollesse ! Qui penseroit que ce seroit là le vice des gens qui paroissent avoir de la considération ? Mais le soin de la personne est un sujet flatteur qui se fait écouter même après que la fleur de la jeunesse est passée. L'habile Sénateur & le vieux Général font une toilette, & s'affublent d'une maniere bien étrange. On affecte toute décoration, excepté la véritable. C'est ainsi qu'entraînés par l'exemple, tandis que nous cherchons l'élégance & la propreté; que nous poursuivons le Beau; & que nous prétendons ajouter plus d'éclat & de valeur à nos personnes, nous dégradons notre vraie nature qui devient difforme & monstrueuse, servile & abjecte; nous sacrifions ainsi toute proportion ou harmonie intérieure, toute *Beauté* intrinseque, tout mérite réel à des miseres qui ne sont qu'une vaine ombre de la Beauté.

prouver & désapprouver comme nous le fou-
haitons. Qui ne feroit pas charmé d'être toujours égal & conséquent avec lui-même, &
d'avoir constamment sur les choses l'idée qui
leur est naturelle & proportionnée? Mais qui
ose examiner le fond de son opinion, ou douter du *goût* dont il a été prévenu dès l'enfance?
Qui est assez juste envers lui-même, pour retirer son imagination de l'empire de la mode &
de l'éducation, & pour la soumettre aux loix
du bon-sens? Si cependant nous avions un tel
courage, nous établirions bientôt en nous-mêmes une notion du *Bien*, qui nous assureroit un
goût juste, agréable & invariable dans les circonstances de la vie & des mœurs.

 C'est ainsi que je me suis efforcé de marcher
sur les traces de notre Auteur, & de préparer
le Lecteur à la Philosophie grave & vraie, qu'il
insinue comme un Mystere dans le Traité que
nous commentons, sans qu'il ose s'expliquer
formellement. Son prétexte étoit de donner
des avis aux Auteurs, & de polir leur stile:
mais son but étoit de corriger les mœurs, &
de donner des regles pour la vie humaine. Il
a affecté la méthode du *Soliloque*, comme s'il
eût voulu ne fronder que lui-même; mais en
même tems il a pris soin de se faire accompagner par d'autres, & de dire hardiment la vérité à des personnages considérables. Il a assez
donné lieu à la plaisanterie, & il s'est servi amplement du privilege des Auteurs de *Mélanges*.
Le Lecteur va le voir à-présent sous un nouveau point de vue: c'est un Philosophe de
profession, un Faiseur de Système, un Dogma-

tique, un Interprète &c. *Habes confitentem reum.*

Je le laisse donc à sa Philosophie, quoique je me propose de le suivre, autant que mon génie & mon goût le permettront: je ne le perdrai point de vue, à moins que son vol trop élevé ne le dérobe à mes foibles regards. Je veux l'accompagner dans les mers dangereuses qu'il va traverser.

QUATRIEME PARTIE.
CHAPITRE I.

Rapport & liaison des divers Traités de l'Auteur. Philosophie, Métaphysique, Egoïsme. Identité. Situation Morale. Epreuve & discipline de l'Imagination. Etablissement d'une Opinion. Anatomie de l'Ame. Fable.

Au commencement de la précédente Partie nous avons fait observer, le Plan de notre Auteur, la liaison & la dépendance de ses *Traités*. Passons maintenant à d'autres Pieces, dont les premieres ne sont qu'une *Introduction*. Que ç'ait été là son dessein, c'est ce que l'*Avertissement* de la premiere Edition de son *Soliloque* prouve assez. Il y prend occasion de dire un mot, sous le nom de son Imprimeur, pour nous préparer à un Ouvrage plus travaillé & plus méthodique qui devoit suivre. Nous l'avons actuellement sous les yeux. Quel qu'il soit, il ne faut point être surpris qu'il ait si difficile-

ment vu le jour, & que l'Auteur ait été si longtems à le produire. Il semble qu'il n'étoit pas
absolument en bonne intelligence avec son Imprimeur. Autrement ce malheureux embryon,
fœtus informe & monstrueux, comme notre
Auteur s'en plaint dans le titre (*), n'auroit
pas vu sitôt le jour. Peut-être encore qu'il n'auroit jamais paru sous une meilleure forme, sans
la publication fortuite & inattendue de sa premiere Lettre (†), qui par une suite nécessaire
a redonné la vie à cet avorton, & produit en
même temps ses trois autres freres.

On s'appercevra donc que les trois premiers
Traités sont une préparation au quatrieme, qui
va nous occuper; & le cinquieme, qui termine la Collection, est une sorte d'Apologie pour
avoir fait revivre la *Recherche concernant la Vertu & le Mérite*.

Quant à la partie de sa justification, qui regarde la Religion révélée & la Vie future, je
renvoie le Lecteur aux Théologiens avec lesquels il se bat dans cette derniere Piece ou *Rapsodie Philosophique*. En attendant, il ne nous
reste qu'à nous engager dans la Philosophie se-
che & sévere de notre Auteur, sans faire d'excursions dans les diverses branches de la Littérature, sans avoir recours à la Muse de la Tragédie ou à celle de la Comédie, en un mot sans
employer les fleurs de la Poësie ou de la Rhétorique.

(*) Voyez le titre de la *Recherche sur la Vertu & le
Mérite*, où il est dit que cette Piece fut imprimée pour
la premiere fois sur une copie défectueuse.
(†) La *Lettre sur l'Enthousiasme*.

IV.
Part.
Ch. I.

Telle eſt notre tâche actuelle. Le Lecteur joyeux, qui prévoit ce dont il s'agit, peut, s'il juge à propos, ſauter un Chapitre ou deux comme il a coutume de le faire lorſque la lecture commence à devenir ſérieuſe. Pour lui faire réparation, on tâchera, dans la Partie ſuivante, de l'entretenir, plus gaiement, & de lui préſenter un *Deſſert* qui flattera ſon *palais*, ou qui lui laiſſera *un bon goût dans la bouche*.

C'eſt donc au Lecteur patient & grave, qui peut ſe retirer dans ſon cabinet pour moraliſer, comme s'il alloit faire quelque exercice religieux, que nous oſons offrir un petit nombre de réflexions apologétiques en faveur de notre Auteur. Suppoſons conſéquemment qu'il parle de la ſorte.

Quelque peu d'attention que l'on donne à ces Spéculations morales, que nous appellons l'*Etude de ſoi-même*, il faut abſolument avouer que toute connoiſſance quelconque dépend de celle-là; & que nous ne ſaurions être ſûrs de rien juſqu'à ce que nous ſachions certainement ce que nous ſommes nous-mêmes : car c'eſt-là le ſeul moyen de connoître ce que c'eſt que certitude & aſſurance.

Qu'il y ait quelque choſe qui *penſe*, c'eſt ce que notre doute & nos ſcrupules mêmes démontrent. Mais dans quel ſujet réſide cette penſée, comment reſte-t'il conſtamment le même pour répondre ſans ceſſe à cette longue ſuite de réflexions & de penſées qui rempliſſent avec tant d'accord le cours de la vie, & qui conſervent toujours la même dépendance d'une ſeule perſonne? ce ſont là des queſtions qui ne peuvent se décider si vîte & si aisément, lorsque l'on examine avec soin les fondemens de la certitude & de la vérité.

Il ne nous suffira pas, dans cette occasion, d'employer la prétendue Dialectique d'un fameux Moderne (*), & de dire: *Nous pensons, donc nous sommes.* Ce mot est visiblement imité de cette autre proposition philosophique du même genre: *Ce qui est, est.* Raisonnement admirable! *Si je suis, je suis.* Rien de plus sûr; car le *Moi* étant établi dans le premier membre de la proposition, la conclusion doit nécessairement l'impliquer. Mais il s'agit de savoir ce qui constitue ce *Moi*, & si le *Moi* de cet instant est le même que celui de l'instant précédent, ou futur. En effet, nous n'avons d'autre garant que la mémoire, & la mémoire peut errer. Nous pouvons croire que nous avons pensé ou réfléchi de cette maniere ou de cette autre: mais nous pouvons nous tromper. Nous pouvons sentir comme une vérité, ce qui n'étoit peut-être qu'un songe, & nous pouvons prendre pour un songe passé, ce à quoi nous n'avons peut-être jamais rêvé.

C'est là ce que les Métaphysiciens veulent dire quand ils prétendent que l'*Identité* ne peut se prouver que par la conscience; mais qu'après tout cette conscience peut être aussi bien fausse que réelle à l'égard de ce qui est passé. Sur ces principes, le *Moi* successif que l'on suppose rester le même, est toujours un problème.

(*) Descartes.

IV.
PART.
CH. I.

J'avoue que je cède tellement à ce raisonnement, que pour moi je prens mon être *à crédit*. Que d'autres philosophent comme ils savent; j'admire leur force d'esprit, quand ils ont réfuté, sur ce lieu commun, ce que d'habiles Métaphysiciens objectent, & ce que les Pyrrhoniens opposent à leurs adversaires.

Cependant il n'y a point d'obstacle, point d'interruption d'action malgré toutes ces disputes subtiles. On argumente, on se bat toujours: mais on établit les regles des mœurs; on les donne & on les adopte. Nous ne craignons point d'agir auſſi réſolument ſur la ſimple ſuppoſition que *nous ſommes*, que ſi nous l'avions démontré ſans réplique au gré des Pyrrhoniens.

Ce fondement me paroît ſuffire pour un Moraliſte. Je n'en demande pas davantage pour prouver la réalité de la *Vertu* & de la *Morale*.

S'il eſt certain que *je ſuis*; je puis démontrer *qui* & *ce que* je dois être, même pour moi & pour mon propre bonheur. Cela poſé, je procede ainſi.

Les Affections que je ſens, ſont du *chagrin* ou de la *joie*, des *deſirs* ou de l'*averſion*: car quelque ſenſation que je puiſſe éprouver, ſi elle ne revient pas à cela, elle eſt indifférente, & ne m'affecte nullement.

Ce qui cauſe la joie & la ſatisfaction, lorſqu'il eſt préſent, cauſe de la douleur & de l'inquiétude lorſqu'il eſt abſent; & ce qui cauſe de la douleur & de l'inquiétude, lorſqu'il eſt préſent, cauſe néceſſairement de la joie & de la ſatisfaction, lorſqu'il eſt abſent.

L'Amour, qui fuppofe le defir & l'efpérance IV. d'un *bien*, occafionne la douleur & l'inquiétu- Part. de, lorfqu'il n'obtient pas ce qu'il cherche avec Ch. I. ardeur. La Haine, qui fuppofe la crainte d'un *mal*, occafionne de même du chagrin & des difgraces, quand ce qu'elle voudroit écarter, refte préfent, & devient inévitable.

L'objet dont la préfence incommode l'Efprit & doit infailliblement caufer de l'averfion, eft le *mal* de l'Ame. Mais ce que l'on peut fupporter, fans l'abhorrer néceffairement, ce n'eft pas un *mal* réel: il refte indifférent dans fa nature, parce que le *mal* eft alors dans l'affection feule que l'on peut corriger.

De même l'objet dont l'abfence chagrine l'Ame & lui caufe néceffairement des defirs & des regrets, eft fon *bien*. Mais ce qui peut être abfent, fans que l'Ame en fouffre jamais, n'eft point un *bien* réel; il eft indifférent de lui-même. Il s'enfuit de-là que l'affection qu'il infpire comme un *bien fuppofé*, eft une mauvaife affection, qui ne procure que trouble & chagrin. Ainfi l'Amour & la Haine, le Goût ou le Dégoût, dont dépend tellement le bonheur d'une perfonne, étant gouvernés par l'*Opinion*; le plus grand *Bien*, ou Bonheur, porte fur une jufte *Opinion*, tandis que la fauffe engendre toutes fortes de calamités.

Pour m'expliquer, je confidere l'idée que j'ai de la Mort; felon que ce fujet fe repréfente naturellement dans mon efprit. Peut-être eft ce qu'il s'y joint une *Opinion* de *Mal* ou de *Calamité*. Plus cette opinion finiftre augmente, plus mon trouble s'accroît, non feulement à l'approche de ce *mal* fuppofé, mais au fouvenir même éloigné que j'en ai. D'ailleurs cette penfée doit revenir d'autant plus fouvent que la peur & l'averfion augmentent en violence.

Il faut cependant que je tâche d'échapper à ce *mal* avec d'autant plus d'ardeur que *l'opinion du mal* s'accroît. Or fi l'accroiffement de l'averfion ne peut faire diminuer le mal même, mais tout au contraire ; alors l'accroiffement de l'averfion, n'eft qu'un accroiffement d'inquiétude ; tandis que l'affoibliffement de l'averfion, fi cela eft toutefois praticable, diminue néceffairement le trouble intérieur, & affure davantage notre repos & notre fatisfaction.

Suppofons encore que je me figure quelque chofe de *beau*, de *grand* & de *convenable* dans la nature (*). J'applique peut-être cette idée à de la *vaiffelle*, à des *bijoux*, à des *appartemens*, à des *couronnes*, à des *patentes de nobleffe*, à des *titres*, à des *préféances*. Je dois donc chercher toutes ces chofes, non comme de purs agrémens, des moyens, des foulagemens dans la vie ; car dans ce cas, ma paffion ne feroit pas bien exceffive ; mais il faut que je les cherche comme *excellentes en elles-mêmes*, comme des biens qui attirent néceffairement mon admiration, qui font directement mon bonheur, & qui me donnent immédiatement de la fatisfaction. Or fi la paffion fondée fur cette opinion,

---

(*) Notre Auteur traite fouvent de ce fentiment naturel du Beau, qu'il croit commun à tous les hommes, & d'une force irréfiftible ; il le regarde comme la regle de tous nos jugemens, de l'admiration & du blâme, de l'honneur & de la honte &c.

(l'avarice, par exemple, l'orgueil, la vanité, ou l'ambition) eſt incapable d'une ſatisfaction réelle, même au milieu des plus grands avantages de la fortune; ſi même elle eſt aſſiégeé de craintes & de pertes continuelles; comment l'Ame ne ſeroit-elle pas malheureuſe lorſqu'elle en eſt obſédée? Mais ſi au lieu de nous former une pareille opinion du *Bien*; ſi au lieu de placer l'*excellence* dans ces objets extérieurs, nous la mettons où elle doit être, dans les affections ou les ſentimens, dans la partie qui gouverne en nous, & dans le caractere intérieur; nous en jouiſſons pleinement autant qu'il eſt en nous. L'imagination & l'opinion ſe fixent & deviennent inaltérables. L'objet de l'amour, des deſirs & de l'appetit, eſt rempli, ſans que nous ayons à craindre ni pertes ni revers.

Le grand objet de la conduite intérieure eſt donc de regler l'imagination, & de rectifier l'opinion, dont tout dépend. Si nos affections, nos deſirs, nos haines, nos averſions, ſont abandonnées à elles-mêmes; nous ſommes néceſſairement en proie à toutes ſortes de tourmens & de malheurs. Mais ſi nous dirigeons ces ſentimens; s'il ſe trouve qu'ils peuvent changer en mieux, il faut eſſayer, à ce qu'il me ſemble, de parvenir au bonheur par leur moyen.

C'eſt pourquoi s'il eſt évident d'un côté, qu'en ſe livrant à une fauſſe paſſion, telle que la débauche, la malice ou la vengeance, on accroît l'opinion du *faux bien*; & ſi cet appétit qui eſt un mal réel, en a d'autant plus de force; nous pouvons être également affurés d'autre part qu'en reprimant cette affection, & en lui oppofant un fentiment contraire, nous ne faurions manquer d'affoiblir ce qui eft *mal*, & d'augmenter ce qui eft proprement notre bonheur & notre *bien*.

Un Homme peut donc raifonnablement conclurre qu'il lui convient, en travaillant fur fon Ame d'écarter l'imagination ou l'opinion du *Bien* ou du *Mal*, de ce qui n'eft véritablement ni l'un ni l'autre, & de l'appliquer avec la plus forte réfolution à ce qui s'y rapporte naturellement: car fi l'opinion du Bien fe lie à quelque chofe qui n'eft pas permanent, & qu'il n'eft pas en mon pouvoir d'acquérir ou de conferver; plus une pareille opinion prévaut, plus je fuis fujet à des méprifes & à des chagrins. Mais fi dans ce que m'offre mon opinion du *Bien*, je trouve que cette opinion a plus de confiftance, & que le Bien eft plus durable, plus folide, plus en mon pouvoir; dans ce cas, plus une pareille opinion a d'afcendant, plus je goûte de bonheur & de fatisfaction.

Or fi je joins l'*opinion du Bien* aux fentimens de l'Ame; fi c'eft dans mes affections mêmes que je place ma plus grande joie; fi je mets ma volupté, dans ces objets, quels qu'ils foient, qui ont une Beauté & une Excellence intérieure, comme l'honnêteté, la foi, l'intégrité, l'amitié, l'honneur; il eft clair que je ne puis jamais avoir de faux plaifirs, ou me livrer trop à cette jouiffance. Plus je la favoure, moins j'ai de raifon de craindre un mauvais retour ou de fauffes démarches.

Il en est tout autrement, je le sais, dans un plan de vie contraire. Les illusions de l'Imagination & du Plaisir, & cette Philosophie ailée qui me fait prendre pour *bon* ce qui me plaît, ou que j'imagine tel, me donneront à la longue assez de chagrin. Il est visible par tout ce qu'on a dit : que moins j'ai de *fantaisie* dans ce qui regarde mon bonheur & mon contentement, plus j'ai de pouvoir pour jouir de moi-même, & faire mon propre bien. Si la seule Imagination donne la force du *bien* ou le pouvoir de passer pour tel à des accidens qui n'ont qu'une existence extérieure, il est certain que plus j'ôte à cette imagination, plus je m'enrichis moi-même. Moins elle me séduit par l'estime de ce qui dépend des autres ; plus je tiens à l'estime de ce qui dépend de moi seul. Si je goûte une fois la Liberté, je sentirai la force de ce raisonnement, mon propre intérêt & me connoitrai moi-même.

Ce qu'il faut donc que je fasse relativement à mon économie intérieure, c'est de haïr les *fantaisies* & les imaginations qui le méritent, en ce qu'elles sont la cause que j'estime & que j'apprécie faussement le *Bien* & le *Mal*, & que je fais en conséquence mon propre malheur.

Ainsi suivant les conseils des grands Maîtres de Morale, il faut commencer plutôt par l'*Aversion*, du mal, que par une Inclination précipitée vers le bien. Il s'agit de sévrer les passions, plutôt que de les fomenter, car si nous cédons entièrement au penchant, en aimant, en approuvant, & en admirant ce qui est *grand & bien*, il pourroit se faire, à ce qu'il semble,

IV.
PART.
CH. I.
que quelques sublimes objets de ce genre nous amusaffent & nous extasiaffent au point de nous perdre, & de nous faire manquer notre but, pour ne l'avoir pas fixé certainement. Mais il est plus sûr, dans ce qui regarde notre *mal*, que nous armions notre haine (*) & notre indignation contre cette basseffe d'opinions & ces sentimens lâches qui operent & confirment notre asservissement, & nos perplexités.

Ainsi la Cupidité doit nécessairement s'amortir si on la considere, comme une cause de mi-

(*) C'est à quoi Horace fait allusion dans une de ses dernieres Epitres, qui sont les plus philosophiques:

Insani sapiens nomen ferat, æquus iniqui,
Ultrà quam satis est, Virtutem si petit ipsam.

Ep. 6. L. 1.

Et au commencement de cette Epitre :

Nil admirari propè res est una, Numini,
Solaque quæ possit facere & servare beatum.

Quoique les premiers vers & d'autres d'Horace sentent l'Epicuréisme, & le stile de Lucrece, on voit cependant par l'ensemble sur quel ancien Système cette Epitre rouloit. La défense de l'habitude d'*admirer*, dans les jeunes Eleves, n'étoit pas particuliere à une seule secte : elle étoit commune à plusieurs, quoique la raison qu'on en donnoit, put varier. Les Pythagoriciens réprimoient suffisamment leurs Disciples, par le long silence qu'on leur imposoit dès le debut de leurs exercices. Quoique l'*Admiration* fut le premier pas vers la Philosophie Péripathéticienne ; cependant lorsqu'on y étoit initié, on se defaisoit de cette premiere admiration, pour en prendre une autre toute contraire.

fere, & fi on la détefte en conféquence comme un *mal* réel. De même fi l'Ambition eft réprimée avec courage & par de plus juftes idées, il faut qu'elle cede, qu'elle laiffe l'Ame libre & en état de pourfuivre de meilleurs objets.

Il en eft de même dans le cas de la *Pufillanimité* ou *Crainte de la Mort.* Que l'on abandonne cette paffion à elle-même ou à certains Directeurs qui la ménageront pour nous, elle pourra nous mettre en proie aux plus défolantes anxiétés, & empoifonner toute notre vie. Mais qu'on lui réfifte par une faine opinion, & par une jufte eftime des chofes, elle diminuera néceffairement par degrés. Le réfultat naturel de cette fermeté, fera de fouftraire l'efprit à des terreurs fans nombre & à des tourmens de toute efpèce.

C'eft ainfi que la connoiffance de foi-même, de fes forces & de fes facultés, élevent l'homme à cette liberté & à cette indépendance qui font les plus précieux tréfors de l'ame. Il fent la contrainte qui l'afservit: il fent que fes chaînes font fon ouvrage: il ofe les brifer en fe defaifant de fes préjugés. Plus il remporte de victoires à cet égard, plus il devient fon maître, plus il fent fa liberté naturelle, & plus il fe félicite de fon avancement & de fes conquêtes fur fon propre cœur.

Je ne fais fi certaines gens qu'on appelle Philofophes ont ainfi employé leurs fpéculations pour fe mettre en état d'entendre ce langage. Mais je fuis bien fûr que plufieurs cœurs honnêtes d'entre le vulgaire, ont naturellement quelque idée ou sentiment de cette jouissance de soi-même; lorsque refusant d'agir pour un profit extérieur qu'ils abhorrent, & qu'ils mettent au dessous d'eux, ils avancent avec plus de difficulté & en même temps avec plus de satisfaction dans la carriere où ils sont entrés. Un Homme de ce caractere est libre & tranquille: il chante selon la vieille Balade: *Mon Ame est un Royaume pour moi*; ce que nous pouvons traduire de la sorte en Latin:

. . . . *Et med*
Virtute me involvo, probamque
Pauperiem sine dote quæro.

Horat. Od. 29. L. 3.

Mais j'oublie, à ce qu'il semble, que je parle au nom de notre grave Spéculateur. Je devrois considérer que je n'ai pas droit de m'écarter du modele qu'il m'a tracé, & que tandis que je l'accompagne dans ce *Traité* particulier, je ne dois m'écarter en aucune maniere de la forme Sillogistique qu'il a suivie, pour errer dans les champs de la Poësie & de l'enjouement.

Quelque sérieuse cependant que soit la Morale en elle-même, je crois qu'il est essentiel de mettre dans son exposition un certain air d'agrément & de plaisanterie. Les premiers Moralistes débuterent par des Fables, des Contes & des Paraboles. Ceux qui se distinguerent dans les plus beaux siecles de la Littérature furent toujours de grands *faiseurs de contes* & de bons imitateurs de l'honnête Esope.

REFLEXIONS DIVERSES. 159

Après toutes les démonstrations arides de notre Auteur, j'ose dire qu'on écouteroit avec grand plaisir un Apologue, qui fut bien narré, & qui n'eut besoin d'aucune Sentence grave à la conclusion, pour en faire l'application.

Imaginons, par forme d'essai, que notre Raisonneur se prépare à nous faire voir clairement les misérables erreurs, les courses, les avantures, les expéditions de nos *fantaisies* dans un monde de richesses, d'honneurs, & d'autres biens mobiles & passagers. Nous supposerons qu'il s'en acquitte avec une extrême sagacité, qu'il satisfait & remplit toute notre attention. Jusqu'à quel point que nous fussions rassasiés de Logique & de secs théorêmes, il y a à parier que nous trouverions assez de loisir pour recevoir de l'instruction par une autre méthode. J'ose garantir le succès de tout Moraliste plus enjoué, qui voudroit nous parler à la maniere d'Esope, & décrire la *Chasse* que mentionne notre Philosophe, par quelque feinte peinture.

„ Deux Chiens, diroit-il, qui avoient été
„ élevés, délicatement, & dans le grand goût
„ de ce qu'on appelle *Plaisir* & *Savoir-vivre*,
„ se mirent un jour en voyage pour dépister
„ du gibier ou des raretés, & arriverent par
„ hazard au bord de la mer. Ils virent dans
„ l'éloignement quelques débris d'un vaisseau
„ qui avoit fait naufrage, & ils s'imaginerent
„ aussi-tôt que c'étoit quelque admirable cu-
„ rée plus précieuse que l'ambre-gris, ou que
„ les plus riches productions de l'Océan. On
„ auroit cru, à leur appétit & à leur avidité,

„ que ce n'étoit rien moins que la *quinteſſence de la mer, de l'ambroſie, la nourriture des Divinités marines*, en un mot quelque choſe qui ſurpaſſoit tout ce que la terre pouvoit fournir. Après tous ces beaux raiſonnemens & ces fleurs d'éloquence, ils paſſerent d'une extravagance à l'autre, & prirent enfin cette réſolution ſenſée. Il faut obſerver qu'ils n'étoient pas accoutumés à nager, & qu'en conſéquence ils n'auroient pas été prudens de ſe commettre aux flots pour atteindre à la proie déſirée. Mais c'étoient des bûveurs intrépides, & ils conclurent entr'eux qu'ils pourroient avaler toute l'eau qui rempliſſoit l'intervalle, & la *mer même* : c'étoit là le bon moyen de conduire leur fortune heureuſement à terre. Ils ſe mirent donc à l'ouvrage, & ils *bûrent* tant qu'ils en *créverent*."

Pour moi, je ſais fort bien que parmi les principaux perſonnages de ce monde, il y a plus d'un *buveur d'eau ſalée*, & que ſi ces Chiens étoient de ſots animaux, il y a bien des gens qui paſſent pour *ſages*, & qui ne le ſont guere plus, de ſorte qu'on peut dire proprement d'eux qu'ils ont *la mer à boire*.

Il eſt aſſez clair que ceux qui vivent dans la haute ſphere du monde, ne voient que d'une maniere bien équivoque & incertaine, ce que l'on appelle *Bien* ou *Bonheur*. Il eſt bien avant dans la mer, & ces gens-là ne le découvrent que très-imparfaitement. Les moyens qu'ils emploient pour aller à lui, ſont dans le fond très-vaſtes, mais très-au deſſous de leur objet. D'abord, *connoiſſance générale du monde, viſites, levers,*

levers, sujettion auprès des grands & des petits, popularité, place au Parlement, une autre ensuite à la Cour, intrigues, corruption, prostitution, ensuite un plus haut rang, puis un titre, puis un déplacement, un nouveau Ministre, factions à la Cour, naufrage des Ministres, nouveau Ministre, l'ancien engagement avec l'un, ligue avec l'autre, marchés, pertes, réparations &c: n'est-ce pas là véritablement *la mer à boire* ?

At si divitiæ prudentem reddere possent,
Si cupidum, timidum que minus te, nempe ruberes,
Viveret in terris te si quis avarior uno (*).

Finissons de crainte que je ne fois tenté de prendre un stile qu'il m'a fallu en quelque sorte désavouer dans cette Partie de mon travail, & tâchons de revenir à des idées graves dans un nouveau Chapitre.

CHAPITRE II.

Passage de la Terre inconnue au Monde visible. Empire de la Nature. Confédération des Animaux, leur dégrés, leur subordination. L'Homme, premier des Animaux. Privilege de sa naissance. Grave contenance de l'Auteur.

Quoique les notions abstraites du précédent Chapitre nous ayent fatigués, & qu'il nous

(*) Horat. Ep. 2. L. 2.

faille encore suivre l'Auteur dans la suite de ses obscures Recherches, il faut espérer que ce que nous avons à dire coulera plus facilement, & que le second ruisseau sera plus clair que le premier. Au reste, nous pouvons au moins nous féliciter d'avoir franchi légérement cette Métaphysique, pour laquelle nous avons eu toutefois assez d'égard. Je ne me ferai pas un scrupule de déclarer ici mon sentiment ; c'est qu'il est nécessaire à quiconque veut utilement philosopher, de connoître assez la partie métaphysique de la Philosophie, pour être convaincu, qu'on n'y peut puiser ni lumieres ni sagesse : car la seule expérience peut le persuader de cette vérité.

Au sortir de ces régions stériles & fantastiques des notions abstraites, il paroîtra peut-être encore assez désolant d'entrer dans d'autres Mondes intellectuels, que l'étude de la Morale nous engage à parcourir. Les hommes doivent acquérir une habitude très-forte de jetter les yeux sur eux-mêmes pour découvrir la région intérieure & les réduits de l'Ame, les antres, les solitudes, les déserts, qui renferment ses pensées errantes, de même que les endroits les plus cultivés & les plus fertiles de cette *terre obscure*.

Mais que faire ? Comment se dispenser de ce sombre voyage, tandis que nous avons à faire à de lugubres raisonneurs, qui, quoique très-habiles dans leur genre, renoncent à la lumiere du jour, & effacent en quelque maniere le *monde visible*, en ne nous permettant de savoir que ce que nous pouvons prouver par des démonstrations en forme ?

C'est donc pour satisfaire ces rigides Disser- IV.
tateurs, que nous sommes forcés de descendre Part.
en nous-mêmes, & de raisonner sur le fonde- Ch II.
ment que nous avons établi dans le Chapitre
précédent, c'est-à-dire sur nos perceptions,
imaginations, apparences, affections & opinions, indépendamment de tout rapport avec
les objets du *monde extérieur*, & dans la supposition même qu'*un pareil monde n'existe pas*.

Telle est notre derniere tâche, & il n'est
pas surprénant qu'elle fasse une si pitoyable &
grossiere figure: cela ne vaut pas mieux en Philosophie qu'un tour d'Egyptiens; car faire de
la brique sans chaûme ou sans paille, c'est peut-
être un travail plus facile que de prouver une
Morale sans un Monde, & d'établir une conduite de vie sans supposer qu'il existe autre chose excepté notre imagination, & le *Monde de
l'Imagination*.

Mais après avoir fini cet ouvrage mystérieux,
nous revenons au grand jour, & comme s'ex-
primeroit un Poëte, nous sommes prêts à quitter le Labirinthe incertain & les sombres retraites du Phyrrhonisme. Nous allons dès-lors
en croire nos yeux, & prendre pour *réelle* toute la *Création* & les *belles formes* qui nous environnent. Nous en croirons l'anatomie de
notre corps, & proportionnément les formes,
les habitudes & les constitutions des autres especes d'animaux. sans nous en tenir à la profonde hypothese moderne concernant leur in-
sensibilité, nous penserons fermement que les
autres créatures animées ont leur sens, leurs
sensations, leurs passions & affections aussi

bien que nous-mêmes. En conséquence nous rechercherons, suivant le plan de l'Auteur, ce qui est vraiment naturel à chaque Créature; & si ce qui est naturel à chacune, & qui fait sa perfection, n'est pas encore son bien & son bonheur.

Nier qu'il y ait quelque chose de proprement *naturel*, après ce qu'on a déja accordé, cela seroit très-absurde. Supposé que la Nature & le Monde extérieur existent, le reste doit suivre de toute nécessité. L'anatomie des corps, l'ordre des spheres, le mécanisme propre de tant d'objets, les destinations infinies & les moyens convenables établis dans l'économie générale des Etres, tout cela étant une fois admis comme certain & incontestable, il est aussi frivole de chicaner ensuite sur les termes de *naturel* ou *non naturel*, & sur la propriété de ces expressions, que de condamner les mots de *vigueur* & de *déclin* dans les plantes, de *santé* ou de *maladie* dans les corps, de *sagesse* ou de *folie* dans les ames, de *prospérité* ou de *dégradation* dans toute partie quelconque de la Création.

Peut-être que pour s'égayer, & pour suivre la maniere des Controversistes qui sont toujours prêts à se battre pour toute hypothese la plus étrange, on osera nier ce *naturel* & *non naturel* dans les choses. Il est néanmoins évident que quelque soit devenu notre goût par une affectation du genre le plus dépravé, nous ne pouvons résister à cette prévention (*) en faveur de la Nature.

(*) Voyez ce qu'on a dit sur le mot *Sens-Commun* en

Elle est toujours la regle de l'approbation & du blâme. Quelque discussion qu'il se présente

IV. PART. CH. II.

différens endroits, sur les *idées naturelles*, les *præconceptions* & *præsensations* de ce genre; & sur le Πρόληψις, dont un savant Critique, & Maître consommé en Philosophie ancienne & moderne, parle dans son dernier Volume des *Dialogues Socratiques*, où il ajoute cette réflexion rélative à quelques notions philosophiques qui sont depuis peu très en vogue parmi nous en Angleterre. *Obiter duntaxat addemus, Socraticam, quam exposuimus, Doctrinam magno usui esse posse, si probé expendatur, dirimendæ inter viros doctos controversiæ, ante paucos annos, in Britannia præsertim, exortæ, de Ideis innatis, quas dicere possis ἐμφύτυς ἐννοίας. Quamvis enim nullæ sint, si accuraté loquamur, notiones à Natura animis nostris infixæ; attamen nemo negarit ita esse facultates animorum nostrorum Natura adfectas, ut quam primum ratione uti incipimus, Verum à Falso, Malum à Bono aliquo modo distinguere incipiamus. Species Veritatis nobis semper placet; displicet contra Mendacii: imo & Honestum Inhonesto præferimus; ob semina nobis indita, quæ tum demum in lucem prodeunt, cum ratiocinari possumus, eoque uberiores fructus proferunt, quo melius ratiocinamur, accuratioreque institutione adjuvamur. Æsch. Dial. cum Silvis Philol. Jo. Cler. an.* 1711. p. 176. En effet ceux qui voudroient réfuter la *Nature* & le *Sens commun*, ne sont que de foibles Philosophes, qu'oiqu'habiles Sophistes en confondant adroitement les mots & les notions des choses. Mais la Nature se défendra toujours elle-même, & l'emportera sur tous ces systêmes qui n'ont pas besoin d'autre réponse que de ce seul vers d'Horace.

Dente lupus, cornu taurus petit. Unde, nisi intus Monstratum. . . . .

Sat. 1. L. 2.

Un âne, dit un Auteur Anglois, ne frappe jamais des oreilles; au lieu que les animaux dont la tête doit être

à faire qu'il s'agisse de formes extérieures ou de la moralité des actions, c'est à la nature que nous en appellons c'est elle que nous prenons pour juge avec autant de zele que de soumission.

C'est à cet égard surtout que nous pouvons dire en toute rigueur:

Naturam expellas furcâ tamen usque recurret (*).

Les gens du bel air qui n'ont jamais songé à étudier la Nature dans leur propre espece; mais armée de cornes, commencent à frapper de la tête longtemps avant que leurs cornes soient poussées.

Si le Philosophe vouloit s'examiner, & considérer ses passions naturelles, il verroit qu'il en a que la Nature lui a données pour son avantage, & pour lesquelles elle lui a fourni des idées, longtems avant qu'il en fit aucun essai. Il ne doit pas être scandalisé que je le compare à un Bouc, à un Sanglier, ou a tout autre Animal qu'Horace suppose si prévoyant, & qui semble avoir plus d'esprit *naturel* que notre Philosophe, si nous pouvons juger de lui par son Hypothese, qui refuse le même sens & les mêmes idées naturelles à son espece:

Cras donaberis Hædo,
Cui frons turgida cornibus
Primis, & Venerem & prælia destinat.

Od. 13. L. 3.

Et ailleurs

Verbis obliquum meditantis ictum.

Ibid. Od. 22.

(*) Horat. L. 1. Ep. 10.

qui, entraînés par d'autres goûts, ont employé leurs talens & leur génie à étudier un chien, un cheval, un coq, un faucon, ou tout autre animal semblable, savent fort bien que chaque espece à son caractere, son témpéramment, un tour de sensations qui lui est propre, & aussi particulier que la figure extérieure, que nous admirons & contemplons avec tant de curiosité. S'il y a quelque chose d'un peu déplacé ou de travers dans la constitution interne, dans le caractere ou le tempéramment de l'animal, on l'appelle aussitôt *vicieux*, & si le défaut n'est pas ordinaire, on le traite de *monstreux*. On observe avec attention les caracteres des animaux pour les corriger, quelquefois on les flatte & on les caresse, d'autres fois on les réprime & on les contient avec la rigueur convenable. En un mot leurs affections, passions, appétits & antipathies sont aussi diligemment examinés que ceux de l'espece humaine, & sont soumis à la plus sévere éducation. Tel est le *sentiment de la proportion intérieure & de la régularité des affections dans notre jeune Noblesse*, qui s'entend à merveille à former des animaux, quoiqu'elle ne soit pas aussi susceptible de culture pour elle-même, après tous les goûts que son rang lui fait satisfaire de bonne heure.

Quelque peu de disposition que l'on remarque dans ces jeunes-gens pour la culture de leur propre espece; quelqu'éloignées que soient leurs réflexions de la Nature & de la Philosophie, ils confirment sensiblement & établissent notre distinction philosophique du rang, de l'ordre, de l'harmonie intérieure & extérieure des diverses especes d'êtres animés. Demandez à l'un d'entr'eux, qui s'occupe avec une extrême sollicitude des soins importans de son écurie ou de sa meute, si ce chien qui mange ses petits est auſſi *naturel* que l'autre qui les nourrit; & il s'imaginera que vous radotez. Demandez-lui encore qui vaut mieux dans son espece, & qui jouit mieux de lui-même de l'animal qui en agit ainsi contre nature ou de celui qui en suit l'inſtinct. Ces queſtions lui donneront une étrange idée de vous; ou si peut-être il vous croit digne d'être inſtruit, il répondra que ces animaux les mieux élevés & de bonne race, font toujours les plus nobles & les plus généreux dans leurs *natures*; que c'eſt là principalement ce qui fait la différence entre le cheval de bonne race, & la mauvaiſe roſſe, entre le coq de combat & le poltron qui s'établit ſur les fumiers, entre le vrai faucon & le milan ou la buſe; enfin entre le bon chien ou l'épagneul & le chien métis. Il vous dira peut-être encore d'un air impoſant que ceux de ſes chiens qui ſont timides, lâches, pareſſeux & gloutons ſont ceux qu'il ſoupçonne être d'une mauvaiſe race, ou qui avoient été gâtés par accident lorſqu'on les élevoit; parce que ces défauts ne leur ſont pas *naturels*. Il ajoutera que dans chaque eſpece, ce ſont toujours les plus chétifs animaux qui ſe gâtent ainſi, & qu'ayant chacun leur travail propre, s'ils reſtent dans la maiſon ſans rien faire, c'eſt la même choſe que ſi on les tiroit de leur élément; que les plus mauvais chiens du monde font ceux qui gardent le coin de la cheminée, ou qui n'ont d'autre plaifir que d'obferver la leche-frite; & que le feul chien *heureux* eft celui qui, aimant fon exercice *naturel*, endure toutes les fatigues poffibles en pourfuivant fa proie, & fe plaît dans les champs & dans les bois, au point d'oublier la maifon & fa récompenfe.

C'eft ainfi que l'on connoit les habitudes & les affections *naturelles* des animaux; c'eft ainfi que l'on difcerne leurs inclinations *dénaturées* & perverties. Leurs affections font réellement auffi fufceptibles de défordre, que leur forme extérieure, qui eft quelquefois contournée & monftrueufe. Quoique l'on découvre cette dépravation jufqu'à certain point dans ceux que l'homme apprivoife, & qu'il éloigne du train de vie qui leur eft naturel pour les faire fervir à fes befoins & à fes plaifirs; quoique par ce moyen, on puiffe faire perdre à ceux qui vivent naturellement enfemble, leur caractere de fociabilité, & à ceux qui s'accouplent pour fe refter fidele, leur affection conjugale; cependant lorfqu'ils fecouent le joug, & qu'ils retournent dans les lieux déferts qui leur font naturels; ils reprennent auffitôt leurs difpofitions naturelles & régulieres qui contribuent à .accroiffement & à la profpérité de l'efpece.

Il eft peut-être heureux pour le genre humain, que quoiqu'il y ait tant d'animaux qui fe raffemblent naturellement, par affection & pour avoir compagnie, il y en ait fi peu qui foient forcés ou engagés par certains avantages, à fe *liguer étroitement* pour former une sorte d'*Etat*. Ceux qui sont obligés par l'économie de leur espece de se faire des habitations contre les injures des saisons & autres inconvéniens; ceux qui dans certaines parties de l'année, sont dépourvus de toute subsistance, & conséquemment forcés d'amasser dans une autre, & de pourvoir à la sureté de leurs provisions; de pareils animaux sont par leur nature aussi strictement unis & zélés pour leur république, que les autres especes plus libres, qui subsistent avec moins de peine, le sont dans ce qui regarde leurs petits & la propagation. De tous les animaux confédérés, il n'y en a point, que je sache, qui l'emportent sur les Castors pour la force & la grandeur. La plupart des autres qui ont un fond commun, sont aussi peu considérables que les fourmis ou les abeilles. Mais si la Nature avoit donné le même systême économique à un aussi puissant animal que l'Eléphant, par exemple, & l'avoit rendu d'ailleurs aussi fécond que ces petites especes le sont ordinairement, le genre humain se seroit peut-être trouvé dans de grands embarras. Si un seul animal, qui par sa propre force & valeur a souvent décidé du sort des combats dans les occasions les plus importantes, eut formé une société, & qu'il eut d'ailleurs un génie pour l'architecture & la mécanique, proportionné à celui que nous observons dans les petites especes; il nous auroit été difficile avec toutes nos machines de leur disputer l'empire du continent.

Si nous considérions d'une maniere désintéressée & avec moins de présomption l'économie, les facultés, les intérêts, la situation & les termes de la vie, que la Nature a assignés aux diverses especes d'animaux qui nous environnent, nous ne nous croirions pas si mal partagés. Soit que notre portion à cet égard soit juste ou égale, ce n'est pas ce dont il s'agit à présent. Il suffit de savoir qu'il y a sûrement une certaine *distribution*; que chaque chose ainsi *distribuée*, est en elle-même uniforme, fixe & invariable; & que s'il y en a quelqu'une dans la Créature qui soit accidentellement dégradée; s'il y a dans la forme intérieure, la disposition, le caractere ou les affections, quelque chose de contraire au systême de la Créature; dans ce cas, elle est malheureuse & contre Nature.

IV. PART. CH. II.

Les affections sociales ou naturelles que notre Auteur regarde comme essentielles à la santé, ou au bien-être d'une Créature contribuent en même tems au salut & à la prosperité de toute son espece. Il renferme toutes les affections de ce genre sous la seule dénomination de *naturelles*. Comme le dessein ou le but de la Nature dans chaque espece, se manifeste principalement par le support & la propagation, il arrive en conséquence que les affections d'un amour mutuel entre les petits & leurs parens, sont plus particuliérement connues sous le titre d'*affections naturelles*. Cependant puisqu'il est visible que tout défaut ou dépravation d'affection, qui mine & combat la constitution originelle de l'animal, est *contre-nature*, il suit que dans les créatures qui, par leur économie particuliere, sont propres à la plus étroite société, & à se conformer au systême du bien public, les plus *dénaturées* de toutes les affections sont celles qui les éloignent de cette société; au lieu que les affections vraies, naturelles, nobles & généreuses, tendent à l'avantage général, & aux intérêts de toute l'espece.

Voilà l'important problême que l'Auteur resout d'une maniere plus philosophique dans le *Traité* qui nous occupe. Il fait voir que pour une Créature, dont l'objet naturel est la société, *agir selon la direction de la Nature pour l'avantage de cette société, c'est réellement poursuivre son bien propre & naturel. Se conduire au contraire d'une maniere opposée, ou par des affections qui sont incompatibles avec le bien public, c'est réellement faire son propre mal.* Or si l'homme, comme on l'a prouvé, est au nombre de ces créatures, dont le syftême suppose un bien public & général; si l'on fait attention d'ailleurs qu'il n'y a qu'un état régulier, integre & bien ordonné de ses affections, qui remplisse ce grand objet, concluons nécessairement que la Vertu est son *bien* naturel, & que le Vice n'est que *mal* & misere.

Si l'on veut savoir si la Nature a justement & convenablement distribué les différentes économies ou les diverses parties du grand Tout; si les défauts, ou les inconvéniens des syftêmes particuliers sont à l'avantage du système général, & contribuent à la perfection du *tout* universel; nous renverrons le Lecteur aux profondes spéculations de l'Auteur dans sa *Recherche* & dans le *Dialogue Philosophique* qui suit. Mais si ce qu'il avance à cet égard est vrai, on du moins plus probable que toute autre Hypothèse que l'on peut imaginer sur l'Univers & la Cause des Êtres, il s'ensuit que puisque l'Homme a été tellement constitué au moyen de sa partie raisonnable, qu'il sent en lui-même un rapport plus immédiat au Syſtême général, & au Principe de l'Ordre & de l'Intelligence; il est non seulement sociable par sa nature dans les bornes de son espece, mais encore d'une maniere plus noble & plus étendue. Il n'est pas seulement fait pour la vertu, l'amitié, l'honnêteté & la bonne foi, mais encore pour la Religion, la Piété, le Culte d'un Dieu & une généreuse Soumiſſion à tout ce que diſpenſe la Suprême Cauſe, dont nous reconnoiſſons la ſouveraine juſtice & la perfection ſans bornes.

Voilà les ſentimens de notre Auteur: s'ils n'étoient pas réellement les ſiens, & s'il ne les adoptoit pas ſincérement, comme le fruit de ſes lumieres & de la plus mure réflexion, il ſeroit coupable d'une impudente impoſture: car ſelon ſa propre maxime, affecter de parler ſi ſérieuſement dans tout le cours d'un ouvrage, que le Lecteur ne puiſſe diſcerner la fiction ou la plaiſanterie, ce n'eſt là ni badinage ni plaiſanterie; c'eſt au contraire l'abuſer groſſiérement & indécemment; c'eſt une conduite indigne d'un bon Ecrivain & d'un honnête homme.

Mais puiſque nous voilà tirés de ces graves ſujets, dont nous avions prévenus d'avance le Lecteur, qu'il s'attende à nous voir reprendre notre premier ton. C'eſt dans des matieres

IV.
Iᴀʀᴛ.
Cʜ. II.

moins sérieuses que la plaisanterie & la gaieté sont permises: des écarts, des saillies, des digressions passent pour agréables & nécessaires. Sans cela, il n'y auroit peut-être pas grande sureté à *penser*. La moindre réflexion se tourneroit en contemplation dangereuse; & en effet les profondes méditations amenent souvent des pensées superficielles. Pour prévenir cette habitude de contemplation, qui procure si peu de bien dans le monde, nous avons peut-être raison d'aimer le stile amusant en Littérature & dans les conversations, surtout si le sujet est grave & solemnel. Il est d'autant plus nécessaire en pareil cas d'interrompre la longue trame du raisonnement, & de l'insinuer dans l'esprit par des saillies & par des traits de lumiere plus efficaces quoique moins fatigans qu'une trop forte contention.

CINQUIEME PARTIE.

CHAPITRE I.

Cérémonial décidé entre l'Auteur & le Lecteur. Affectation de la préséance dans le premier. Différentes prétentions à l'Inspiration. Poëtes, Prophetes, Sybilles, Oracles écrits en vers & en prose. Intérêt commun des anciens Ecrits & du Christianisme. Etat de l'esprit, de l'élégance & de la correction. Vérité Poëtique. Préparation à la Critique du dernier Traité de notre Auteur.

De tous les rapports artificiels entre les hommes, le plus capricieux & le plus variable est celui d'Auteur & de Lecteur. Notre Auteur a déclaré ce qu'il en pensoit dans la Piece où il donne des Avis aux Ecrivains modernes; & quoiqu'il suppose que tout bon Auteur est à l'égard du sujet qu'il traite au dessus de son Lecteur pour le jugement; il ne veut cependant pas qu'un Auteur s'arroge la supériorité, ou prétende se dispenser de cette soumission qu'il doit avoir pour les décisions d'une juste critique, & qui semble mettre le Lecteur, comme juge, au dessus de l'Auteur.

Il est évident que l'art & le travail de l'Ecrivain sont pour le seul Lecteur. C'est au Lecteur qu'il s'adresse, sinon ouvertement, du moins avec une politesse implicite. Il est vrai que les Poëtes & spécialement certains modernes ont une maniere particuliere de traiter tout cela avec un air important. Ils ofent fe mettre au deſſus du genre humain. Leurs *plumes font facrées*; leur diction eſt *divine*. Ils écrivent ſouvent dans un langage étranger aux Lecteurs, & ils dédaignent de ſe rappeller les petits élémens des Langues, l'Alphabet & la grammaire.

Mais les mortels fubalternes ont ſouvent l'audace de ſuſpendre leur eſſor, & les font ſouvenir de leur condition humaine & faillible. Si les premiers Poëtes qui ont prétendu à l'*Inſpiration*, avoient reçu une méthode de communiquer leurs idées ſublimes & extatiques, différente de celle du ſtile & du langage, il en eut été autrement. Mais la Divinité, ou la Muſe *inſpirante*, ayant ſoumis ſon eſprit & ſes oracles aux regles arbitraires des Compoſitions humaines, elle doit en conſéquence ſe ſoumettre néceſſairement à l'arbitrage des hommes & au jugement des gens de Lettres. C'eſt ainſi que le Lecteur garde ſa ſupériorité & le premier rang.

Il eſt en effet aſſez abſurde de prétendre qu'un Ouvrage écrit en Langage humain ſoit au deſſus de la Critique humaine: car ſi l'art d'écrire porte ſur des regles de grammaire inventées & déterminées par les hommes; ſi ces mêmes regles ſont formées au hazard, & ſur l'uſage ordinaire, il n'y a point d'écrit qui ne ſoit néceſſairement ſujet à la diſcuſſion ſévere du Lecteur; à moins que le ciel ne jette ſur la terre un langage & une grammaire indépendante des hommes, & miraculeuſement adaptée à leur ſervice & à leurs talens.

Il n'en est pas autrement dans l'art grammatical de la parole écrite, que dans l'art de la peinture même. J'ai vu dans certaines Eglises Chrétiennes un ancien morceau ou deux que l'on croit, sur la tradition solemnelle des Prêtres, être sortis d'une main angélique & d'un pinceau sacré. Si ces morceaux eussent été d'un Artiste tel que Raphaël, je n'aurois rien eu de certain à opposer à la tradition. Mais ayant observé que tout le stile & la maniere de ces chef-d'œuvres divins, étoient si peu de chose, qu'ils s'écartoient partout de la vérité de l'Art, j'ai osé reclamer contre la tradition, & soutenir avec confiance, que si le pinceau avoit été conduit par une main céleste, l'ouvrage ne seroit pas si estropié. Il est contre la *vérité divine & morale*, qu'une main angélique, qui se soumet aux regles d'un certain art humain, peche contre l'art même, & exprime la fausseté & l'erreur, au lieu de la justesse & des proportions.

On alléguera peut-être qu'il y a cependant certains Auteurs dans le monde, qui quoiqu'ils ne reclament pas la prérogative d'une divine Inspiration, & qu'il n'y ait rien dans leur stile ou leurs écrits qui sente la perfection, subjuguent néanmoins le Lecteur, triomphent de son jugement, & lui arrachent une certaine vénération implicite. Je réponds seulement qu'il n'y a là ni charme ni magie; que ce n'est qu'un pur enthousiasme, à moins qu'il n'arrive peut-être que les Puissances Suprèmes donnent leur sanction à un Monument religieux ou à un Écrit de piété. Alors en effet, ce seroit une profanation de rejetter abſolument, ou de conteſter *l'autorité ſacrée* de la moindre ſillabe qu'il renferme. Mais ſi l'Ecrit, au lieu d'être *court & uniforme* paroiſſoit *complexe, volumineux* & très-difficile à entendre, il ſeroit difficile, pour ne pas dire impoſſible, au Magiſtrat, qui ſouffriroit que cette Piece ſe répandît partout, de prévenir les diverſes interprétations ou les commentaires oppoſés des hommes qui ſe partageroient ſur ſon ſens légitime.

Il eſt remarquable que chez les Nations les plus polies, les ouvrages les plus *ſacrés* étoient ceux des Poëtes illuſtres: en effet ces Ecrits étoient véritablement *divins*, tant pour l'art que pour la ſublimité de la compoſition. Mais on leur attribuoit encore plus de *divin* que ce que l'on comprend pour l'ordinaire par ce terme. Les notions de la Religion vulgaire étoient fondées ſur leurs merveilleux Récits. Les plus ſages avoient pour eux une ſorte de vénération, quoiqu'ils les interprétaſſent allégoriquement. Les Philoſophes mêmes qui les frondoient avec une extrême ſévérité, n'étoient pas leurs moindres admirateurs, lorſqu'ils y trouvoient cette divine Inſpiration ou ce ſublime Enthouſiaſme, dont notre Auteur a traité amplement ailleurs (*).

Il ne conviendroit pas ſans doute à tout ambitieux de publier ſon Ouvrage ſous le titre de *divin*, ſi malgré tous ſes efforts, il ne pouvoit venir à bout de faire un Ouvrage parfait. A

(*) Lettre ſur l'Enthouſiaſme, & la Seconde Partie de ces *Mélanges*.

cet égard, la Sybille de Cumes ne fut pas auffi folle & indifcrete, qu'on le croiroit, lorfqu'elle écrivit fes prédictions prétendues fur des feuilles, qui furent immédiatement après déchirées en pieces, & difperfées par le vent.

Infanam Vatem afpicies, quæ rupe fub imâ
Fata canit, Foliisque, notat & nomina mandat.
Quæcunque in foliis defcripfit Carmina Virgo,
Digerit in numerum, atque antro feclufa relinquit.
Illa manent immota locis, neque ab ordine cedunt.
Verum eadem, verfo tenuis cum cardine ventus
Impulit, & teneras turbavit janua frondes;
Nunquam deinde cavo volitantia prendere faxo,
Nec revocare fitus, aut jungere carmina curat.
Inconfulti abeunt, fedemque odere Sybillæ.

Il étoit impoffible de rejetter la Divinité de pareils Ecrits, tant qu'on ne pouvoit les voir qu'en fragmens. Si la Prêtreffe de Delphes, qui s'expliquoit clairement en vers, en eut jamais violé les regles, il auroit été difficile d'imputer cette mal adreffe à Appollon même. Mais lorfque l'invention des Feuilles empêcha qu'on ne lut jamais un vers entier, quelque fens qu'on eut donné à ces monumens fragiles, on fe feroit bien gardé d'en rejetter les défauts fur le texte original.

Qu'étoient ces Volumes (*) que la dédai-

(*) *Libri tres in Sacrarium conditi, Sybillini appellati. Ad eos quafi ad Oraculum Quindecimviri adeunt, cum Dii Immortales publicè confulendi funt.* Aul. Gell. L. 1. & Plin. L. 13. Quant aux premiers Ecrits des Sibilles & autres Livres canoniques chez les Romains, voyez ce

gneuſe Sibille livra aux flammes, ou leurs debris qu'un Roi de Rome reçut & conſacra; c'eſt ce que je ne prétens pas déterminer, quoique les anciens Peres du Chriſtianiſme ayent admis pour inconteſtable que ces Ecrits étoient ſi ſacrés & divins qu'ils avoient prédit la naiſſance de l'auguſte Fondateur de notre Religion, & rendu témoignage aux Ecritures qui avoient conſervé ſa mémoire, & que les Chrétiens regardent ſi juſtement comme ſacrées.

Toutefois la Politique de l'ancienne Rome ne voulut pas fonder abſolument l'autorité de la Religion ſur des *Ouvrages de Littérature*. On gardoit ſûrement ſous la clé les Oracles des Sybilles, & ils n'étoient vus que par des gens commis pour cela. Rome moderne a ſuivi la même méthode, en ce qu'elle ſe fait ſcrupule de donner la ſuprême autorité & le caractere ſacré d'infaillibilité à l'Ecriture même, & en refuſant de ſoumettre l'Ecriture au Jugement du public, ou de la laiſſer entre les mains de quiconque n'eſt pas en droit de jetter les yeux ſur ces profonds myſteres.

Le Clergé Mahométan ſemble avoir une différente Politique. Il établit hardiment la baſe de ſa Religion ſur un *Livre*; & ce Livre eſt non ſeulement parfait, mais *inimitable*. Si un Homme de Lettres & bon Critique avoit la permiſſion d'examiner cette *Ecriture* d'après les regles de l'Art, peut-être feroit-il bientôt voir la ſottiſe de cette prétention. Mais les maxi-

que Denis d'Halicarnaſſe cite dans ſon Hiſtoire d'après les *Théologiques* de Varron.

mes & le caractere de ces Prêtres Orientaux font si barbares, qu'ils découragent tout, & éteignent abfolument le flambeau des Sciences. Ils profcrivent les Arts, l'étude des anciennes Langues & des anciens Auteurs, & par ce fyftême infaillible, leur Livre facré eft le feul modele des productions littéraires: comme il n'eft comparé à rien qu'à lui-même, ou à quelque chofe qui eft au deffous, il doit certainement paffer pour incomparable.

On accordera fûrement à l'honneur des Etats Chrétiens, que leur Foi (& fpécialement celle des Eglifes Proteftantes) eft établie plus noblement. On ne permet pas feulement de *comparer* les Auteurs; mais on veut bien chercher des preuves de la Révélation dans ce qu'on nomme les Ecrivains profanes, parce qu'on fait très-bien fuivant la maxime de notre divin Maître que *lorfque nous nous rendons témoignage à nous-mêmes, notre témoignage ne fauroit s'établir comme une vérité*: (Joan. C. V. v. 31). Il n'y a donc à préfent aucun *Signe* ou *Miracle* qui dépofe immédiatement en faveur des Ecritures. Comme il n'y a d'ailleurs dans leur ftile ou compofition, rien de miraculeux qui perfuade directement; fuppofé que les dépofitions collaterales des anciens Monumens des Payens, fuffent détruites ou entiérement diffipées, on feroit moins fort contre les doutes des Sceptiques qui difent que les Livres Saints n'étoient qu'une pure invention, ou une compilation artificieufe d'un Parti intéreffé en faveur de la plus riche & de la plus profitable Société qui pût s'élever dans le monde.

V.
PART.
CH. 1.

En effet, l'intérêt de nos pieux Eccléfiaftiques eft néceffairement joint à celui des anciennes Lettres & des Beaux-Arts. C'eft par ce moyen qu'ils réfutent continuellement les fpécieux Sophifmes de leurs Adverfaires: quand ils quittent ce fort, ils trahiffent leur caufe: quand ils l'attaquent, ils fappent le fondement de la Foi, & affoibliffent la bafe qui porte tout l'édifice de notre Religion.

Il n'y a que des Enthoufiaftes & des Fanatiques qui foutiennent la fuffifance d'un *Texte* traduit tant de fois, tranfmis par tant de mains & fujet à tant de variations; ce qu'ils ignorent entiérement. Il femble cependant qu'ils voudroient nous perfuader qu'on peut reconnoître par cela feul l'Efprit Divin, & le recevoir en foi-même, comme s'il agiffoit indépendamment de toute Regle, & qu'il fut entiérement fupérieur à ce qu'ils appellent fouvent *Lettre morte*, & *Science infructueufe*. Il eft évident que c'eft là bâtir des châteaux en l'air pour les démolir enfuite à plaifir: exercice de vifionnaires & d'imaginations échauffées.

Mais les judicieux Théologiens des Eglifes Chrétiennes ont fuffifamment profcrit cette méthode. Ils font bien éloignés de fonder leur Religion fur leur *Bible vulgaire*, telle qu'elle paroît dans les Copies imprimées ou Modernes Verfions. Ils ne donnent pas d'ailleurs l'*Original* même pour un *chef-d'œuvre de compofition*, parfait par la juftefse du ftile ou de l'art. Ils conviennent que les Auteurs facrés ont écrit le mieux qu'ils ont pu, & felon la portée de leur génie naturel ,, Le Pâtre a parlé en Pâ-

,, tre, le Prince en Prince, l'Homme inſtruit
,, en Littérateur, l'Homme vulgaire dans le
,, ſtile de ſa condition."

C'eſt ſeulement le fond des Récits & les Faits principaux qui confirment l'autorité de la Révélation, que nos Docteurs ſe font un devoir de prouver avec le plus d'évidence qu'il eſt poſſible. Comme les Auteurs ſacrés mêmes font non ſeulement alluſion aux Annales & aux Hiſtoires du Paganiſme, mais encore aux Ouvrages Philoſophiques, aux Poëmes (a) & juſqu'aux Pieces de théâtre (b) des illuſtres Anciens; il faut avouer que comme ces anciens Ecrits ſont perdus ou tronqués, non ſeulement la lumiere & la clarté des divines Ecritures, mais l'évidence même des principaux Faits, doivent diminuer en proportion & reſter problématiques. On voit par là quelle fut la maladreſſe de ces dévots Eccléſiaſtiques, qui dans la fureur de leur zele firent tous leurs efforts pour effacer tous les veſtiges de la Littérature Payenne, & conſéquemment anéantirent l'uſage des anciens Monumens (*).

(a) *Aratus*: Act. C. XVII. v. 28. *Epimenide*: Tit. C. I. v. 12. Il s'agit même d'un de leurs *Prophetes;* car c'eſt le titre que le St. Apôtre daignoit donner à un Poëte Payen, Phiſiologiſte & Théologien, qui prédiſoit les événemens, faiſoit des miracles, & étoit reconnu pour un Auteur Inſpiré dans les principaux Etats de la Grece.

(b) *Menandre*: 1 Cor. C. XV. v. 33.

(*) Même au 6. Siecle, le fameux Grégoire, Evêque de Rome, qui eſt ſi célebre pour avoir au moyen de ſes Moines planté la Religion Chrétienne chez nos Idolâtres *Anglo-Saxons*, étoit ſi éloigné d'encourager les

V. Part. Ch. I.

Mais heureusement on laisse aujourd'hui cet absurde zele à ces méprisables Enthousiastes Lettres & les Arts, qu'il fit en quelque sorte main basse sur toutes les productions de génie. Voici les propres termes d'une Lettre qu'il écrivit à un Evêque François, homme d'un profond mérite & fort considéré, selon la remarque d'un bon Critique de cette Nation. *Pervenit ad nos quod sine verecundiâ memorare non possumus, Fraternitatem tuam Grammaticam quibusdam exponere. Quam rem ita molestè suscepimus, ac sumus vehementius aspernati, ut ea quæ prius dicta fuerunt, in gemitum & tristitiam verteremus, quia in uno se ore cum Jovis laudibus Christi laudes non cupiunt. .... Unde si post hoc evidenter ea quæ ad nos perlata sunt, falsa esse claruerint, nec vos nugis & secularibus Litteris studere contigerit, Deo nostro gratias agimus, qui cor vestrum maculari blasphemis nefandorum laudibus non permisit.* Gregor. Opera, Ep. 48. L. 9. Le même, dans sa Dédicace ou premiere Préface de ses Moralités, après avoir attaqué par une fort insipide éloquence l'Etude & l'Art de la parole, se déchaîne encore contre les Auteurs Classiques & les Ecoles: mais il trahit par son stile barbare sa haine contre l'ancienne Littérature, & l'effet naturel de son zele dévot. Voici ses mots: *Unde & ipsam artem loquendi, quam magisteria disciplina exterioris insinuant, servare despexi. Nam sicut hujus quoque Epistolæ tenor enunciat, non Metacismi collisionem fugio: non barbarismi confusionem devito, situs motusque præpositionum, casusque servare contemno; quia indignum existimo ut verba cœlestis oraculi restringam sub regulis Donati.* Il porta si loin ce zele sauvage, qu'il détruisit autant qu'il étoit en lui tous les monumens littéraires & les Auteurs Classiques qui subsistoient de son tems: tout le monde en étoit persuadé. Et ce qu'il y avoit de plus criant de la part d'un Pontife Romain, c'est qu'il fut accusé par son Successeur de la ruine des Statues, des tableaux & des plus belles Antiquités de Rome: Platina en convient, & un autre Ecrivain de sa vie l'avoue sans détour. Il n'est donc pas étonnant que d'autres Ecrivains ayent rapporté cette saillie de zele contre les Livres & la Littérature des Anciens; & la rai-

dont nous avons parlé. L'Eglife Romaine même eſt tellement revenue de ce premier fanatiſme qu'on en donnoit, étoit un peu ſinguliere. *Les Stes. Ecritures*, difoit-on, *en feront plus goûtées, & tireront de grands avantages de la ruine de leurs rivales.* On n'avoit donc pas une bien haute idée des Livres facrés, ſi l'on s'imaginoit que la comparaiſon leur fît tort. Quoiqu'il en ſoit, d'autres Peres, qui avoient les mêmes vues jugerent à propos de fabriquer de nouveaux morceaux de Littérature ſur le modele des anciens qui avoient péri. De-là ces ridicules Eſſais de nouveaux Poëmes Héroïques & Dramatiques: on produiſit de nouveaux Homeres, de nouveaux Euripides, de nouveaux Menandres &c. qu'on répandit avec des peines auſſi grandes qu'infructueuſes: les Prêtres zélateurs furent infatigables à ce ſujet, mais fort inutilement, quoique l'Ignorance couvrît alors toute la face de l'Europe, & que l'empire ſacerdotal fut univerfel. Après avoir anéanti à peu près tous les grands *Originaux* de l'Antiquité, les Prêtres ne réuſſirent pas également à les contrefaire: leurs miſérables Imitations furent mal reçues, & tomberent dans l'obſcurité dont elles étoient dignes. Diverſes autres entrepriſes de ce genre, dont notre Auteur a parlé, éprouverent le même ſort. A l'égard de cette ſotte politique & de cette barbarie des Dévots qui facrifierent les Anciens à leur faux zele, un Ecrivain Proteſtant, très-favant défenſeur de la Religion, en juſtifiant comme il peut les Grecs d'avoir opéré la deſtruction générale des Lettres & des Sciences, s'exprime de la ſorte. ,, Si cela eſt, voilà encore un nouveau ſujet
,, de mépriſer les Patriarches de Conſtantinople qui n'é-
,, toient d'ailleurs rien moins que des gens de bien,
,, mais j'ai de la peine à le croire, parce qu'il nous eſt
,, reſté de Poëtes infiniment plus ſales que ceux qui ſe
,, ſont perdus. Perſonne ne doute qu'Ariſtophane ne
,, ſoit beaucoup plus ſale que n'étoit Menandre. Plu-
,, tarque en eſt un bon témoin dans la comparaiſon qu'il
,, a faite de ces deux Poëtes. Il pourroit être néan-
,, moins arrivé que quelques Eccléſiaſtiques ennemis des
,, Belles Lettres, en euſſent uſé comme dit Chalcondy-

tisme que les Grands de cette Communion, & le Pontifes mêmes, font toujours prêts à encourager les Sciences, & à hâter le progrès des Lettres par leurs bienfaits (*). Ils remarquent avec raison que leurs *Traditions*, ont besoin de quelques preuves collaterales. Ils jugent sagement que la conservation des Anciens désintéressés est essentielle à la crédibilité des principaux Faits, sur lesquels l'Histoire de la Religion & la Tradition sont établies.

Il seroit en effet inutile pour nous de mettre un *Ponce Pilate* dans notre Simbole, & de réciter ce qui arriva sous lui en Judée, si nous ne savions sous quel regne, il étoit lui-même Gouverneur, quelle étoit son autorité, & le caractere dont il étoit revêtu dans un pays réculé au milieu d'une nation étrangere. Ce seroit pareillement en vain qu'un Pontife Romain emprunteroit son titre à la Souveraineté spirituelle du Siege, du Pouvoir & de la donation des Césars Romains & de leurs Successeurs, si l'on ne voyoit par aucune Histoire

„ le, sans penser qu'en conservant toute l'Antiquité
„ Grecque, ils conserveroient la langue de leurs Prédé-
„ cesseurs, & une infinité de Faits qui servoient beau-
„ coup à l'intelligence & à la confirmation de l'Histoire
„ sacrée & même de la Religion Chrétienne. Ces gens-
„ là devoient au moins nous conserver les Histoires An-
„ ciennes des Orientaux, comme des Chaldéens, des
„ Tyriens & des Egyptiens: mais ils agissoient plus par
„ ignorance & par négligence que par raison." *Bibliot. Chois.* T. XV.

(*) Clément XI. qui remplissoit la Chaire de St. Pierre lorsque notre Auteur écrivoit, protegea & encouragea les Arts & les Sciences.

quels étoient les Céfars, & comment ils parvinrent à l'Empire univerfel.

V. Part. Ch. I.

Je ne doute pas que le Lecteur ne s'étonne des Spéculations bizarres & autres penfées fingulieres que je lui préfente ici. Mais je compte qu'il ne fera pas abfolument mécontent, fi je lui déclare que me trouvant à la derniere partie de ces *mélanges*, & m'appercevant que je lui avois fait peu de complimens en comparaifon de ce que les autres Auteurs font en pareil cas, je veux par forme de dédommagement lui exprimer ma Loyauté ou mon Hommage, & lui montrer par mes fentimens & mes principes la déférence extraordinaire & le refpect extrême que je crois lui devoir.

Ainfi je me propofe d'abord en qualité d'Auteur, & au nom de tous les modeftes Ouvriers Littéraires, qui fe joignent volontiers à moi, de féliciter le Lecteur Anglois fur l'établiffement d'une chofe qui lui eft fi avantageufe, je parle de la *Relation* mutuelle entre lui & nous; circonftance qui lui eft naturellement fi intéreffante, & qui nous rend dans la réalité fes fubalternes. Il eft à efpérer qu'à cet égard il jouira longtems de fa jufte fupériorité & de fes privileges fur fes très-humbles Serviteurs qui écrivent & travaillent pour l'amour de lui. Cette Relation doit felon toute apparence fe continuer & fe perfectionner. Le Chriftianifme, fondé fur les *Lettres* & l'*Ecriture* nous le promet. Il n'eft pas probable que cet efpoir puiffe nous tromper, tant que les Lecteurs auront réellement la liberté de *lire*, c'eft-à-dire, d'examiner, de conftruire & de remarquer avec

V.
PART.
CH. I.

intelligence. La Littérature & la Science doivent nécessairement fleurir, tant que le Langage des plus sages & des plus savantes Nations sera cultivé comme contenant la partie principale & essentielle de notre Sainte Révélation. La Critique, les Recherches, les travaux Littéraires &c. seront toujours à la mode, tant que les anciens Auteurs si nécessaires, à la défense des Livres Saints, seront en réputation, & nous offriront tant d'exercice à nous autres Modernes, qui brûlons de nous signaler par quelques prouesses savantes, & d'être considérés comme les Investigateurs des connoissances & de la politesse.

Je puis incontestablement, par ce que je viens de dire en faveur de la Critique, soutenir sans qu'on me soupçonne de flatterie ou de trop de complaisance, la prééminence du Lecteur sur l'Auteur, & lui assigner, comme j'ai fait; la place d'honneur. Quant au fait, nous savons pour certain que le plus grand des Philosophes (a) le fondateur même de la Philosophie, n'étoit pas un Auteur; & le Divin Auteur & Fondateur de notre Religion n'a pas eu la condescendance d'être *Auteur* dans notre sens. Lui qui pouvoit mieux que tout autre, nous donner l'Histoire de sa Vie avec les Sermons & Discours entiers qu'il a faits en public, il a jugé à propos de laisser ce soin aux autres. Il y eut plusieurs Ecrivains qui le prirent sur eux, & qui s'em-

----
(a) Socrate.

presserent d'instruire plus amplement par leurs Histoires des personnes particulieres, à qui ils exposerent les monumens de la tradition que croioient les Initiés, ou ce qui avoit été transmis par ceux qui étoient censés auditeurs & témoins oculaires de ces événemens dans les premiers tems.

Que les Livres Saints attribués au Législateur des Juifs, & qui parlent de sa mort, de sa succession, aussi bien que de sa vie & de ses actions, soient à la rigueur sortis de sa plume, ou de celle de quelque autre Auteur inspiré, guidé par le même Esprit; c'est ce que je ne prétends pas examiner. Mais nous trouvons en général que les grands Acteurs, dans les Affaires Civiles ou Religieuses, étoient au dessus du métier d'Ecrivains. Le fameux Législateur d'Athenes (*b*), quoique célébré pour son génie poëtique, n'est pas Auteur pour avoir écrit quelques vers par occasion. L'illustre Fondateur de Sparte (*c*) n'étoit pas Poëte, quoiqu'il eut *racheté* pour ainsi dire le plus grand des Poëtes (*d*) qui dut sa forme & sa conservation aux recherches infinies de ce fameux Législateur. Les Sages politiques, qui étoient propres à tous égards aux grandes affaires, ne pouvoient pas convenablement s'isoler pour suivre les petites occupations des Muses.

Il est vrai que sans des talens pour l'action & une certaine connoissance du monde, il n'y

---

(*b*) Solon.
(*c*) Lycurgue.
(*d*) Homere.

V. a point d'Auteur qui foit en état d'écrire avec
PART. dignité, ou d'exécuter quelque noble ou gran-
CH. I. de entreprife. Mais il y a nombre de gens, qui
avec toutes les difpofitions poffibles pour les
affaires, font arrêtés dans leur effor par la fortune. D'autres après y avoir, été longtems
plongés, ont effuyé une foule d'obftacles qui
les ont obligés à faire retraite, & à exercer
leur génie dans ce genre fubalterne.

C'eft à quelques revers de cette nature que
nous devons les meilleurs Hiftoriens, mêmes
les deux Peres de l'Hiftoire (*a*) auffi bien que
le plus grand Auteur Philofophe (*b*) qui fut le
fondateur de l'Académie, & d'autres Ecrivains
illuftres par leur naiffance & propres aux plus
importans emplois, qui furent découragés par
quelques difgraces qu'ils avoient effuyées dans
leurs perfonnes ou dans celle de leurs Amis.
C'eft à l'exil prématuré & à la longue retraite
d'un jeune Héros que nous devons un Ouvrage original le plus poli, le plus fage, le plus
utile, & pour ceux qui peuvent fentir le caractere divin d'une jufte fimplicité, le (*c*) plus
agréable, le plus fublime même de tous les
Auteurs non infpirés.

Nous devons aux mêmes caprices de la fortune quelques anciens Poëtes des plus fameux.
Ce fut un pareil hazard qui fit éclore les talens d'un fublime Lyrique Grec (*d*) & de fon

---

(*a*) Herodote & Thucidide.
(*b*) Platon.
(*c*) Τόν ἥδιςον καὶ χαριέςατον Ξενοφῶντα, comme Athenée l'appelle. L. 11.
(*d*) *Et te fonantem plenius aureo,*

Succeſſeur Horace (*e*), dont le caractere quoique ſi ſenſible dans l'Hiſtoire & dans ſes propres Ouvrages, échappe preſque entiérement à ſes Commentateurs. On le conſidere principalement dans ſon état précaire & malheureux à la Cour, après la perte de ſes biens en conſéquence de l'uſurpation d'Octave ſous le Miniſtere de Mécene: mais il diſparoît dans ſa meilleure fortune & dans les nobles emplois qu'il avoit exercés ſous les auſpices d'un grand homme durant le regne de la Liberté. Il inſinue lui-même aſſez ce changement, quoiqu'il fut auſſi bon Courtiſan qu'il le paroît (*f*).

Alcæe, plectro dura navis,
Dura fugæ mala, dura belli.

Horat. Od. 13. L. 2.

(*e*) . . . . *Age, dic Latinum,*
Barbite carmen.
Lesbio primum modulate Civi;
Qui ferox bello &c.

Horat. Od. 32. L. 1.

(*f*) *Dura ſed amovere loco me tempora grato,*
Civiliſque rudem belli tulit æſtus in arma,
Cæſaris Auguſti non reſponſura lacertis.
Unde ſimul primum me dimiſere Philippi,
Deciſis humilem pennis, inopemque paterni
Et Laris & fundi, Paupertas impulit audax
Ut verſus facerem.

Horat. Ep. 2. L. 2. & Sat. 6. L. 1.

. . . . *At olim*
Quod mihi pareret Legio Romana Tribuno.

Que les Auteurs apprennent donc à se connoître: quoique la vertu, le mérite & le génie puis-

C'étoit sous Brutus, & il se vante encore:

Me primis Urbis Belli placuisse domique.

Ep. 20.

Et encore,

Cum Magnis vixisse invita fatebitur usque Invidia.

Sat. 1. L. 2.

Le mot *vixisse* montre clairement ce qu'il désignoit par celui de *Magni*, ses premiers protecteurs & les héros de la République. Son apologie qu'il fait ici aussi bien que dans sa 4. & 6. Satire du 1. Livre, & dans la 2. Epitre du 2. L. & ailleurs, est toujours soutenue par l'assertion hardie de sa bonne éducation, égale à celle des premiers Sénateurs, de ses emplois au dedans & au dehors, de son commerce familier avec les grands qu'il avoit connus dans sa jeunesse avant ceux qu'on lui envioit pour lors.

Nunc quia Mæcenas, tibi sum convictor: at Olim Quod mihi pareret Legio Romana Tribuno.

On lui reprochoit son accès auprès de Mécene & d'Auguste, comme on lui avoit reproché celui qu'il eut auprès de Brutus & des autres qui tenoient les rênes. Lorsqu'on croit que c'étoit un parvenu ou un favori de Mécene & d'Auguste, son *vixisse* n'auroit pas été une réponse bien solide: de plus le mot *placuisse* & ceux de *Belli Domique* ne pouvoient pas se rapporter à ceux-ci, puisqu'il n'avoit jamais été sous eux à la guerre, & qu'il ne consentit jamais à recevoir aucun emploi. C'est ainsi qu'il se caractérise (Sat. 6. à Mécene)

.... *Quia*

puiſſent les mettre juſtement au deſſus d'une lâche complaiſance pour le Lecteur; qu'ils ſe ſouviennent cependant qu'en qualité de ſimples Auteurs, ils ne tiennent que le ſecond rang parmi les hommes. Que le Lecteur conſidere de plus que lorſqu'il cede baſſement la place d'honneur, & qu'il ſoumet au hazard ſon goût ou ſon jugement même au plus grand ou plus ancien Auteur que l'on connoiſſe, plutôt qu'à la raiſon & à la vérité; non ſeulement il ſe trahit lui-même, mais encore la cauſe commune de l'Auteur & du Lecteur, l'intérêt des Lettres & des Connoiſſances, la principale Liberté, le privilege & la prérogative de la partie raiſonnable du genre humain.

L'Hiſtoire rapporte que les Romains ayant offert la Liberté aux Cappadociens, & le pouvoir de ſe gouverner par leurs propres loix, ils furent ſi effrayés de cette propoſition, qu'ils regardoient comme le pronoſtic de quelque grand malheur, qu'ils ſupplierent humblement qu'on les aſſervit à l'autorité arbitraire, & qu'on leur envoyât ſans délai un Gouverneur abſolu qui les traitât à la diſcrétion des Romains. Ils

. . . . *Quia non ut forſit Honorem*
Jure mihi invideat quivis, ita te quoque Amicum.

Il fut d'abord Acteur dans les affaires, & à préſent il n'étoit que l'Ami d'un Miniſtre, un particulier privé & iſolé. On ſait qu'il refuſa d'être Secrétaire d'Auguſte: mais ſon art eſt ici admirable, c'eſt la poſtérité qu'il fait parler dans les endroits où il inſinue ſon commerce avec les Grands, afin d'y renfermer en quelque ſorte Octave & Mécene, quoiqu'à la rigueur, cela fut preſque impoſſible.

avoient tant de difpofition à la fervitude, qu'ils n'ofoient même prendre fur eux de fe choifir un Maître. Ils croyoient que l'efclavage étoit fi important, & le droit de la Souveraineté fi *divin*, qu'ils n'avoient pas la préfomption de fe donner le bienfait fublime d'un Defpote : ils aimoient mieux s'en rapporter là-deffus à la Providence, à la Fortune ou à un Conquérant. Ils n'ofoient faire un Roi, mais ils préféroient d'en prendre un de leurs puiffans voifins. S'ils euffent été forcés d'en venir à une élection, l'horreur d'une telle licence les auroit peut-être engagés à la faire les yeux bandés, ou à s'en remettre au fort. La jeu de *dès*, de *croix & pile*, ou toute autre méthode, les auroient débarraffés du foin odieux de rêver à un choix.

Je regarderois comme une chofe bien trifte que mon Lecteur fût en quelque forte du nombre de ces Cappadociens, qu'il s'épouventât de l'offre de la liberté, & dédaignât d'être fon propre juge. Je me fuis efforcé de lui faire fentir fa jufte prérogative à l'égard des Auteurs, & de lui donner le coup d'œil affez fubtil pour obferver à l'inftant ce qu'ils valent, & pour l'inviter à les critiquer honnêtement fans acception de perfonnes, & felon fes propres lumires. On m'objectera peut-être à cette occafion que ce n'eft pas une petite vanité de ma part ou même de celle de mon Auteur, de braver ainfi le Lecteur, & de le défier de nous trouver en défaut.

Mais je réponds que fi j'avois le bonheur d'allumer l'efprit d'une jufte Critique dans mes Lecteurs, & de les tirer un peu de cet état pufillanime, indolent & trop modeste où ils croupissent pour la plupart, quoique je préparasse par là ma propre condamnation, je me féliciterois amplement des petits essors que j'ai pris, fier d'épuiser l'art de gens qui valent mieux que moi, & de fournir des armes quelconques à ces Puissances terribles, dont j'aurois été la victime.

. . . . *Fungar vice cotis* . . . (*a*)

Mon ambition s'accommoderoit dans ce point avec ce que j'appelle ma *Loyauté envers le Lecteur*; & je dirois de son Elévation sur le trone de la Critique ce qu'une Dame Romaine dit de l'avénement de son fils à l'Empire: *Occidat, dum imperet* (*b*).

Si j'avois été *Cervantes*, & que j'eusse aussi heureusement détruit le goût regnant de la Chevalerie Gothique & Moresque, j'aurois pu voir ensuite sans peine mépriser & proscrire mon Ouvrage, satisfait qu'il eût réussi dans son objet & dissipé ces *Géans* & ces *Monstres* de l'imagination que je me serois proposé de combattre. Sans m'inquiéter du jugement peu favorable qu'on pourra porter de ces *Mélanges* lorsqu'on les examinera à loisir, je continuerai toujours à épurer le mieux qu'il me sera possible le goût de mon Lecteur; je l'aiguiserai en l'exerçant sur de foibles sujets, afin qu'il s'acquitte mieux de ses fonctions, lorsqu'il s'agira de matieres plus

(*a*) Horat. De Art. Poet.
(*b*) Tacit. Annal. L. 14.

relevées, qui concerneront son bonheur, sa liberté & le genre humain.

Supposant donc que je ne fasse que plaisanter comiquement sur des sujets subalternes que j'ose critiquer familiérement & sans prétention; ne me permettra-t-on pas de demander si nos illustres Anglois n'ont pas encore de beaux restes de ce goût barbare & Gothique, puisqu'actuellement même des Romans, des Avantures galantes, & d'autres Ouvrages aussi monstrueux dans d'autres genres, sont à la mode jusques chez les gens qui passent pour être du bon ton? Ai-je besoin à ce sujet de renvoyer à notre Auteur dans les endroits où il traite en général du stile & de la maniere de nos Ecrivains modernes, à commencer depuis le Théologien jusqu'au Comédien (*). Quel est l'homme, pour peu qu'il ait de jugement & d'intelligence, qui ne puisse aisément & sans le secours d'un Moraliste rigide, observer la triste condition de notre Théâtre, qui est néanmoins le rendez-vous & le principal amusement de notre meilleure compagnie, & d'où probablement notre jeunesse continuera à tirer des leçons de goût & de conduite, plutôt que de se former sur les déclamations d'un plus grave Théâtre?

Que les intéressés accroissent tant qu'ils peuvent le succès & les profits de la Chaire sacrée, que l'on emploie depuis quelque tems, & que l'on emploiera encore à différens objets & à d'autres vues que celle de nous instruire dans

―――――
(*) *Soliloque*, ou *Avis à un Auteur*.

la Religion & la Morale. Que sur cette sublime Scene, ils tâchent de nous rafiner le goût & le jugement dans des sujets consacrés par la Révélation. C'est au bon Critique à réformer notre Théâtre ordinaire; & les productions dramatiques ne doivent pas être décriées ou flétries par ces Critiques plus respectés. L'Art & sa pratique sont honnêtes en eux-mêmes: les fondement est bon, & en général notre Scene, comme on l'a remarqué, est capable de la plus grande perfection, tant par le présent génie de la nation, que par les nobles secours que fournissent nos premiers Dramatiques. Mais on imite plus aisément les défauts que les beautés.

Nous voyons en effet que le Théâtre est depuis quelque tems un fécond sujet de critique. On se plaint ouvertement que les nouvelles Pieces tout comme les anciennes, n'offrent qu'une scene confuse & bruyante. „ On „ se bat en duel, on tire l'épée, on blesse „ & quelque fois aussi l'on panse; ou mande „ le Chirurgien, & le malade essuie l'opéra-„ tion sur la place même. Il n'y a rien de si „ commun dans les Tragédies que de voir „ des roues, des tortures & des gibets con-„ venablement décorés; les exécutions se font „ décemment; des corps sans tête, & des „ têtes sans corps sont exposés à la vue du „ public; on donne des batailles, on assassi-„ ne, & l'on enleve des morceaux de morts." Telle est notre politesse! Tel est notre goût.

Ces Pieces n'en sont pas moins courues par les deux sexes; ce qui me porte à adopter l'idée de notre Auteur au sujet de la corresspondance mutuelle & de l'analogie qui se trouvent entre le *Théâtre Royal*, & le *Cirque Populaire*: car il est certain que dans la premiere de ces assemblées, les deux Régions ou Galeries supérieures renferment des Spectateurs qui fréquentent indifféremment l'un & l'autre de ces jeux publics. Il n'est donc pas étonnant que l'on applaudisse avec tant d'acclamations aux victoires d'un *Almanzor*, si les admirateurs sont les mêmes qui ont fait le jour précédent un pareil tapage au spectacle des exploits merveilleux d'un Boucher, qui est le Héros d'un autre Théâtre, où au milieu des combats, des meurtres, des blessures, de l'effusion du sang des hommes & des bêtes, le tendre sexe témoigne autant de goût que l'autre pour ce spectacle, & se mêle quelquefois même parmi les gladiateurs. Ces assemblées, que nous pouvons appeller *payennes*, quoique dans la réalité, elles ne fussent jamais connues chez les honnêtes gens d'entre les Payens, sont indifféremment permises & tolérées dans une Nation Chrétienne, comme n'étant en aucune maniere nuisibles aux intérêts de la Religion, quels que puissent être leurs effets sur les mœurs, l'humanité & la vie civile. On n'entend point de plaintes sur cette licence; & les assemblées les plus barbares & les plus atroces ne choquent pas tant les zélés, que des assemblées religieuses d'un autre stile que les leurs.

Je suis fâché de dire que quoique nous ayons fait de grands & de sublimes efforts en différents genres de Poësie, cependant le goût, relativement au Théâtre, eſt encore en général dans le même état.

J'appliquerois volontiers au génie Anglois ce qu'on diſoit des anciens Romains :

. . . . . . *Natura ſublimis & acer*
Nam ſpirat Tragicum ſatis, & feliciter audet (a).

Il faut avouer auſſi que le Public a gâté nos Auteurs par l'accueil trop flatteur qu'il a fait à leurs productions. Ses louanges exceſſives les ont rendus impitoyablement vains, pareſſeux, & admirateurs d'eux-mêmes. Ils abuſent en tyrans de la foibleſſe du Public. Ils ſont devenus comme les Princes que l'on flatte, impatiens & furieux à la moindre contradiction. Ils regardent comme un malheur la critique même d'un Ami; & ils ſont au déſeſpoir de revoir, à ſa priere, ce qu'ils ſavent très-bien être incorrect & négligé.

Sed turpem putat in Scriptis, metuit que Lituram (b).

L'uſage de la *lime* n'eſt point du goût de nos compatriotes. Un Auteur Anglois veut être *tout génie*; il veut ſe couvrir de lauriers; mais ſans étude, ſans gêne & ſans application. Il juge néceſſaire, à la vérité, de crainte qu'on ne doute de ſon érudition, d'apprendre au monde qu'il viole les regles de l'art *avec connoiſſance de cauſe*; & en conſéquence, quelque piece qu'il

(a) Horat. Ep. 1. L. 2.
(b) Ibid.

V. PART. CH. I.

publie, il marque rarement, dans quelque Préface apolégétique, de parler tellement de l'Art & de la Critique, qu'il vient à bout de confondre un Lecteur vulgaire, & d'empêcher qu'il ne le prenne à parti, ce qui feroit funeste à une foible & chétive production.

Il feroit à fouhaiter que nos Auteurs lorfqu'ils ont tracé leur plan, qu'ils ont une connoiffance fuffifante de la nature d'un *tout* & de fes *parties* (*); qu'ils fe font engagés dès le debut

(*) Voyez Ariftote Poët. C. 7 & 8.

Denique fit quodvis fimplex duntaxat & unum.

Horat. Art. Poët.

C'eft une preuve infaillible de défaut de juftesse dans chaque genre, depuis l'Epopée jufqu'à l'Epitre familiere ou au moindre Effai en vers ou en profe, lorfque les diverfes parties de l'ouvrage ne font pas affez exactement à leur vraie place pour que toute tranfpofition foit impraticable. Tout Epifode, quand même ce feroit un *tout* entier en lui-même, mais inféré comme *partie* dans une production de longue haleine, ne doit fe trouver qu'en fon lieu propre. S'il y a quelques traits au milieu ou à la fin qui auroient pu figurer au commencement; ou quelques autres au commencement qui auroient été auffi bien au milieu ou à la fin; il n'y a proprement dans cet Ouvrage ni commencement, ni milieu, ni fin. Ce n'eft qu'une Rapfodie, & plus on affecte de la donner pour une compofition en regle, plus elle eft ridicule.

Refpicere exemplar vitæ, morumque jubebo
Doctum imitatorem, & veras hinc ducere voces.

Horat. de Art. Poët.

dans la Morale, & la connoiſſance de ce qu'on nomme *vérité poëtique*, qu'ils y ont appris à re-

V. PART. CH. I.

On ſait que le Chef des Anciens Critiques vante ſurtout Homere pour avoir ſu *mentir en perfection*, comme on peut le voir dans le paſſage cité plus haut. Ses *menſonges*, à l'avis d'Ariſtote, & au jugement de pluſieurs des plus graves & des plus reſpectables Ecrivains, étoient en eux-mêmes de très-exactes *vérités morales* & d'excellentes inſtructions. On demandera peut-être pourquoi donc le Poëte n'a pas deſſiné un *parfait modéle* dans aucun de ſes deux Ouvrages. Je réponds que cela eut été abſurde & faux dans un Poëme. Ce n'eſt pas le *poſſible*, mais le *probable* & le *reſſemblant* qui doivent guider le Poëte dans la peinture des *mœurs*. Par là il ſe concilie l'attention, & émeut le Lecteur, qui juge mieux de l'*intérieur* par ce qu'il ſent & qu'il éprouve naturellement dans ſon cœur. La perfection de la Vertu eſt le fruit d'un long exercice; il faut qu'elle *force pour ainſi dire la Nature*. Mais le Lecteur vulgaire, qui ne cherche que le plaiſir, & qui aime qu'on excite ſes paſſions & qu'on intéreſſe ſon cœur par le jeu & l'action des paſſions d'autrui, ne fait aucun cas, ou n'a même aucune connoiſſance, de cette modération qui conſtitue la vertu parmi les hommes. Car l'homme vraiment vertueux eſt tel que ſon *art*, quoique fondé ſur la raiſon & la nature, eſt une perfection bien au deſſus du caractere général des hommes. Ainſi le caractere parfait & complettement vertueux eſt *faux* en Poëſie. On ne doit pas marquer les effets lorſque les cauſes reſtent néceſſairement inconnues & incompréhenſibles. Un Héros ſans paſſion eſt en Poëſie auſſi abſurde qu'un Héros ſans vie ou ſans action. Or ſi l'on reconnoit qu'il doit être paſſionné, il faut qu'il faſſe des actions paſſionnées. Le même génie héroïque & la même magnanimité qui nous raviſſent quand nous en ſommes témoins, nous transportent naturellement dans les vies & les mœurs des Grands que l'on nous repréſente. C'eſt ainſi que les bons Peintres qui forment leurs fictions ſur la vérité, & qui tracent leurs caracteres d'après les regles morales, ne manquent pas de découvrir le penchant de la Nature, & d'aſ-

V.
Part.
Ch. I.

jetter les fausses pensées, les métaphores mê-
lées & confondues, les couleurs ridicules dans

signer les excès de ces grandes ames dans l'espece ou le
ton de passion qui constitue la brillante partie d'un caractere poëtique. La passion d'Achille est pour cette
gloire que l'on acquiert par les armes ou la valeur. En
faveur de ce caractere, nous pardonnons à ce jeune
Prince son ardeur dans les combats, & son ressentiment
quand on l'offense ou qu'on l'irrite dans le Conseil. La
passion d'Ulisse est pour la gloire que l'on obtient par la
prudence, la sagesse & l'habileté dans les affaires: nous
lui passons en conséquence son esprit subtil, adroit &
trompeur, puisque le goût de l'intrigue & d'une ruse ex-
cessivement rafinée est aussi naturel au Politique consommé que le brusque ressentiment, la témérité & l'indiscrétion le sont au caractere franc & ouvert d'un jeune
guerrier. La force gigantesque & les travaux militaires
d'Ajax ne seroient pas aussi croyables & intéressans, si la
simplicité de son caractere, & la pesanteur de son esprit, ne les rendoient probables: car comme nous di-
sons si souvent que la force du corps exclut celle de
l'esprit, quand nous trouvons la peinture de cet effet
naturel, & la confirmation de notre malin raisonnement,
nous passons à notre Poëte toutes les hyperboles qu'il
peut faire d'un autre côté. Nous lui permettons de
donner carriere à son imagination; d'exalter & d'exag-
gérer tant qu'il voudra la Vertu ou la qualité dominante
de son Héros. Il peut nous faire illusion, & nous étonner à son gré: on lui pardonnera tout, pourvu qu'il sache nous émouvoir & nous transporter. Ainsi la langue
d'un Nestor peut opérer des prodiges, tant qu'on fait
attention à son éloquence & aux lumieres qu'une longue
expérience lui a données. On peut admirer un Aga-
memnon comme un sage & illustre Chef, si l'on apperçoit dans son caractere une certaine hauteur, le ton impérieux & les procédés compassés, naturels dans son
rang, & dont on marque les mauvais effets. C'est de
cette maniere que le Poëte contrebalance les excès de
chaque caractere. Les calamités qui en résultent, étant
justement appliquées, nos passions qui sont alors dans

la Comédie, le faux sublime & le galimathias dans l'Epopée; il seroit, dis-je à souhaiter qu'ils eussent encore quelque égard à la versification, & à l'harmonie, qu'ils se formassent une bonne oreille, & qu'ils corrigeassent autant qu'il est en eux les sons durs de notre Langue, du moins en Poësie, sinon en Prose.

une violente fermentation, se corrigent & s'épurent de la maniere la plus efficace. Si un homme ne se formoit que sur un seul modele, il ne seroit qu'une copie: mais s'il prend des traits de divers originaux, il est original, naturel & sans affectation. Nous voyons dans la conduite extérieure combien on se rend ridicule en voulant imiter un autre, quelque grace que l'on ait à cela. Ce sont des ames communes qui aiment à copier simplement. Il n'y a rien d'agréable ou de naturel que ce qui est original. Nos mœurs, comme nos visages, quelque belles qu'elles soient, doivent différer en beauté. Trop de régularité approche de la laideur; & dans un Poëme Epique ou Dramatique, un caractere parfait & achevé est un *monstre*, & c'est de toutes les fictions poëtiques, non seulement la moins agréable, mais encore la moins utile & morale. En voilà assez sur la Vérité Poëtique, la juste Fiction, & les Mensonges adroits du bon Ecrivain, selon les principes d'Aristote. Ce qu'Horace dit là-dessus est clair, & n'a pas besoin d'explication:

Atque ita mentitur sic veris falsa remiscet;
Primo ne medium, medio ne discrepet imum.

De Art. Poet.

On peut observer cela non seulement dans l'Epopée, mais encore dans les caracteres subalternes de la Comédie.

Quam similis uterque est sui!

Ter. Phorm. Act. 3. S. 2.

V.
Part.
Ch. I.

Mais nos Poëtes Anglois font si occupés à chercher ce monstrueux ornement que nous appellons la *Rime* (*), qu'il n'est pas étonnant qu'ils oublient ou négligent d'autres beautés & les graces réelles. Cependant, puisque nous avons eu le bonheur, dans quelque genre, & surtout dans le Dramatique, de triompher de ce goût barbare, il est inconcevable que nos Poëtes, qui sur ce privilege devroient aspirer à une plus grande perfection, restent toujours au même point qu'auparavant. C'est une honte pour nos Auteurs qu'il ne se trouve pas dans leur stile élégant & leur prose cadencée, une certaine grace ou harmonie fondée sur un tour plus naturel de périodes, & sur l'attention à éviter les dures consonnes qui se heurtent d'une maniere si désagréable, & les sons discordans auxquels notre Langue est si sujette.

On a, il est vrai, réformé depuis peu en quelque sorte les mots pesans de *Whereunto*,

―――――――――――

(*) Si le Lecteur est curieux de ces matieres, qu'il consulte Vossius *de viribus Rhythmi* & ce qu'il dit encore de l'ancienne Musique & de combien de dégrés elle surpassoit la nôtre, ainsi que des Mathématiciens de notre Nation l'ont nouvellement démontré contre l'opinion de quelques-uns qui prétendoient ridiculement que parce que les Anciens s'attachoient à la simplicité dans cet Art, comme dans les autres, ils ignoroient les accords & la simphonie. Vossius entr'autres cite contre cette assertion l'ancien Auteur du Traité *de Mundo*, περὶ Κοσμȣ, au commencement de son Chapitre sixieme. Ce Philosophe Peripathéticien, quel qu'il soit dit des choses fort analogues à ce qu'on a lu dans les Traités précédens au sujet de la Symmétrie Universelle ou de l'Union du Tout.

Whereby, *Thereof*, *Therewith* & autres, qui accrochent fi admirablement des périodes compliquées felon le ftile de la Chaire ou du Barreau. Mais négliger tout accent réel, ou cadence des mots, le fon ou la mefure des fillables; raffembler en même tems une tirade de compofés, dont les terminaifons grecques ou latines font d'une affommante longueur; mettre d'un autre côté des vers entiers, & même les Héroïques en monofillables; ce n'eft pas là, à ce qu'il me femble, une légere incorrection. Si des vers ainfi conftruits peuvent impunément figurer à la tête ou dans les plus pompeux endroits d'un Poëme, & paffent pour fort harmonieux, je ne vois pas pourquoi on ne fe permettroit pas plufieurs vers de la même forme, ou pourquoi on ne pourroit pas filer une tirade continue de Monofillabes qui feroient du fracas l'une après l'autre comme les marteaux d'un moulin à papier, fans faire le moindre tort à l'harmonie. Mais fi ceux qui ont de l'oreille fentent clairement le défaut de dix fillabes enfilées enfemble dans un Poëme Héroïque, ils concluront felon moi qu'un Profateur même, qui veut écrire poliment doit tâcher de fe contenir dans les bornes qu'il ne peut jamais franchir fans rompre l'harmonie, ou nuire à la beauté du ftile & des fons que l'oreille doit lui indiquer.

J'ai donc ofé examiner l'autorité de ces Ecrivains qui s'arrogent la prérogative d'être exempts de la Critique, & de fauver leur réputation mal acquife en décriant un Art, dont la caufe des Lettres dépend abfolument. Qu'ils tâchent à la bonne heure, auſſi bien que leurs illuſtres Patrons, de ſoutenir arbitrairement le crédit des mauvais Ouvrages; leur entrepriſe, à ce que j'eſpere, ſera infructueuſe. Ecrivains modernes ou anciens, étrangers ou du pays, graves, auſteres ou badins, tous ceux qui veulent ſe réfugier dans ce méchant azile, donnent lieu de les ſoupçonner d'inſuffiſance ou d'impoſture. Si donc le Lecteur eſt ſage, il redoublera ſon application pour examiner le mérite de ſon préſomptueux Auteur. Si en qualité de Lecteur & de Juge, il oſe ſe ſervir de la liberté qui lui appartient légitimement & la défendre, il ne ſera pas aiſément trompé : & d'ailleurs on ne pourra pas trouver mauvais qu'il faſſe uſage d'un droit qu'il a, s'il en uſe convenablement.

Ce fut à cet Art ſi bien entendu & pratiqué par les ſages Anciens, que leur ſiecle dut ſes chef-d'œuvres. C'eſt au même Art que nous devons le rétabliſſement des Lettres dans ces derniers âges : c'eſt à lui ſeul qu'il faut attribuer le recouvrement des anciens Manuſcrits, la découverte des productions batardes, & le diſcernement de tout ce qu'il y a de légitime dans les vénérables reſtes qui ont franchi tant de ſombres périodes d'ignorance, & qui ont préparé les progrès que nous faiſons actuellement dans toutes les Sciences. C'eſt à cet Art que les Auteurs inſpirés mêmes doivent leur pureté & leur integrité : combien ne doit-il pas être révéré, puiſqu'il fournit ſeul ces argumens judicieux, doctes & péremptoires qui mettent ſi bien en état les Défenſeurs de notre Ste. Religion de réfuter les Payens, les Juifs, les Sectaires, les Hérétiques & autres ennemis ou contradicteurs de notre Foi ancienne & primitive.

Après avoir ainsi établi, à l'exemple de notre Auteur, l'usage de la Critique dans tous les Ouvrages littéraires, depuis le Plan ou canevas jusqu'à la derniere sillabe, nous pouvons actuellement exercer cet Art sur notre Auteur même, & l'examiner par ses propres regles dans ce dernier *Traité*, en nous réservant toujours le même privilege des excursions, digressions, épisodes &c. que nous avons revendiqué dans le précédent Chapitre.

CHAPITRE II.

Génération & succession de notre Esprit Moderne. Manieres des Propriétaires. Société & fond commun. Statut contre la Critique. Committé d'un Caffé. Mr. Bays. D'autres Bays en Théologie. Critique du Dialogue de notre Auteur, & du stile des Dialogues usités par les Beaux-Esprits de l'Eglise.

IL est rare aujourd'hui de voir des Littérateurs qui réunissent le double titres d'*Auteur* & de *Critique*. Il y a en effet une certaine espece d'Ecrivains qui ne subsistent qu'en critiquant ou en *commentant* les ouvrages d'autrui. Ils ne paroissent dans le monde littéraire que comme Censeurs ou Critiques. Ils n'ont pas de rôle original : mais ils attendent quelque chose qu'on appelle un *Ouvrage*, pour *s'enter* sur lui, & partager le travail de la seconde main. Les Ecrivains de cette trempe sont, en conséquence de leurs fonctions ; distingués par le titre de *Répondans*: car il y a des Lecteurs d'un génie & d'une portée justement analogue à ces *Faiseurs de Repliques* : ceux-ci pensent que s'ils ne leur apprennent rien autre chose, ils leur apprennent au moins à critiquer ; & quoique leurs Disciples ne soient jamais en état d'entendre les Originaux, ils peuvent entendre ou se rappeller & citer les réflexions, les bons mots ou plaisanteries que l'on hazarde sur tel ou tel ouvrage. Quand un Lecteur de cette classe se trouve dans une compagnie, où l'on parle d'un nouveau Livre, il demande aussitôt : *Qui lui a répondu ?* ou *Quand lui repondra-t'on ?* Or il n'ignore point que la Réponse doit être plus recente que le Livre ? & que plus une chose est nouvelle, plus elle est à la mode & agréable à traiter dans les cercles. Le Libraire sait se proportionner admirablement à son génie ; car il a déjà une *Réponse* de commandée & peut-être finie, lorsqu'il met le Livre au jour. Il y a à parier que notre homme qui achete les deux productions, lira d'abord la *Réponse* & laissera le *Livre*.

Mais nous en avons dit assez sur ces *Faiseurs de Repliques* & de *Réponses*. dans la premiere Partie de ces *Mêlanges*. Il suffit de remarquer en général qu'il faut qu'un Ecrivain Critique sache écrire ; & quoique chaque Ecrivain ne soit pas obligé d'être Critique, tout Ecrivain
Cri-

Critique est obligé de savoir écrire; car s'il est incapable de cette fonction, il l'est également de l'autre.

Censurer simplement ce qu'un autre écrit; blâmer, mordre ou railler; mettre à la torture des sentences & des phrases, tourner quelques expressions en ridicule, ou écrire ce qu'on appelle aujourd'hui une *Réponse* à quelque Piece, cela ne suffit pas pour constituer proprement un Ecrivain ou un Auteur en bonne forme. C'est pourquoi, quoiqu'il y ait nombre de Faiseurs de Réponses, il n'y a presque point de Critiques ou de Satiriques. Mais quelque soit l'état des disputes en Religion ou en Politique, il est certain que dans la République des Lettres, les choses se traitent avec plus d'intelligence entre les parties principales. Les Ecrivains ou Auteurs *en titre* ont plus de facilité & d'avantages que ceux qui sont à la tête des Gouvernemens ou des Sectes Religieuses. Ils ont trouvé le moyen de mettre en défaut leurs contradicteurs, & de prévenir toute réforme dans leur Etat, en décriant toute Critique en général. On distingue le Critique comme s'il étoit d'une autre *espece*, & entiérement différent de l'Ecrivain. On pense que quiconque a du génie & peut *pratiquer* avec succès, n'est jamais assez mal avisé pour vouloir briller dans la Critique.

Il n'est cependant pas difficile de concevoir d'où vient cette distinction si généralement établie entre l'Ecrivain & le Critique, de sorte que leurs fonctions passent pour absolument incompatibles. Les Génies précoces, qui se jettent dans le monde & s'affichent brusquement pour Auteurs sans attendre la saison requise ou les lumieres que donne l'étude, venant à se faire un nom que l'impétuosité de l'imagination seule leur a acquis indépendamment du jugement, ne peuvent pour quelque raison que ce soit se soumettre à la censure de ces Ouvrages informes auxquels ils ont dû leur premiere célébrité. Il seroit triste pour eux de se mesurer avec des Critiques, ou d'exciter cette bile satirique qui les inquiéteroit infailliblement dans la paisible jouissance de leurs titres.

Or on peut observer que dans cette nation, & surtout dans ce siecle, où les guerres, les querelles publiques, & les mouvemens convulsifs de l'Etat tournent toute notre attention vers les affaires ; comme les meilleurs génies sont en quelque maniere enveloppés nécessairement dans cette sphere d'action, qui absorbe tous les regards du public, il doit rester assez de place sur la scene littéraire, de sorte qu'on peut y jouer un rôle sans faire une grande dépense d'esprit, & sans avoir des talens supérieurs.

Ceux qui tiennent le premier rang sur ce Théâtre abandonné, pouvent conserver leurs prérogatives sans la moindre opposition, vivant naturellement en bonne intelligence avec leurs camarades. C'est au tems qu'ils doivent le bonheur de pouvoir à si peu de frais donner à la Nation une ample moisson d'esprit, & tenir la place des vrais dispensateurs des trésors des Muses : pour peu qu'ils ayent d'amour propre ou de tendresse paternelle pour leurs œuvres, ils doivent conspirer mutuellement à défendre l'heureuse indolence où ils vivent, & à justifier leur mollesse, leur incorrection, leur insipidité, & leur profonde ignorance de l'art & des vraies beautés de la Poësie.

Magna inter molles concordia (*).

Ils sont en conséquence fort civils & obligeans les uns pour les autres; ils se servent & se complimentent mutuellement à la tête de leurs Ouvrages, par des panégyriques en vers, ou par des pieces à part, des Essais ou Fragmens de Poësie, tels que ceux que l'on trouve dans les *Recueils mêlés*, rapsodies annuelles qui sont accommodées au goût du public. C'est là que les apprentifs Beaux-Esprits s'essayent tous les ans. Vous pourrez y faire connoissance, si vous le jugez à propos, avec la Jeunesse de la République des Lettres, à mesure qu'elle s'éleve sous les yeux des vénérables Anciens, à qui elle rend le tribut d'éloge & d'hommage qui est dû à ces sublimes enfans de la gloire, en attendant qu'elle puisse la partager un jour, & entrer dans cet Ordre illustre avec approbation & privilege.

Voilà les jeunes Novices que vous voyez environner avec tant d'empressement le Poëte *fait* ou l'Auteur de Comédies dans un Caffé. Ce sont des gardes prêts à prendre les armes pour sa défense, si quelque audacieux Critique ose l'attaquer. Ce ne sont que des ombres de leur Maître; ils offrent les mêmes traits avec

(*) Juven. Sat. 2. vers. 47.

quelques légeres différences qui ne font que plus mal. Ils ne prétendent nullement d'aller au de-là de leur Héros; & ils ne voudroient pas pour tout au monde lui donner la moindre jalousie, en le faisant craindre pour sa prééminence. De-là, cette harmonie & cette estime réciproque, qui ne manquent pas de s'établir entiérement entre nos Poëtes: le Siecle d'ailleurs est par là heureusement pourvu, & il peut compter sur une pareille succession de Beaux-Esprits en tout genre.

Si par hazard un homme de sens, bien au fait de l'autorité de ces puissans personnages, s'avisoit d'en accoster quelques-uns dans un Caffé où ils tiennent leur *Committé*, où ils s'occupent à s'admirer mutuellement, & où ils vantent selon l'usage les Beaux-Esprits du siecle, peut-être seroit-il accueilli, s'il demandoit qu'on lui montrât les beautés des ouvrages particuliers que l'on vante si unanimement. Mais s'il osoit demander en général pourquoi les Auteurs Epiques, Dramatiques, ou les simples Prosateurs, ne font pas mieux; pourquoi tel ou tel Auteur en particulier, malgré sa réputation, écrit si incorrectement, & avec si peu d'égard pour la justesse du stile & des pensées? On répondroit peut-être que nous autres Anglois, nous ne sommes point enchaînés par des regles aussi séveres que celles de l'ancienne Grece ou des Critiques François.

Fort bien, Messieurs, puisque c'est votre bon plaisir: personne n'a droit de disputer avec vous. Vous êtes Maîtres sans doute dans votre pays. Mais, Messieurs, la question n'est pas de savoir quelle autorité vous pouvez avoir sur vos propres Ecrivains. Vous pouvez leur demander la dose de génie qu'il vous plaît, & leur permettre de vous amuser selon les conditions que nous jugez suffisantes. Mais pouvez-vous à votre gré, ou à celui de vos sublimes Mécenes, changer en esprit & en bon sens ce qui est en soi-même du galimathias ou une contradiction? Si vos Poëtes sont toujours des *Bays* (*) & vos Ecrivains de Prose des *Ro-*

(*) Pour juger combien nos Poetes sont incorrigibles dans leur pedanterie, leur vanité, leurs bravades contre la Critique, & leurs rodomontades, jettons seulement les yeux sur ce que dit notre fameux *Lauréat* (Mr. Bays lui même) dans une de ses Pieces les plus estimées, écrite après que l'ingénieux Auteur de la *Répétition* eut fait son portrait. ,, J'ai suivi (dit le Poëte dans la Pré-
,, face de *Dom Sebastien*) les objections proposées con-
,, tre la conduite de la Piece: mais je les ai trouvé tou-
,, tes si triviales, que si je les nommois, un vrai Criti-
,, que s'imagineroit qu'il y a ici une imposture. Quel-
,, ques-uns jugent à propos de dire que le stile est plat:
,, mais *œtatem habet, de se loquatur.* D'autres préten-
,, dent que le double emprisonnement n'est pas naturel:
,, que l'opinion générale & la fameuse Epigramme d'Au-
,, sone répondent à cela. Enfin des gens encore plus
,, ignorans disent que le caractere de Dorax n'est ni na-
,, turel, ni conséquent. Qu'ils relisent la Piece, &
,, qu'ils y pensent bien. Ces chicaneurs ne méritent
,, pas une plus longue réplique: mais je leur apprens à
,, eux & à leurs pareils que le Comte de *** a lu deux
,, fois la Tragédie avant qu'on la jouât, qu'il m'a fait
,, savoir qu'elle surpassoit tout ce que j'avois fait jus-
,, qu'alors, & qu'il seroit fâché que j'en retranchasse la
,, moindre chose. Que le monde décide si je n'ai pas
,, raison de préférer son jugement à toute une cabale;
,, car son opposition est la même que celle du Héros de
,, Lucain contre une armée: *Concurrere Bellum atque*

V.
Part.
Ch. II.

gers, fans tâcher de faire mieux, s'enfuit-il que leur maniere foit bonne, & que leur efprit foit réel? Que dites-vous, Meffieurs, de cette nouvelle Piece? Examinons ces paffages que vous appellez *brillans*, cette tirade de fentences que vous nommez *frappantes*, cette foule de métaphores que vous traitez de fublimes. Voulez-vous, Meffieurs, foutenir l'épreuve? Méprifez-vous un pareil examen?.... Monfieur, puifque vous avez la politeffe de prendre cette liberté avec vous, oferoit-on vous faire une queftion?.... Oh, Meffieurs, tant qu'il vous plaira; vous me ferez infiniment d'honneur.... Eh bien, Monfieur, de grace dites-nous fi vous avez jamais écrit?... Fort fouvent, Meffieurs, & furtout les jours de pofte.... Mais avez-vous écrit, par exemple, une Comédie, une Chanfon, un Effai ou un *Papier*, comme on appelle par excellence les productions de nos Auteurs hebdomadaires?.... J'ai peut-être effayé quelque chofe dans ce genre, quoique je n'aye pas publié mon Ouvrage: mais je vous prie, Meffieurs, que j'aye écrit ou non, qu'eft-ce que cela fait à notre queftion?.... Le voici Monfieur, & vous pouvez nous en croire, c'eft que tout ce que vous publierez, fera profcrit par la Ville; tout le monde s'élevera infailliblement contre vous... A la bonne heure, mais pour quelle raifon, Meffieurs, je fuis fûr que vous n'avez jamais

„ *Virum*. Je puis donc modeftement conclure &c."
Tel eft fon ftile jufqu'à la fin: qui dira après cela que le portrait de la *Répétition* étoit trop chargé, ou que le caractere de la Nation étoit mal faifi.

vu la piece.... Non, Monsieur: mais vous êtes un Critique, & nous savons par expérience que quand un Critique écrit selon les regles & la méthode, il ne flattera jamais le goût Anglois. Mr. *Rimeur*, qui disoit du mal de notre Tragédie, n'en a-t'il pas fait lui-même une pitoyable?.... Si cela est, Messieurs, c'étoit sa faute, de ne pas mieux connoître son génie: mais sa Critique en est-elle moins juste pour cela? Qu'un Musicien fasse bien sa partie dans les passages les plus difficiles, il connoît certainement les notes, & il entend les regles de l'harmonie. Mais un homme qui a de l'oreille, & qui a étudié les regles de la Musique, est-il obligé d'avoir de la voix ou une bonne exécution? Ne sauroit-on juger d'un violon, sans être joueur de violon? Pour juger d'un tableau, faut-il absolument être peintre?

Voilà comment un homme raisonnable pourroit presser ces gens-là. Si j'étois présent à un pareil entretien, je ne voudrois guere qu'il s'engageât plus loin avec eux: au contraire, je le tirerois à part pour lui apprendre ce que c'est que cette cabale, & cette coterie de Beaux-Esprits; je lui parlerois de leur haine pour la Critique, de leurs loix & statuts provisionnels en pareil cas. Je lui dirois en un mot que de bons argumens sont inutiles & en pure perte avec eux, & qu'il ne gagneroit pas grand chose quand même il démontreroit aussi clair que le jour à des génies de cette portée, que, les plus grands Maîtres dans tous les genres d'Ecrits, excelloient aussi dans la Critique; temoins chez les Anciens les plus (*a*) illuſtres Phi-loſophes, dont les Ouvrages de Critique ſont mêlés parmi leurs profondes ſpéculations philo-ſophiques, & autres Traités écrits pour l'uſa-ge du public; temoins dans l'Hiſtoire & l'Elo-quence, Iſocrate, Denis d'Halicarnaſſe, Plu-tarque & le libertin Lucien même, qui eſt le ſeul de ces Auteurs que nos prétendus Juges ont peut-être lu dans une Traduction avec quel-que plaiſir. A ces Anciens nous pouvons ajou-ter Ciceron, Varron, Horace, Quintilien, Pline & pluſieurs autres fameux Romains.

Parmi les Modernes, nous trouvons un Boi-leau & un Corneille, qui confirment tout cela. Ils appliquoient la critique avec une juſte ſévé-rité, même dans le cas de leurs propres Ouvra-ges: c'eſt là, à la vérité, une pratique impoſ-ſible aux Poëtes de notre Nation. Il ne ſeroit pas raiſonnable d'eſpérer qu'ils miſſent en cré-dit un uſage qui pourroit être funeſte à leurs productions, dont il manifeſteroit tous les dé-fauts. Il n'eſt donc pas étonnant qu'il y ait ſi peu de cet eſprit critique parmi nous pour gui-der notre goût. Il n'eſt pas étonnant que les Pieces les plus connues dans ce genre, ſoient en quelque maniere effacées, & déguiſées ſous des couleurs burlesques, telles que celles de l'in-génieuſe Comédie (*b*) d'un illuſtre Auteur de notre âge. Obſervons cependant à la honte de nos Beaux-Eſprits de profeſſion, qui s'égarent

---

(*a*) Platon, Ariſtote &c. Voyez particuliérement le *Phédon* du premier, où l'on critique en forme une Piece entiere de l'Orateur Lyſias.

(*b*) *The Rehearſal* ou la *Répétition*.

dans les hautes Régions de la Poëſie, qu'ils n'ont pas manqué de bons avis & de juſtes lumieres: c'eſt un Ecrivain également diſtingué par ſa naiſſance & ſes talens, qui a pris la peine de les inſtruire. L'un des meilleurs de nos Poëmes modernes, & que nos Poëtes mêmes reconnoiſſent pour tel, eſt une courte *Critique*, un *Art Poëtique* (c) dont les maximes, ſi on leur en faiſoit l'application, montreroient qu'ils ne ſont que des imbecilles qui ignorent abſolument leur Art. Si les Critiques & les Poëtes, après avoir avoué la juſteſſe des regles de l'Art, viennent enſuite à condamner & à approuver, à écrire & à juger d'une maniere entiérement différente de celle dont ils ont reconnu la vérité & la juſteſſe; cela prouve clairement que quoique nous ne manquions pas peut-être d'*eſprit*, nous manquons de quelque choſe de plus important, & qui peut ſeul rendre l'eſprit eſtimable; je parle de cette honnêteté, de ces mœurs & de ce ſentiment de la vérité morale, ſur laquelle la *Vérité & la Beauté poëtique* ſont naturellement fondées, comme on l'a fait voir tant de fois.

Qui didicit Patriæ quid debeat, & quid Amicis,
Quo ſit amore parens, quo frater amandus & hoſpes,
Quod ſit conſcripti, quod Judicis officium, ...
. . . . Ille profectò
Reddere perſonæ ſcit convenientia cuique (d).

(c) Ou *Eſſai ſur la Poëſie*: par J. Sheffield, Duc de Buckingham.
(d) *Horat. de Art. Poët.*

V.
Part.
Ch. II.

Quant à ces peintures morales qui diftinguent & caractérifent les états de la vie & les divers perfonnages qui figurent fur cette fcene mortelle; le Poëte & l'élégant Ecrivain doivent favoir les traiter, & connoître le monde. Il feroit plus excufable qu'un Prédicateur ne fut pas auffi au fait des mœurs des hommes : fes Difcours ont l'avantage de rouler fur des Myfteres auguftes au deffus de ce qu'on voit dans le commerce de l'humanité. Il ne s'agit pas tant pour lui d'être agréable; & même quand il le voudroit, il déplairoit comme il arrive fouvent. Son théâtre & celui du monde poli font très-différens; de forte que nous excufons naturellement dans un vénérable Déclamateur de ce genre l'ignorance du *Decorum* ordinaire relativement à la maniere de traiter avec les honnêtes gens. Mais pour le Poëte ou l'Ecrivain, qui eft de notre monde, il doit poffeder parfaitement la Science morale dont il s'agit. On fouffre aifément la perte d'un médiocre Poëme ou autre Ouvrage : nous ferions heureux qu'on nous débaraffât de toutes les médiocrités de ce genre. Si nous étions obligés de n'entendre que d'excellens Sermons, & de ne lire aucun Livre de dévotion mal écrit; cela feroit un peu cruel pour nombre de bons Chrétiens, qui écoutent & lifent aujourd'hui avec tant d'ardeur les réflexions pieufes. Mais pour les entreprifes volontaires des Poëtes, elles font infupportables quand elles font médiocres; de même que l'exécution d'un Muficien ou d'un Peintre médiocre :

. . . . . *Poterat duci quia cœna sine istis.* (*)

On peut légitimement timpaniser les *Bays* & les Rimailleurs, quoiqu'on souffre les *Bays* de la Chaire.

Si notre Auteur avoit bien pesé tout ceci, & découvert quel est actuellement l'état de l'Esprit dans notre Nation, il auroit surement eu assez d'amour propre pour n'avoir jamais écrit qu'en qualité de Critique ou d'Auteur en forme. S'il eut été décidé à ne jamais produire un Ouvrage régulier, il auroit pu suivre avec assez de sécurité le plan de son premier Volume, & faire des *Mélanges*. Il auroit pu critiquer, satiriser, persiffler autant qu'il auroit voulu. Mais revenir ensuite sur la scene en qualité de grave Auteur, & s'exposer à son tour à la Critique, en nous donnant un Ouvrage ou deux en forme selon les regles séveres de la Méthode: ce n'est pas là, à ce qu'il me semble, une bien grande preuve de son esprit pour ce qui regarde sa réputation.

Une de ces Pieces en forme, la *Recherche* que nous avons déjà examinée, est entiérement écrite dans le stile & l'ordre qu'il appelle quelque part *Méthodique*. Mais la seconde, celle des *Moralistes*, que nous observons actuellement, doit être regardée selon ses principes comme une entreprise importante. Elle n'est pas seulement au fond aussi systêmatique, didactique & raisonnée que l'autre; mais elle a

(*) *Horat. de Art. Poët.*

encore un autre air, & un tour plus à la mode. Elle cache fous l'élégance les difcuffions Scholaftiques. L'Auteur vife au *Dialogue*, & fa production n'a pas feulement les traits poëtiques des pieces qu'on nommoit anciennement *Mimes*; mais elle femble réunir fes divers perfonnages ou caracteres dans une feule *action* qui a fon tems fixe, fes divifions régulieres & fes différentes fcenes analogues. Le ftile varie auffi comme il convient; il eft tour à tour fimple, comique, fleuri, poëtique ou fublime, en un mot près de l'enthoufiafme & de l'extravagance. Notre Auteur eft fi *Poëte* dans cette Piece (*) qu'il paroît avoir plus de droit à ce ti-

(*) C'eft ce qu'il fent bien, comme on peut le voir par un mot de l'Avertiffement de fa premiere Edition. ,, Quant aux caracteres & incidens, dit-il, ils ne font ,, ni entiérement feints, ni entiérement vrais: mais fe- ,, lon la liberté du Dialogue, le principal eft fondé fur ,, la vérité, & le refte eft à peu près auffi reffemblant ,, qu'il peut être. C'eft un Sceptique qui narre, & le ,, Héros de la Piece paffe pour un Enthoufiafte. Si l'on ,, ne trouve pas ici un parfait caractere; il en eft de ,, même dans quelques productions de nos meilleurs ,, Poëtes; & cette autorité eft fuffifante pour l'Auteur ,, d'un *Roman Philofophique*." Tels font les termes de l'Auteur, qui pour déguifer néanmoins fon imitation exacte de l'ancien *Dialogue Poëtique*, a mis un titre auxiliaire à fon Ouvrage, qu'il a furnommé *Rapfodie*, comme s'il étoit du nombre de ces Pieces qui s'annoncent en public avec un grand air de négligence & d'irrégularité. Au refte, malgré cette affectation du titre, il avoit fi peu l'intention d'écrire au hazard d'une maniere incohérente, que c'eft certainement malgré lui, que ce Dialogue n'a pas le jufte caractere & la forme exacte des anciens Ouvrages de ce genre. Il auroit volontiers obfervé l'unité d'action & de tems, convenable à la jufte

REFLEXIONS DIVERSES. 221

tre que s'il eut composé un Drame aussi régulier pour le moins qu'aucun que nous ayons
au théâtre.

   A quelque dégré de perfection que notre
Auteur prétende porter la délicatesse & l'exacte simplicité des Anciens, il semble qu'il n'ose
dans son propre Modele & sa principale Production, faire de sa Philosophie un corps solide & uniforme, ni former une chaîne continue
de raisonnemens : sa crainte est visible. Il paroît fort embarassé de la maniere dont il intro-
duira sans choquer la vraisemblance des personnages distingués, qui raisonnent de dessein prémédité deux ou trois heures de suite sur des
sujets de Philosophie & de morale, sans digressions frivoles. Il avoue qu'il trouve ces matieres si éloignées des conversations ordinaires,
& si appropriées, par un long usage à l'Éco-
le, aux Universités ou aux Prédicateurs, qu'il

simplicité de ce genre; & l'on s'imagineroit que cela lui
étoit facile. Il n'avoit qu'à mettre d'abord ses premiers
Interlocuteurs en action, & épargner le récitatif de Philoclés à Palemon, en les faisant parler eux-mêmes sur
la Scene. Le Parc auroit été cette *Scene*. L'intervalle
depuis la pointe du jour jusqu'à la nuit fermée que les
personnages se retirent, étoit suffisant pour que Philoclés narrât tout ce qui se fait dans la seconde & troisieme Partie, & qui seroit resté dans l'état où il est. Seulement à la conclusion, quand le *Récit* est fini, le Dialogue simple & direct auroit reparu pour orner la fin.
De cette maniere, l'unité de tems & de lieu auroit été
conservée, & notre Auteur n'eût pas été forcé de faire
un anachronisme, tel que celui qu'il a fait en commençant par cette partie qui devoit être la derniere suivant
l'ordre du temps.

juge n'être guere sûr d'en traiter ailleurs, ou sur un autre ton. Il est donc forcé de prendre ses mesures, & de forcer ses principaux caracteres pour faire une meilleure contenance, & éviter l'accusation de pedanterie. C'est pourquoi son Philosophe Théoclés paroît un Prêcheur avant que l'on connoisse son caractere réel; & même quand il le développe, à peine ose-t-il le soutenir; mais pour s'en mieux tirer avec son Sceptique Ami, il revient à son premier rôle, & l'on retrouve le stile du Poëte & de l'Enthousiasme. Il faut que Palemon, homme de qualité qui ouvre la conversation, paroisse amoureux pour la forme, & chagrin pour quelques fâcheuses avantures. Sans cela comment pourroit-on supposer qu'il fut si sérieux? Philoclés, son Ami, gentilhomme du bel air, & rieur de profession, a là une triste commission: il faut qu'il essuie la mauvaise humeur de son grave Ami, avant qu'il soit assez grave lui-même pour parler Philosophie. Un quart d'heure de lecture doit représenter une heure ou deux de conférence; & une nouvelle scene qui se présente à tout bout de champ doit délasser, à ce qu'il semble le Lecteur, & lui rappeller que l'action continue.

C'est dans la même vue que nous autres Auteurs de *Mélanges*, craignant de fatiguer notre indolent Lecteur, nous avons prudemment interrompu la longueur de notre marche par la méthode des Chapitres & des Sommaires, afin que chemin faisant il trouve de distance en distance des lieux de repos: on l'avertit de ce qu'on lui prépare, & l'on soutient ainsi son attention.

C'est ainsi que dans nos Drames modernes, on trouve presque à chaque page des éclaircissemens historiques de l'action & de ses circonstances. Le Poëte n'ayant pu les faire entrer dans le texte, ni les mettre dans la bouche des acteurs, en charge les marges en forme de notes : ce qui donne à sa Piece un air d'ouvrage en mosaïque. Par ce stile à la mode, ou cette sorte de spectacle muet, le Lecteur trouve l'action plus admirablement exprimée que dans les seuls vers, où personne ne parle que les personnages.

C'est de même pour épargner la peine, de l'Ecrivain comme du Lecteur, que nous voyons de longs portraits & des descriptions à la tête de plusieurs Drames, pour nous instruire des parens, connoissances, intérêts & desseins des personnages. Cela est de la derniere importance pour le Lecteur, afin qu'il puisse mieux entendre l'intrigue, & suivre les principaux caracteres & incidens de la Piece ; ce qui autrement ne pourroit pas se discerner dans son lieu propre. Pour rendre justice au Lecteur de Pieces de Théâtre, il ne manque jamais de se prêter honnêtement à la complaisance du Poëte, & il lit avec une extrême application tous les caracteres & portraits : c'est une espece de Grammaire, ou de Clé, qui l'introduit dans la Piece de l'obligeant Auteur : je ne sais s'il en feroit autant pour le meilleur morceau philosophique du monde. Notre Auteur en doute fort à ce qu'il paroît, & pour cette raison, il a rendu très-facile l'intelligence de cette partie qui expose la distinction de ses caracteres en faisant

V.
PART.
Ch. II.
usage du récitatif; quoique peut-être il eut aussi bien fait de ne pas sortir du plan naturel & simple de son sujet: car pour ceux qui goûtent les spéculations philosophiques, il n'est pas plus difficile de donner la même attention aux caracteres du Dialogue, que tout Lecteur donne d'abord à un Drame simple, composé d'un petit nombre de personnages qu'on connoit aisément. Mais quant à ceux qui lisent ces réflexions avec plus de mollesse & d'indifférence, ils auroient autant de peine à suivre des caracteres indiqués de la sorte, que s'ils étoient obligés d'en juger sur le langage des personnages mêmes.

Notre Auteur a marqué plusieurs raisons qui l'ont empêché d'admettre la méthode directe du Dialogue, qui est à-présent si dégradé qu'on le retrouve dans les Libelles des Factions, ou dans des Essais Théologiques à la nouvelle mode; car il paroît que depuis peu on tâche de mettre de la plaisanterie & de l'enjouement dans les Controverses Religieuses, & qu'on regarde cette maniere comme plus efficace avec les Hérétiques & les infideles. La Théologie burlesque devient merveilleusement en vogue, & les Réponses aux objections des Hétérodoxes sont généralement assez bouffones, & analogues au langage facétieux & familier de la conversation.

Salut & joie aux vénérables Auteurs qui savent mettre tant de gaieté, & de badinage mondain dans leurs salutaires instructions. La piété & les mœurs gagnent sans doute extrémement à ce stile populaire. Comme ces Révé-

vérens Docteurs ont toutes les qualités brillan- V.
tes du bel air, & qu'ils se formeront encore Part.
davantage, il est certain qu'ils perfectionneront Ch. II.
le stile plaisant qu'ils ont adopté, & cela à la
grande édification des honnêtes gens que l'esprit saillant a si longtems séduits. Ils peuvent
faire des merveilles avec leur Muse comique,
& peut-être qu'ils attireront *en riant* à leur
parti des hommes qu'on en a malheureusement
arrachés *en riant* : car quel droit a-t'on de supposer que l'Orthodoxie ne puisse pas rire aussi
agréablement & avec autant de délicatesse que
l'Hérésie ou l'Incrédulité.

Il faut convenir qu'aujourd'hui les caracteres
ou personnages introduits dans nos pieux Dialogues, n'ont ni unité ni vraisemblance: en
quoi ils figurent parfaitement avec ce style
métaphorique & empoulé qui releve l'éclat de
leur Logique. Rien de plus compliqué que
leurs peintures morales du genre humain: elles
ne représentent aucun individu, aucun ordre
d'Hommes; & leurs portraits ne ressemblent
à rien de l'espece. C'est par leur nom seul que
leurs caracteres sont distingués. Quoiqu'ils portent différens titres, & qu'on les mette en opposition, il se trouve qu'au fond ils sont les
mêmes, & que malgré leur différence apparente, ils aident à l'Auteur pour étaler son esprit
& établir ses opinions particulieres. Ce sont
en effet des marionnettes dociles, qui ont la
voix, l'action & les gestes d'hommes réels.
Philothée & *Philathée*, *Philautus* & *Philalethés*
sont d'un seul & même ordre; leurs tailles se
rapportent exactement; ils s'interrogent & se

répondent de concert, & avec l'alternative du Dialogue dramatique où un Acteur qui a les yeux bandés est étendu à terre, & se présente sans défense à un autre, qui par la faveur de la compagnie, ou le secours de sa bonne fortune, distribue à son camarade plusieurs bons coups, sans qu'on le défie jamais lui-même, ou qu'on le terrasse à son tour.

Ce curieux mêlange, & cette élégante alternative se remarquent dans le style de ces personnages bouffons de notre *Drame Théologique*, avec cette différence seulement, que quand le triste fantôme, ou ombre d'adversaire, a dit deux ou trois petits mots pour sa défense, & donné tous les avantages qu'on peut désirer, il se couche humblement, & se soumet à tous les traits que lui décoche son impitoyable vainqueur.

Je crois qu'on n'objectera guere à notre Auteur que ses personnages Sceptiques ou opposans, sont trop doux & débonnaires. Si j'avois apperçu cet indigne procédé dans sa Piece, à peine l'aurois-je cru digne de ma Critique: car dans ce genre d'Ecrits, où la conversation doit être représentée au naturel, si les caracteres ne sont ni soutenus, ni les mœurs ressemblantes, il n'y reste plus que ce qui est trop grossier & monstrueux pour mériter une critique.

Dira-t-on qu'un Dialogue conduit avec cette exacte vérité doit être condamné comme détestable, en ce qu'il donne beau jeu à l'incrédule, & qu'il lui laisse tous ses avantages. Mais je réponds qu'il ne faut pas s'en mêler, ou les Interlocuteurs du Dialogue doivent paroître auſſi naturels qu'ils le ſont réellement. Quand on fait un portrait, il faut qu'il reſſemble, & qu'il caractériſe l'original de maniere qu'on puiſſe le reconnoître à ſa forme & à ſes traits: point de changement, de mutilation, de contorſion, ou de grimaces, qui n'annonceroient qu'une chimere. Les Athées ont du ſens & de l'eſprit comme les autres hommes: ſans cela pourquoi en accuſe-t'on ſi ſouvent les perſonnes du premier rang? Pourquoi leur reproche-t'on ſi ſouvent leurs ſubtils raiſonnemens?

Si j'avois à conſeiller ces Auteurs, que j'aime extrêmement à cauſe de leur zele enjoué, & de l'air ſociable de leur Religion, je leur dirois: ,, Meſſieurs, ne ſoyez pas ſi réſervés
,, à donner de bons argumens à votre Incré-
,, dule. Ne craignez pas tant de l'épargner,
,, ou de lui prêter de l'eſprit. Souffrez que vo-
,, tre adverſaire jouiſſe de toute ſa raiſon, de
,, ſon ſens, de ſon art & de ſon génie. Comp-
,, tez ſur le principal caractere ou le Héros de
,, votre Piece. Rendez-le auſſi brillant qu'il
,, eſt poſſible. Il viendra ſans doute à bout de
,, dompter les plus grands efforts de ſon adver-
,, ſaire; il diſſipera le ſombre nuage qu'il aura
,, peut-être excité. Mais ſi après avoir don-
,, né au refractaire toute la force qui lui con-
,, vient, votre principal perſonnage n'eſt plus
,, en état de ſe meſurer avec lui, ou de l'em-
,, porter par un éclat ſupérieur; à qui en eſt
,, la faute? Au ſujet? J'eſpere que vous ne
,, m'accorderez pas cela. A qui eſt donc la

,, faute, sinon à vous seul ? Prenez donc gar-
,, de & examinez vos forces & votre talent
,, pour ces discussions ; étudiez les élégans usa-
,, ges du monde poli, avant que d'essayer ces
,, portraits exacts & délicats du genre humain,
,, ou avant de produire le beau monde sur la
,, scene : car si les honnêtes gens, séduits, com-
,, me vous le prétendez, & s'égarant dans les
,, ténebres de la Philosophie, ne trouvent pas
,, que votre miroir représente le moindre de
,, leurs traits ; s'ils ne se reconnoissent pas du
,, tout dans vos Descriptions, ils ne croiront
,, guere que vous les ayez refutés. Quelque
,, esprit qu'il y ait donc dans votre Comédie,
,, ils ne penseront guere que cet esprit les atta-
,, que. Ils peuvent rire à la vérité, de la far-
,, ce que vous leur offrez : mais ce sera peut-
,, être une sorte de rire fort différent de ce
,, que vous vous proposez. Ils souriront *in*
,, *petto* de se voir ainsi assaillis, quand ils re-
,, marqueront que vous avez compromis inutile-
,, ment votre autorité, & employé leurs ar-
,, mes sans succès pour les relancer dans leur
,, fort. "

Voilà la *Critique* que nous nous proposions : nous avons fait un essai sur notre Auteur, & les autres qui entreprennent d'écrire en *Dialogues* à la maniere des Dramatiques ; ce qui leur donne proprement le ton de la Poësie.

Nous examinerons ce qui reste dans le Chapitre suivant qui sera le dernier.

CHAPITRE III.

De l'Esprit latitudinaire ou de la liberté de penser. Esprits-forts. Leur cause & leur caractere. Indécence de penser à demi. Principe du Vice & du Bigotisme. Accord de l'Esclavage & de la Superstition. Liberté civile, morale, spirituelle. Théologiens Esprits-forts. Représentans incognito. Ambassadeurs de la Lune. Détermination des controverses Chrétiennes.

Puisque je me trouve à la fin de mon Ouvrage, après avoir défendu la cause des Critiques en général, & employé toute l'expérience que j'ai de leur Art pour examiner mon Auteur, je puis équitablement & avec plus de bienséance dire un mot ou deux en faveur de la liberté de penser qu'il donne à l'un des personnages de son *Dialogue*.

On a lieu de supposer, que quoique la constitution humaine soit analogue ou semblable dans tous les individus, ils different néanmoins les uns des autres tant à l'égard de la faculté de penser que pour l'adresse avec laquelle justement ils se servent de ce talent naturel; desorte qu'on peut distinguer l'espece humaine, comme on divise le regne animal, en individus *pensans* & en individus *non-pensans*. Cette derniere classe renferme ceux qui ne sentent pas combien il est nécessaire de penser, & dangereux de ne pas penser. Les Etres *pensans*, d'un autre côté, ayant conçu quels soins & quelle industrie il faut pour penser avec justesse, ont commencé dès-lors à se livrer à cet exercice,

& ont été convaincus dans leurs progrès de la nécessité de penser à propos & avec avantage, qu'il n'est guere plus funeste de ne pas penser du tout que de penser à-demi; c'est-à-dire de ne pas penser librement. Leur courage à l'épreuve de tout obstacle, ne peut souffrir patiemment que l'on interrompe, ou que l'on contraigne le libre cours de leurs pensées.

Il peut naître, à la vérité, quelques prétendus obstacles: des fantômes peuvent venir à la traverse; & l'ombre de la raison peut s'élever contre la raison même. Mais lorsque les hommes ont une fois contracté l'habitude de penser ou de raisonner, ils ne la quitteront pas facilement; ils ne feront pas arrêtés un instant, lorsqu'ils viendront à certaines limites, certaines marques placées çà & là avec le mot de *Ne plus ultra*.

Nous sommes en effet bien sûrs qu'il n'y a aucune autorité sur la terre qui puisse nous arrêter sur cette route, à moins que ce ne soit notre bon plaisir. C'est à la réflexion à restraindre la faculté de penser: mais alors cette réflexion seroit-elle juste? c'est ce que nous ne pouvons déterminer sans l'examiner librement, & sans contrainte. Comment serions-nous sûrs que nous avons précisément abandonné la raison, parce qu'elle voloit trop haut, quelle étoit trop dangereuse ou trop vaine & présomptueuse, si la crainte ou un ordre étranger nous font quitter nos discussions, & suspendent tout court notre examen? Y a-t'il beaucoup de différence en pareil cas entre nous, & ces bêtes de charge dociles qui s'arrêtent justement à leur auberge, ou quand le conducteur fait faire halte?

Je ne puis m'empêcher de conclure de-là que de tous les hommes qu'on qualifie gratuitement du titre de *bonnes têtes* les plus fades, les plus malheureux & les plus abſurdes ſont ceux qui *penſent à demi*.

J'ai ſouvent vu des prétendans à l'eſprit être extaſiés à l'aſpect d'un homme groſſier, foible & ne ſachant penſer, qu'ils déclaroient en conſéquence le plus heureux des mortels, parce que ſelon eux, la ſituation la plus fortunée étoit de ne jamais penſer, & de ne pas ſe troubler la tête par la manie des réflexions. Voilà ce que j'ai toujours regardé comme un des plus importans airs de diſtinction que les Beaux-Eſprits ſe donnent dans le monde en s'admirant eux-mêmes. Ces élégans perſonnages ſe flattent qu'on s'écriera unanimement, qu'ils ſont exceſſivement chargés de cette denrée qu'ils nomment *Réflexions*; qu'ils n'en ont pas ſeulement une petite pacotille, mais une ſi énorme cargaiſon qu'elle eſt ſuffiſante pour les faire ſuccomber ſous le poids. Je me figurois cependant que ce n'étoit pas le trop de réflexions, qui oppreſſoit ces Meſſieurs, & que s'ils euſſent été dans ce cas, ils auroient dû ſe féliciter d'avoir aſſez foiblement raiſonné pour être contens d'une recherche ſuperficielle dans des objets de la plus haute importance.

Si, par exemple, ils n'ont fait qu'une légere attention aux principaux plaiſirs de la vie qui ſont fondés, ſur l'honnêteté & une belle ame; s'ils ont penſé que la faveur publique, la réputation, le pouvoir, les biens, un titre, ſont aussi précieux qu'on le juge ordinairement, ou qu'ils le jugeoient eux-mêmes d'abord sans le moindre scrupule, il n'est pas surprenant qu'étant devenus si *dogmatiques* & si bien exercés dans ce qui concerne leur *établissement* ou leur *fortune* prétendue, ils ayent tant de peine à trouver la paix du cœur.

Voilà ces grands-penseurs qui font consister le bon esprit dans la recherche inquiete de leurs *intérêts*, qui mettent le bon esprit à poursuivre ce qu'ils desirent, & qui s'étonnent ensuite d'être aussi peu heureux quand ils ont réussi, que lorsqu'ils étoient tourmentés de désirs.

Il n'y a donc point d'hommes qui *jouissent si peu d'eux-mêmes* que ces sages prétendus, ces habiles calculateurs du *bien particulier*, qui dans la recherche de leur intérêt, pour ce monde ou pour l'autre, ont toujours des pensées aussi bassement subtiles, des notions aussi absurdes, des principes aussi pervers, & un aussi faux goût de la vie. L'homme le plus volage est non seulement plus sociable, plus paisible, plus à son aise, plus exempt de soins, mais il a d'ailleurs plus de mérite & de vertu que tous ces profonds penseurs.

S'il arrive donc que ces hommes si graves, si circonspects, si profondément intéressés, ayent pour le bien de leur ame, & par précaution pour l'*avenir*, entamé quelques spéculations sur la Religion, leur goût pour la vertu ou pour la vie, n'en est pas mieux ordonné pour cela. Les idées qu'ils ont sur des sujets théologiques, sont si altérées, si confondues par des *semi-réflexions*, & les chimeres de l'intérêt mondain, qu'ils sont toujours incapables de poursuivre le vrai bonheur. Etant donc nécessités à penser toujours petitement, ils ne vont pas plus loin que le terme marqué par ceux à qui ils demandent de la consolation & des avis contre le trouble qui les agite.

Le grand objet & le principal but des Opuscules de notre Auteur, a été d'établir la réalité d'un *Beau en Morale*, comme dans les ouvrages extérieurs de la Nature, & de démontrer l'importance *d'un goût bien reglé & d'un choix raisonné dans la vie & dans les mœurs*. La regle & le caractere de la Vérité Morale paroissent si fortement établis dans la Nature, & si répandus dans tous les Etres intelligens, qu'il n'y a point d'Ame ou de Principe *pensant*, qui n'en soit, si j'ose dire, intimement convaincu. Les Intelligences les plus dures & les plus refractaires sont à plusieurs reprises & en différentes occasions persuadées de son existence, & forcées de reconnoître comme les autres le *Bien* & le *Mal*.

Il est évident que quand l'Ame, engagée par la passion ou le caprice, se prête à une action ou à une regle de vie, contraire à ce Principe primitif, ce ne peut-être que par foiblesse de jugement & par la fausse application de ce sentiment inévitable, de la regle naturelle du bon & de l'honnête, que l'on ne peut croiser & contrédire sans remplir la vie d'inconséquences, d'irrésolutions, de repentir & de remords.

Ainsi toute incongruité morale, tout vice, ne peut résulter que d'une vue étroite & partiale du bien & du bonheur. Tout ce qui reſtraint la liberté de penſer, doit néceſſairement infirmer ce premier goût dont dépendent le mérite & la vertu. Par exemple quand l'œil de la cupidité ſe fixe avec ardeur ſur des tréſors & ſur ces biens qui conſiſtent en argent; il eſt clair qu'il y a une ſorte d'enchantement & de preſtige. La vue ſe détourne à l'inſtant de toute autre image de perfection ou d'excellence; & la plus brillante partie du genre humain, comme la plus chétive, découvre alors la petiteſſe de ſes penſées.

Il eſt aiſé de concevoir combien les excès du luxe & de l'intempérance mettent de fauſſeté dans l'Eſprit: il n'eſt plus en état de tirer des concluſions juſtes, ni de diſcuter librement les opinions & les maximes ſur leſquelles il a formé ſon plan de vie.

A l'égard même de ce Bien vulgaire & compliqué qu'on appelle communément *Intérêt*, & qui renferme le Plaiſir, les Richeſſes, le Pouvoir & autres avantages extérieurs, combien l'illuſion ne reſſerre-t-elle pas la faculté de penſer. Le Mondain le plus adroit & le plus éclairé ſur ſon intérêt prétendu, montre aſſez combien ſes vues ſont baſſes & mal dirigées: duppe de lui-même mille contretemps fâcheux le puniſſent tour à tour de ſa ſottiſe.

Mais entre tous les vices qui enchaînent la raiſon & la liberté des penſées, le plus funeſte à l'Eſprit humain eſt celui de la Superſtition de la Bigoterie & de l'Enthouſiaſme des Myſtiques. Cette paſſion, non contente de nous tromper & de ſupplanter ſecrétement notre raifon comme les autres vices, déclare ouvertement la guerre, porte des fers aux hommes, & annonce hautement qu'elle veut les aſſervir.

Les hommes artificieux qui dirigent & fomentent cette foibleſſe humaine, déclament contre la liberté de penſer. Aller au de-là des limites qu'ils ont marquées à notre Eſprit, c'eſt un déteſtable ſacrilege. Chez eux, une ame libre, qui juge, raiſonne & agit librement, implique la débauche, la corruption & la perverſité.

En conſéquence de leurs maximes morales & de leurs établiſſemens politiques, toute la notion qu'ils donnent du bonheur, eſt à tous égards diamétralement oppoſée à la liberté. C'eſt à ces gens-là ſans doute que nous ſommes redevables de l'opprobre de ces dénominations injurieuſes, d'*Eſprits-forts* & de *Latitudinaires*: ils flétriſſent également tout uſage généreux & étendu de l'Intelligence. Ils confondroient volontiers la liberté des penſées avec la licence des mœurs, & feroient paſſer pour libertins des gens qui font préciſément *tout le contraire*; car tel eſt l'homme réſolu, qui s'attache invariablement à la raiſon contre tout ce que la paſſion, la prévention, le preſtige ou la mode peuvent lui inſpirer. Mais voilà où eſt le mal. On juge qu'il eſt dangereux d'être trop raiſonnable ou trop maître de ſoi-même dans ce qui ſe tire par de juſtes concluſions de la raiſon ſeule. On ne manque donc guere de proſcrire toute idée de *liberté*. On déroge à la Morale, & on détruit la vraie Philoſophie aux dépens de la Vertu & de cette même idée de *Bonté* ſur laquelle

V.
Part.
Ch. III.
les Chefs de la Superſtition bâtiſſent l'édifice de leur Doctrine lucrative. Ils rafinent ſur le zele du propre intérêt, & ſe moquent de la générofité ; ils mettent une obéiſſance ſervile à la place d'un devoir volontaire & d'un culte libre ; ils donnent l'aveugle ignorance pour une ſublime dévotion ; ils vantent les penſées baſſes, décrient la raiſon, & louent la volupté, la vengeance, la volonté arbitraire, la vaine gloire ; en un mot ils déifient toutes les paſſions foibles qui font plutôt le malheur que l'ornement de la Nature humaine.

Mais la vraie *Liberté* eſt ſi loin de ſervir de ſemblables paſſions, que quiconque agit ſous l'impreſſion d'une ſeule, s'eſt déja préparé un maître ; & celui qui ſe laiſſe entraîner par les conſeils de pluſieurs de ces paſſions, tombe néceſſairement dans la pire des ſervitudes ſous le joug des deſpotes les plus arbitraires.

Ceci n'eſt point un paradoxe : les Ecrivains les plus polis & les plus agréables nous l'apprendront. Les Poëtes licencieux prouvent aſſez par leur exemple l'eſclavage & la miſere du vice. Ils peuvent élever la volupté juſqu'aux cieux, & décocher les plus jolies ſaillies contre la prétendue gêne d'un état vertueux ; mais quand ils viennent à payer le tribut qu'exige l'imperieux plaiſir, c'eſt alors que nous entendons leurs pathétiques gémiſſemens, & que nous ſommes témoins du trouble & des diſgraces qui empoiſonnent leur vie. Leur exemple eſt le meilleur des préceptes, puiſqu'ils ſont ſinceres, qu'ils ne cachent rien, & qu'ils ſe plaignent tout haut. Et c'eſt pour cela qu'on peut justement préférer le plus méchant Poëte à la plupart des Philosophes modernes, ou autres Ecrivains pédantesques d'un rang & d'un nom plus imposant. Les enfans des Muses ne manquent jamais d'exprimer leurs passions, & *écrivent* précisément comme ils *sentent*. Il n'est pas, à la vérité, dans leur pouvoir de faire autrement, lorsqu'ils se livrent à leur veine, & à leur enthousiasme naturel. Ils suivent la Nature, & ses mouvemens qu'ils ressentent en eux, sans songer à déguiser ses libres impressions & ses natives opérations par égard pour un projet ou systême qu'ils auront imaginé à loisir & dans des vues petites & particulieres. Aussi quoiqu'ils soient souvent aux prises avec la vertu, parce qu'elle gêne leur goût libertin, ils lui font d'autrefois réparation, quand ils se plaignent en frémissant que le mérite est négligé, & qu'on leur préfere d'indignes rivaux.

Contra ne lucrum nil valere candidum pauperis ingenium? (*)

Souvent dans leurs Chansons, leurs Odes ou leurs Epigrammes, en un mot, dans leurs pieces mêmes consacrées au plaisir, on trouve la douloureuse confession qu'ils font en faveur de la vertu, & l'on voit au fond de quoi il s'agit.

Nam veræ voces tum demum pectore ab imo
Eliciuntur . . . .

Les Poëtes agréables peuvent dans ces accès

(*) Horat. Epod. 11.

compâtir auffi librement au fort de la vertu que les Tragiques, & pleurer fur le mérite fouffrant; ils peuvent gémir fur les torts de l'oppreffeur, fur les outrages de l'orgueilleux, fur l'infolence des gens en place, & fur les mépris que le patient mérite effuye de la part des méchans.

Les grands Poëtes peuvent expliquer comme ils veulent, pourquoi ils repréfentent nos goûts & nos appetits, l'Amour furtout fous les traits & la forme des petits Génies enfantins à peine fortis de l'enfance. Le but originel & la morale de cette fiction eft de nous montrer, j'en fuis fûr, combien il y a peu de grandeur & d'héroïfme dans ces paffions, combien elles font foibles & puériles en elles-mêmes, & combien nous nous mettons au deffous des enfans en nous foumettant à leurs aveugles directions. Il n'y avoit pas lieu de craindre qu'on juftifiât alors cette Nature enfantine comme aimable & innocente, & qu'on fe trompât fur fon caractere. Les tempêtes des paffions ne font que trop connues, & font affez voir la tyrannie de la troupe folâtre des amours. Cet emblême ne pouvoit manquer de nous rappeller le fouvenir de leurs jeux malfaifans & funeftes. Mais ce qui donna le dernier trait au tableau, ce fut l'image des menaces impérieufes & du ton abfolu, qui fe réuniffant à celle de l'ignorance, de l'enfantillage & de la folie, acheva la peinture de ce miférable & fervile état que les Libertins modernes conjointement avec quelques gens plus graves, admirent & regardent comme le plus digne de notre choix. *Heureufe Si-*

tuation! dit-on; L'heureuse vie que celle des pas-
sions, si l'on pouvoit la continuer! O la misérable
condition, la misérable vie que celle qui est raison-
nable & vertueuse, & que nous devons suivre!

V. PART. CH. III.

Il semble que les hommes se conduisent de même en Morale qu'en Politique. Quand ils sont malheureusement nés dans l'esclavage, bien loin d'être sensibles à leur sort, au destin de leur vie, à l'indignité & aux miseres qu'ils éprouvent, ils admirent au contraire leur condition : accoutumés à ne voir pas plus loin que les limites qu'on leur a marquées de bonne heure, ils regardent la tyrannie comme un état naturel, & croient que le genre humain est dans une situation critique lorsqu'il jouit, sous la protection des loix, d'un gouvernement libre.

Ces réflexions suffisent pour nous faire sentir quels hommes c'étoient que ceux qui causerent d'abord la disgrace de la Raison & de la Liberté de penser, & rendirent odieux le plus noble des caracteres, celui d'un homme qui *pense librement*. Loin de tout cœur généreux ce langage perfide! Jamais il ne consentira à un tel abus des mots. Pour moi je me fie entiérement à l'honnête Raison, & je compte qu'aucun artifice ou illusion ne me rendra jamais le son de la *Liberté* ni effrayant, ni blamable, ni odieux.

Il n'y a pas plus de liberté, selon moi, sous l'empire des passions & des caprices d'une imagination corrompüe, qu'il n'y en a dans un état où le peuple commande & non la Loi. Il n'est aucun peuple qui puisse être vraiment libre

V.
Part.
Ch. III.
dans l'état de société, lorsqu'il est autrement gouverné que par les Loix qu'il a lui-même portées, ou auxquelles il a donné son libre consentement. Or secouer ce joug salutaire pour suivre chaque jour de nouvelles résolutions ou de nouvelles chimeres, varier à chaque instant le tour & la disposition de la machine, sans respect pour les anciennes constitutions ou les regles fixes de l'équité & de la justice; c'est là une servitude, un état violent, une folie, une calamité, qui ameneront à la longue l'établissement irrévocable de la tyrannie.

Celui-là seul est libre dans la conduite de la vie & dans le choix de ses actions, qui ne sent en lui-même aucune raison, ou aucun obstacle, qui l'empêche de faire ce que son jugement le plus réfléchi approuve. Si le vice pouvoit s'accorder avec lui-même, ou si les vicieux pouvoient concilier les divers jugemens de la conscience, ils assureroient peut-être leur liberté & leur indépendance. Mais lorsqu'ils ne peuvent faire ce qu'ils approuvent le plus dans les momens, où ils pensent murement; lorsqu'ils passent comme un objet de propriété d'un maître à l'autre (a) pour différentes vues & raisons qu'ils ignorent entiérement, il est clair que plus ils tournent les yeux vers la vertu & la liberté, comme ils y sont souvent obligés (b),
plus

(a) *Hunccine an hunc sequeris? Subeas alternus oportet Ancipiti obsequio Dominos.* . . . . .

Pers. S. 5.

(b) *Magne Pater Divum, sævos punire tyrannos*

Haud

plus ils fentent leur mifere & leur afferviffement. Ils reconnoiffent leur efclavage, mais fans avoir la force & la réfolution fuffifante pour s'en tirer, & fe rendre à eux-mêmes. Voilà un cruel état:

> . . . . *Video meliora proboque*
> *Deteriora sequor.*

Ainfi les plus fublimes efprits & les volontés les plus revêches contribuent à la plus baffe fervitude. La raifon & la vertu peuvent feules donner la Liberté. Le vice eft honteux & miférable, par ce qu'il eft fervile & rampant.

Nous avons donc plaidé la caufe de la liberté en général, & juftifié celle de notre Auteur en particulier en introduifant un Sceptique dans fon dernier Traité (*), dont nous avons déja parlé fi amplement. Nous pouvons actuellement peut-être par déférence pour l'ufage, ajouter quelque chofe pour la défenfe de la même liberté que nous avons prife dans ces *Mélanges*; puifqu'il feroit injufte & déraifonnable que ceux qui ont fait fi librement les Critiques, ne s'attendiffent pas aux reprefailles.

Quant au ftile de ces Mêlanges, il varie

> *Haud aliâ ratione velis, cum dira libido*
> *Moverit ingenium ferventi tincta veneno;*
> *Virtutem videant, intabefcantque relictâ.*
>
> Pers. S. 3.

(*) Les *Moraliftes*, ou le Sceptique Philoclés porte la parole.

V. PART. CH. III.

beaucoup felon le caractere différent que notre Auteur donne aux perfonnages qu'il introduit dans fes Effais. Il y aura donc ici un ample fujét de critique & de réforme.

A l'égard des obfervations fur l'Antiquité, nous avons en plufieurs cas produit nos autorités, excepté dans les endroits trop fenfibles. Que doit-on penfer de notre jugement dans l'application de ces autorités, & dans les raifonnemens & inductions que nous avons établis fur ces doctes topiques? c'eft ce que nous foumettons à l'avis des Savans & des Sages.

Pour la Morale, dont toute la force confifte dans l'amour de l'ordre, & dans la volonté fincere de rectifier les idées fauffes & les vues erronées, nous attendrons patiemment la cenfure & les avis modérés des feuls juges compétens, les Bons & les Sages, que nous avons uniquement prétendu intéreffer.

Quant à la foi & à l'orthodoxie de notre croyance, nous nous fentons dans une fécurité parfaite & raifonnable, & nous nous flattons de n'avoir fur ces articles ni reproches ni cenfures équitables à craindre. Tel eft le religieux refpect, telle eft la vénération profonde que nous portons à la Révélation, que nous nous fommes abftenus de nommer les divins myfteres qu'elle nous a tranfmis. Et c'eft avec toute la confiance de la Vérité que nous déclarons n'avoir jamais fait de ces recherches fublimes la matiere d'aucun écrit public ou particulier, & que dans notre conduite nous nous fommes toujours *conformés* aux preceptes de l'Eglife autorifée par nos Loix; en forte qu'on peut dire avec la derniere exactitude, que fortement attachés au culte qu'elle prefcrit, nous embraffons & adoptons fes dogmes dans toute leur étendue, fans que leur profondeur impénétrable altere en aucune maniere notre croyance. Quoique nous fentions qu'il feroit cruel d'ôter aux autres la liberté de l'examen & des recherches modeftes fur ces fujets importans: cependant pour nous, qui n'éprouvons pas le moindre fcrupule en pareil cas, nous n'avons pas befoin d'indulgence à cet égard, parce que nous fommes bien fûrs de notre ferme foi & foumiffion aux doctrines Chrétiennes & Catholiques de notre Ste. Eglife, telles qu'elles font établies par la Loi.

Il eft vrai que nous avons foutenu comme une jufte & légitime étude les difcuffions critiques qui ont lieu dans cette occafion, favoir l'examen des *Originaux*, *Textes*, *Glofes*, *Variantes*, *Stiles*, *Compofitions*, *Manufcrits*, *Compilations*, *Editions*, *Publications* & autres circonftances communes aux Livres Sacrés comme aux autres Ecrits. Nous avons toujours infinué que cette efpece de Critique eft également néceffaire à la confervation comme à la pureté des Ecritures; de ces Ecritures qui fe font fi miraculeufement perpétuées dans les Copies fucceffives qu'on en a faites fous les yeux de Saints & favans Critiques, comme on doit le fuppofer, & qui ont été tranfmifes à travers tant de fiecles d'ignorance & d'obfcurité jufqu'à ces derniers tems, où la Littérature eft heureufement reffortie du fein des ténebres.

Mais fi l'ufage de cette liberté excite quelques mécontentemens, nous fupplierons le Lecteur chagrin de nous permettre de mettre les chofes au pis: c'eft que fi cette fimple & nette expofition leur paroît condamnable, il faut nous condamner abfolument; finon, il faut nous traiter avec la même indulgence que d'autres ont éprouvée en pareil cas.

Qu'on fouffre donc qu'imitant la marche ou la forme de notre Auteur, nous rapportions un Entretien auffi *libre* que celui où fon Sceptique expofe clairement fes penfées, & tient le bureau.

Ce fut dans une plus confidérable & plus nombreufe compagnie, qu'un homme d'un certain rang, qui paffoit généralement pour avoir affez de réferve au fujet de la Religion, & pour y déférer en apparence avec fincérité, fe trouva piqué par une fortie impertinente de certains bigots, ce qui le jetta dans une apologie ouverte non feulement de la *liberté de penfer*, mais même de la *liberté du Culte* & de la *liberté de parler*.

Quelques-uns de ceux qui étoient préfens, après l'avoir un peu preffé fur ce qu'ils s'imaginoient être fon principe, commencerent à infifter fur la néceffité de réduire les hommes à une feule croyance, à une feule formule de culte. Plufieurs autres, de ceux mêmes que l'on regardoit pour fort modérés la-deffus, donnerent tellement dans cette opinion fanatique, qu'ils convinrent que quoiqu'on n'eut pas encore trouvé le jufte moyen de concilier les différences d'opinions, il étoit très-important qu'on fongeât à en imaginer une, parce qu'à leur avis, tant que ces oppofitions fubfifteroient, la Religion ne pourroit faire les progrès convenables.

Notre Philofophe répondit froidement d'abord qu'il ne croyoit pas qu'on dut entreprendre comme une chofe *néceſſaire* ce qui étoit *impraticable*. Mais ce mot ayant été pris en mauvaife part, il fe vit forcé de fe défendre le mieux qu'il put, & de foutenir qu'il ne falloit pas empêcher la différence d'opinions; il ajouta qu'il étoit impoffible que tout le monde fut d'un même fentiment.

„ Je fais bien, dit il, que plufieurs perfon-
„ nages pieux, frappés des inconvéniens que
„ la variété des opinions produit *accidentelle-*
„ *ment*, fe font crus obligés d'arrêter ce fu-
„ nefte torrent, & ont fait en conféquence
„ quelques effais. Les uns ont tâché d'unir les
„ Sectes en propofant un *Guide* qu'elles fuffent
„ toutes tenues de fuivre ; fe flattant que l'u-
„ nité du *guide* produiroit l'unité des *efprits*.
„ Mais on fe difputa tellement fur ce *guide*
„ même, que ce fut encore un nouvel incendie
„ qu'il falloit éteindre. D'autres fongerent à
„ une *Regle*... C'étoit un moyen efficace d'u-
„ nion! Cela devoit réunir les hommes, où il
„ n'y avoit plus d'efpérance. Mais en fuppo-
„ fant que tout le monde eût adopté cette Re-
„ gle, l'interprétation en fut fi diverfe qu'elle
„ aggrava encore le mal."

Sur ce préambule, toute la compagnie preffa encore plus vivement notre Raifonneur: on lui objecta l'autorité de l'Ecriture, & on foutint qu'elle étoit une *Regle* ou un *Guide* fuffifant.

On lui opposa ce mot connu d'un fameux Controversiste de notre Eglise contre les Controversistes d'une autre, savoir que *L'Ecriture est la Religion des Protestans.*

L'Adversaire demanda d'abord seulement qu'on lui expliquât le terme d'*Ecriture* en examinant les originaux de cette Collection de Livres anciens & d'autres plus modernes, qu'on comprenoit en général sous ce titre. Il demanda si c'étoient les Ecrits *apocryphes* ou les plus *canoniques*, les *douteux* ou les *certains*, les *controversés* ou ceux qui ne le sont pas, ceux qui n'ont qu'une seule *leçon* ou ceux qui en ont différentes, le texte de *ces* Manuscrits, ou le texte de *ceux-là*, les *copies*, les *titres*, les *catalogues* de *cette* Eglise & de *cette* Nation, ou d'une *autre*, de *cette* Secte ou d'une *autre*, de *ceux* qui dans un siecle s'appellent Orthodoxes & ont le pouvoir en main, ou des *autres* qui les supplantent ensuite, & qui s'arrogent à leur tour l'autorité dans les choses saintes? En effet, dit-il, quiconque a la moindre connoissance de l'Histoire des tems primitifs & de ces hommes que nous appellons Peres de l'Eglise, pourroit aisément concevoir comment ces monumens sacrés se sont conservés.

„ Il faut avouer, continua-t'il, que ces Pe-
„ res employerent une étrange industrie, &
„ une malheureuse diligence: il ne reste d'au-
„ tres monumens ou pieces instructives sur tant
„ d'Héréfies qui les ont occupés, que ce qu'ils
„ nous ont eux-mêmes transmis à ce sujet,
„ quoiqu'ils fussent leurs adversaires. Or on
„ sait que les adversaires, surtout ceux qui sai-

„ fiſſent toute occaſion de décrier la perſonne
„ & la doctrine de leurs ennemis, ne ſont pas
„ toujours les meilleurs témoins ou dépoſitai-
„ res de l'hiſtoire. Nous le voyons, ajouta
„ le Philoſophe d'un ton très-emphatique,
„ mais un peu embaraſſé, nous le voyons de
„ nos jours: une Secte ne rend pas bon comp-
„ te de ſon ennemie. Or ſi l'on ne peut ſe
„ fier aujourd'hui à l'Hiſtoire d'un fait, au-
„ jourd'hui; dis-je, qu'il eſt aiſé, ſurtout aux
„ antagoniſtes intéreſſés, de découvrir l'im-
„ poſture, il eſt bien plus probable que la poſ-
„ térité ne ſaura que ce qu'on voudra bien lui
„ transmettre."

Ce diſcours avoit déja extrêmement ſcanda-
liſé la compagnie: on accabla le téméraire plutôt de vifs reproches que de bons argumens.
Cela ne ſervoit néanmoins qu'à l'animer davantage, & il continua, avec la même hardieſſe
& le même air de déclamation, ſa Critique gé-
nerale des Ecritures.

„ Il y a, dit-il, ſans doute une infinité d'en-
„ droits qui renferment de grands myſteres,
„ mais ſi cachés, ſi obſcurs, ſi enveloppés,
„ ſi relevés par le ſtile, ſi couverts d'allégo-
„ ries & de figures de Rhétorique, ſi profonds
„ dans le ſujet, ou ſi altérés & embrouillés
„ dans la forme, qu'il ſemble qu'ils ont été
„ laiſſés, plutôt pour éprouver notre eſprit,
„ ou nous fournir l'occaſion d'exercer la cha-
„ rité & la tolérance mutuelle, que pour être
„ le dépôt de notre Foi, & nous offrir des
„ Simboles indiſpenſables. En effet, puiſqu'il
„ y a tant d'explications & de commentaires

„ de ces Ecrits, tant de sens & d'interpréta-
„ tions, tant de copies dans tous les siecles,
„ & qui semblables aux visages des hommes,
„ different tous les uns des autres; il faut
„ absolument, ou que cette différence ne soit
„ pas un défaut, ou si cen est un, il est inex-
„ cusable. Il y a d'ailleurs tant de milliers de
„ copies écrites par des gens opposés d'inté-
„ rêts & de croyance, tant d'esprits & de ca-
„ racteres divers, tant de différentes manie-
„ res de voir les choses suivant la portée
„ des génies, qu'il n'est pas étonnant qu'il
„ y ait tant de leçons différentes, des phra-
„ ses entieres dans une copie qui ne sont pas
„ dans l'autre, & des Livres entiers adoptés
„ par une Communion & rejettés par l'autre.
„ Considérez encore qu'on a eu grand nombre
„ d'objets différens dans l'exposition de ces
„ Ecritures; on leur a donné plusieurs sens,
„ & quand on a trouvé la signification gram-
„ maticale, nous n'en sommes pas plus avan-
„ cés. Puis donc que l'Ecriture est suscepti-
„ ble de plusieurs sens, & qu'il y a peu d'en-
„ droits assez caractérisés pour n'être suscepti-
„ bles que d'un seul; si les hommes veulent
„ faire des Commentaires d'imagination, quel
„ infaillible *Criterium* restera-t'il pour juger
„ du sens certain des endroits controversés?
„ J'observe encore qu'il y a divers passages
„ dans les Livres sacrés qui renferment des
„ Misteres & des questions de grande impor-
„ tance: telle est cependant la nature du
„ tout, qu'il n'y a pas de marque certaine pour
„ déterminer lorsque le sens doit être pris pour

„ litteral ou pour figuré. Il n'y a rien qui dé-
„ cide le fens; mais il faut le deviner comme
„ on peut. C'eſt pourquoi il n'eſt pas raiſon-
„ nable d'exiger que ce qui eſt de ſoi-même
„ ambigu ſoi entendu dans ſon ſens primitif
„ ſous peine de péché ou d'anathéme. Des Sa-
„ ges, & même des anciens Peres ont tourné
„ en allégories ce qu'ils euſſent dû expliquer
„ litteralement. D'autres ont recours au ſens
„ Litteral, lorſqu'ils devroient prendre l'allé-
„ gorie. Si de pareils génies ont pu ſe trom-
„ per ſur le ſens qu'il faut donner aux Ecritu-
„ res, on peut bien ſouffrir que nous qui ſom-
„ mes à leurs pieds, tombions dans les mêmes
„ erreurs. Si nous devons ſuivre une Verſion
„ ou le Commentaire d'un Interprête, quel re-
„ gle avons nous pour bien choiſir? Eſt-il
„ même un homme qui ait traduit *parfaitement*,
„ ou expliqué *infailliblement*? Si nous prenons
„ le parti de ſuivre un Gloſſateur, ſeulement
„ auſſi loin qu'il nous plaît, nous aurons dans
„ ce cas tort ou raiſon au hazard. Si nous nous
„ en tenons décidément à un, dans quelque
„ endroit qu'il nous mene, il eſt probable que
„ nous viendrons à la longue à un point, où
„ s'il nous reſte encore des yeux, nous ver-
„ rons que nous faiſons une figure aſſez ridi-
„ cule."

Le Lecteur reconnoîtra peut-être ici aiſément un certain air d'apprêt & de déclamation, qui n'eſt pas abſolument convenable ou
naturel dans la bouche d'un homme du monde,
ni propre dans une compagnie, où le Diſcours
eſt alternatif ſans deſſein & ſans prétention.

V. Part. Ch. III.

Il y avoit d'ailleurs quelque chose de si emphatique dans l'action de notre Sceptique, que certaines personnes présentes, plus aigries encore de ses expressions, commencerent à l'accuser d'être l'apôtre d'une Doctrine pernicieuse, d'attaquer de front la Religion, & de porter partout ses maximes funestes pour les *répéter* au vulgaire ignorant & le séduire.

Il est vrai, répondit le Philosophe, que ce que je me suis hazardé de *répéter* s'addresse principalement à ceux que vous appellez ignorans; je parle de ceux, qui plongés dans les affaires du monde, n'ont pas eu beaucoup de loisir pour méditer sur ces importantes questions. Quant à vous, Messieurs, en particulier, qui êtes si révoltés de ma liberté, je suis bien sûr que vous êtes assez instruits pour sentir la vérité de toutes mes assertions. Il peut cependant se faire que votre grande sagesse juge à propos de cacher ces discussions à ceux qu'il vous plaît d'appeller le *vulgaire*. De plus je vous avoue que ce que j'ai dit n'est pas de mon chef. Ce n'est que ce qui a été solemnellement publié même par un homme de l'ordre Episcopal, un des plus illustres membres (*) de notre Clergé, com-

(*) Le pieux & savant Evêque Taylor dans son *Traité sur la liberté de Prophétiser*, imprimé dans son Recueil de Discours Polémiques & Moraux, an. 1657. Voici en quels termes il récapitule son sentiment au sujet des Livres Sacrés, de la liberté de la Critique & du jugement particulier sur cette matiere. ,, Puisqu'il y a ,, tant de Copies, & des leçons différentes à l'infini, ,, puis qu'une ponctuation différente, une parenthese, ,, une lettre, un accent, peuvent beaucoup altérer le

me il paroît par plusieurs Ouvrages pieux, où V.
éclatent la pompe & la dignité du Culte, & PART.
CH. III.

„ sens; puisqu'il y a certains endroits qui ont divers
„ sens litteraux, qu'il y en a plusieurs qui en ont un
„ spirituel, un mystique, & un allégorique; puisqu'il
„ y a tant de tropes, de métonimies, d'ironies, d'hi-
„ perboles, d'expressions propres & impropres, dont
„ l'intelligence dépend de telles circonstances qu'il est
„ presque impossible de connoître l'exâcte interpréta-
„ tion, aujourd'hui que la connoissance de ces circon-
„ stances & Histoires particulieres, est irréparablement
„ perdue; puisqu'il y a quelques mysteres, qui malgré
„ la clarté de l'expression ne sont pas faciles à entendre,
„ & dont l'éclaircissement doit être, à raison de notre
„ foiblesse, obscure, quelquefois foible, quelquefois
„ inintelligible; enfin puisque les moyens ordinaires d'in-
„ terprêter les Ecritures, tels que la recherche des ori-
„ ginaux, la confrontation des passages, la parité de
„ raison & l'analogie de la Foi, sont douteux, incer-
„ tains & très-faillibles; l'homme le plus sage, & con-
„ séquemment celui qui probablement doit approcher
„ le plus près de la vérité, sera bien éloigné de s'y fier,
„ parce que chacun de ces moyens & plusieurs autres
„ sont autant de divers dégrés d'improbabilité & d'in-
„ certitude, qui tous affoiblissent la certitude de trouver
„ la vérité dans ces misteres & au milieu de tant de
„ difficultés. C'est pourquoi un Sage qui considere tout
„ cela, n'est pas trop disposé à recevoir la loi des au-
„ tres; car il vaut mieux que chaque homme conserve
„ la liberté qu'aucun autre homme, ne peut lui ôter
„ justement, à moins qu'il ne puisse le garantir de l'er-
„ reur." L'Auteur avoit avoué un peu auparavant que
nous avions l'autorité des Apôtres pour appuyer notre
Foi. „ Mais dans ce cas, ajoute le bon Evêque avec
„ beaucoup de sincérité, notre certitude diminue à me-
„ sure que nous nous éloignons de la source.... C'est
„ pourquoi il conviendroit fort que notre confiance se
„ rapportât à l'évidence, & notre zele à notre confian-
„ ce..... L'Ecriture, dit-il encore ailleurs, la Tra-
„ dition, les Conciles & les Peres forment l'évidence

où l'on reconnoit le grand Prélat. En effet les Traités de l'illustre Auteur sont à la tête de ces *bons Livres* dont les Dévots les plus polis des deux Sexes font usage. Ils tiennent le premier rang dans la bibliotheque des plus célebres Théologiens. Ils paroissent en *in-folio*, ornés d'estampes, de dorures & autres décorations sur les tablettes des Cabinets des Dames. Ils servent en toutes saisons & en tous lieux, aussi bien à l'église qu'à la maison : en un mot ils peuvent concourir avec tous les Livres de dévotion d'Angleterre. Quant à la vie & au caractere de l'Auteur, vous pouvez crier contre, Messieurs, si vous le jugez à propos, vous qui êtes du nombre des zélés. C'est votre méthode, je le sais, & ce que vous ne manquez jamais de faire quand on produit quelque autorité contre vous. Des critiques personnelles vous tirent d'embarras en pareille occasion. Que l'Auteur cité soit saint, vertueux, honnête, n'importe! Qu'il ait été même dans votre parti dans vos intérêts; cela n'est rien. S'il a indiscrétement révélé quelques vérités, quelques secrets qui attaquent les intérêts temporels de certaines Sociétés, il est aussitôt calomnié & diffamé.

„ dans une question; mais la raison est juge; c'est-à-di-
„ re qu'étant les personnes qu'il faut persuader, nous
„ devons voir si l'on nous persuade raisonnablement :
„ il est déraisonnable de se rendre à une moindre évi-
„ dence, quand il s'en présente une plus grande & une
„ plus claire. C'est de quoi chaque homme doit pren-
„ dre connoissance pour lui-même, s'il est capable de
„ juger; s'il ne l'est pas, il n'est obligé d'en rien con-
„ noitre."

Je veux cependant répéter encore une fois cette expérience, continua le Sceptique, & vous produire une autre autorité du même poids pour conclure. Je me servirai des termes propres du grand Auteur que je veux citer, puisque je n'ai plus sujet de faire un myſtere de tout cela, & de l'accommoder au ſtile plus familier de la converſation.

L'illuſtre Archevêque, qui eſt le dernier Pere de notre Egliſe (*) traitant en termes exprès d'une *Regle de Foi* contre Mrs. S. & R. ſes adverſaires de la Religion Romaine, montre clairement combien il eſt honteux, au moins pour nous autres Proteſtans, quoiqu'en penſent les Romains, d'interdire la différence d'opinions, & l'examen particulier des anciens monumens & de la tradition de l'Ecriture, tandis que nous n'en avons aucune *orale* ou *verbale*, ni aucun motif de s'en rapporter à un Juge ſupérieur & abſolu. Il n'y a point de jugement définitif là-deſſus. Il n'eſt point d'homme particulier, point de ſociétés d'hommes, qui ne ſoient par notre propre confeſſion, faillibles, & ſujets à l'erreur.

„ Les Proteſtans, dit le Prélat parlant au
„ nom de Mr. S. & des Romains, ne peu-
„ vent ſavoir de combien de livres doit être
„ compoſé le Canon des Ecritures, & qui ſont
„ ceux qui ſont apocryphes ou canoniques.
„ Mais je réponds, ajoute-t'il, qu'il y a préci-
„ ſément autant de Livres canoniques qu'il y
„ en a qu'on n'a jamais révoqués en doute."

(*) Tillotſon dans ſa *Regle de Foi*.

V.
Part.
Ch. III.

Peut-être que notre Archevêque n'étoit pas obligé d'appuyer aſſez cette objection pour ajouter encore que la méthode de brûler, de ſupprimer, & d'interpoler employée de ſi bonne heure contre les Epitres, les Commentaires, les Hiſtoires, & les Ecrits des Orthodoxes & des Hérétiques des premiers tems, nous a mis dans l'impoſſibilité d'aſſurer quels furent les Livres, les Copies &c, ſur leſquels il n'y eut jamais la moindre diſpute. Ce ſeroit là en effet un point peu facile à démontrer. Mais le Prélat continue en montrant la foibleſſe de cette colomne de la Religion Romaine, la Tradition.

„ Il faut reconnoître, dit-il, ou que quelques
„ Livres ont été controverſés ou non. S'ils ne
„ l'on pas été, pourquoi produire une ſuppo-
„ ſition de Livres controverſés? Si la Tradi-
„ tion Orale reconnoit que certains Livres ont
„ été controverſés, elle ne peut donc nous
„ aſſurer qu'ils ne l'ont pas été, ni conféquem-
„ ment qu'ils doivent être reçus comme n'ayant
„ jamais été conteſtés: elle ne peut les donner
„ que pour des Livres au ſujet deſquels les E-
„ gliſes qui furent autrefois en diſpute, ont
„ avoué depuis qu'ils ſont canoniques (*); Où

(*) Le même Auteur ajoute ces mots immédiatement après: „ L'Egliſe qui ſe fonde ſur la Tradition, reçoit
„ aujourd'hui l'*Epitre aux Hébreux* comme Canonique.
„ Je demande ſi elle l'adopte, comme ſi elle eut tou-
„ jours paſſé pour telle? Cela doit être, ſi elle l'a re-
„ çue par la Tradition Orale, qui tranſmet les choſes
„ comme ayant toujours été en uſage. Cependant St.
„ Jérome, parlant, non pas comme un Spéculateur,
„ mais comme un témoin, dit expreſſément que l'uſage

„ eſt donc l'infaillibilité de la Tradition Ora-
„ le? Comment la voix actuelle de l'Egliſe
„ d'aujourd'hui peut-elle nous certifier qu'elle
„ a toujours reçu les Livres qu'elle reçoit à
„ préſent? Si elle ne ſauroit en venir à bout,
„ mais qu'il faille diſcuter la queſtion par les
„ meilleurs documens des premiers âges, com-
„ me les Proteſtans le prétendent pour fixer
„ le Canon des Ecritures, il ſemble alors que
„ les Proteſtans ont une méthode de diſcerner
„ les Livres Canoniques préférable à la voie
„ prétendue infaillible de la Tradition Orale;
„ & tant qu'elle ſera la meilleure, qu'importe
„ qu'on ne l'appelle pas infaillible!"

Tels ſont les termes du franc & généreux Archevêque. En effet quel procédé plus généreux que celui d'avouer hautement & ſans fard la vérité, lors même qu'un Adverſaire peut en tirer le plus grand avantage? C'eſt pourquoi le digne Prélat, parlant encore immédiatement après dans la perſonne de ſon Adverſaire, s'exprime de la ſorte: „ Les Proteſtans ne
„ peuvent ſavoir ſi l'Original, ou une parfai-
„ te copie de ces Livres s'eſt véritablement
„ conſervé..... Cela n'eſt pas néceſſaire, dit
„ Tillotſon: il ſuffit qu'ils ſachent que leurs co-
„ pies ne ſont pas matériellement corrompues.
„ Mais comment l'Egliſe Romaine ſait-elle

„ de l'Egliſe Latine ne l'admet pas au nombre des Ecri-
„ tures Canoniques. Que dit Mr. S. à cela? Il eſt
„ clair ſur cette dépoſition que l'Egliſe Romaine ne re-
„ connoiſſoit pas cette Epitre pour Canonique du tems
„ de St. Jérome, & il eſt également évident que l'E-
„ gliſe Romaine la reçoit aujourd'hui pour telle."

V.
PART.
CH. III.

,, qu'elle a de vraies & parfaites copies de l'E-
,, criture dans les Langues originales ? Elle ne
,, prétend pas favoir cela : les Savans de cette
,, Communion reconnoiffent comme nous les
,, diverfes leçons, & ne prétendent pas déci-
,, der autrement que par des conjectures pro-
,, bables, comme nous faifons auffi, laquelle
,, de ces leçons eft la *véritable* (*). "

Voi-

(*) Le Lecteur jugera peut-être digne de fon attention ce que l'Archevêque avance au fujet de la plaufible
introduction de dogmes abfurdes lorfque l'habitude de
faire des Symboles devint à la mode. On peut concevoir en conféquence combien la méthode de dogmatifer
a toujours été familiere aux Théologiens. ,, Nous fup-
,, poferons que vers le tems où l'*Ignorance* univerfelle,
,, & fa fille (la *Devotion* ou *Superftition*) regnoient def-
,, potiquement dans le monde, lorfque tous ou prefque
,, tous les hommes étoient avides de chofes étranges,
,, & qu'on leur propofoit les plus grandes contradictions
,, fous le titre de Myfteres, parce que leurs Prêtres &
,, leurs Guides déclaroient que plus une chofe contre-
,, difoit la raifon, plus il y avoit de mérite à la croire;
,, nous fuppoferons, dis-je, qu'alors un ou deux des
,, hommes les plus célebres qui fuffent dans l'Eglife,
,, ayent de deffein formé, ou par ignorance, ou par
,, méprife fur le vrai fens des paroles de notre Sauveur
,, lors de la Confécration, avancé cette nouvelle doc-
,, trine, que les mots de la Confécration &c. Il n'é-
,, toit pas étonnant que l'ambitieux Clergé de ce tems-
,, là, produifit cette doctrine, comme un moyen qui
,, devoit naturellement infpirer plus de vénération pour
,, lui. Il n'étoit pas moins probable que cette doctrine
,, prendroit parmi le vulgaire dans un âge prodigieufe-
,, ment ignorant, très-enclin à la fuperftition, & con-
,, féquemment fort difpofé à recevoir les plus groffieres
,, abfurdités en qualité de Myfteres..... Or fuppofant

qu'u-

Voilà les citations, continua le Sceptique, que vous m'avez forcé d'appliquer à ma défense, pour vous prouver que je n'ai rien avancé sur la Religion, la Foi & les Misteres, qui n'ait été justifié & confirmé par les plus fameux Théologiens. Vous pouvez actuellement renchérir sur vos invectives, & parler aussi librement que votre charité ou votre politesse le jugera à propos. Vous, respectables personnages, qui avez pris ici un rôle qui vous met au dessus de nous autres hommes vulgaires, & qui vous dispensez de la bienséance à laquelle nous sommes asservis dans le rang subalterne où nous nous trouvons placés; vous pouvez distribuer libéralement vos pieux complimens dans quel

„ qu'une telle doctrine si conforme au caractere du sie-
„ cle, fut soutenue par hazard, ou de dessein formé,
„ elle devoit se répandre comme la flamme d'un incen-
„ die, principalement si un ou deux de ces hommes qui
„ dominent dans l'Eglise, l'appuyoient avec le sérieux
„ & la dignité convenables.... Quant aux contradic-
„ tions qu'implique cette doctrine, on disoit au peuple,
„ comme on le dit encore à-présent, que les contra-
„ dictions ne doivent pas être un obstacle en matiere de
„ Foi; que plus une chose est impossible, plus elle est
„ propre à être crue; qu'il n'y a pas grand mérite à
„ croire de simples possibilités, mais que l'héroïsme de
„ la Foi, & le moyen de se concilier pour toujours les
„ bonnes graces du Tout puissant, sont de croire nette-
„ ment & sans scrupule des contradictions.... Plus une
„ chose est absurde & déraisonnable, plus elle est pro-
„ pre à former un article de Foi. Si on objecte à ces
„ bons croyans quelque innovation de ce genre comme
„ contraire à l'ancienne croyance, ils montrent alors
„ toute la force de leur foi en regardant ces dogmes
„ contraires, comme un seul & même dogme."

Tome III. R.

ſtile vous trouverez bon. Quant à moi, ni les noms d'Hétérodoxe, de Schiſmatique, d'Hérétique, de Sceptique, ni même ceux d'Infidele ou d'Athée ne me ſcandaliſeront pas le moins du monde, tant qu'il n'y aura que vous qui prononcerez l'anathême. Au contraire, je m'efforce plutôt de combattre la vanité qu'une telle faveur pourroit naturellement exciter en moi : car quoique vous vous propoſiez au fond par de pareils outrages, il m'eſt impoſſible de ne pas les prendre pour une faveur, puiſqu'il y a certaines haines qu'il ſera toujours honorable de mériter.

Si contre l'uſage & les regles de la converſation, j'ai ſi longtems occupé l'attention de la compagnie ſans lui donner un moment pour reſpirer, j'eſpere qu'elle m'excuſera, en conſidérant les graves accuſations & les odieuſes perſonalités dont on a voulu me flétrir publiquement, ſans que j'aie nullement provoqué la bile des zélateurs auxquels je viens de répondre. Quoiqu'après avoir tant manqué de charité, comme il leur eſt ordinaire, ils préſument que je ſuis de mon côté dans le même cas, j'oſerai cependant leur donner ce bon avis avant que de finir : c'eſt que puiſqu'ils ſont ſi enflés de quelques prétendus avantages d'un ſuccès qu'ils ne ſont pas en état de ſupporter, ils s'abſtiennent au moins d'accumuler trop précipitamment ces ſublimes dénominations, ces titres & ces marques d'autorité, qui annoncent peut-être d'avance ce qu'ils ſe flattent de devenir dans la ſuite, mais qui juſqu'ici ne prouvent point un pouvoir réel. Cette morgue & cette contenance leur iront bien mieux, lorsqu'ils auront pris possession de ce qu'ils attendent. Mais afficher par anticipation de grands titres, des honneurs & des dignités de mots, qui sont contraires à l'ancien usage, quoique cela puisse être aujourd'hui fort à la mode, il n'en résultera à la fin rien d'avantageux.

Je conseillerois particuliérement à mes dévots Adversaires, qu'entre tant de titres qu'ils s'arrogent, ils usent plus modérément de celui d'*Ambassadeurs*, jusqu'à ce qu'ils ayent l'occasion & les moyens d'y joindre celui de *Plénipotentiaires*: car vu le train actuel des choses en Angleterre, ni la commission qu'ils reçoivent du Souverain, ni celle qu'ils prétendent tenir du Ciel, ne caractérise aucun pouvoir absolu ou décisif.

Les premiers Apôtres portoient avec eux leur propre témoignage dans leurs Vies, leurs Mœurs, leur Conduite, aussi bien que dans leurs œuvres puissantes, les Miracles & autres Signes du ciel: & quoique le moindre trait de ressemblance entre nos Apôtres actuels & leurs prédécesseurs par rapport à la conduite pût être regardé comme un vraie miracle, cependant ils en ont encore d'autres à faire, avant qu'ils soient en droit de se regarder comme leurs successeurs réels & s'arroger une autorité apostolique. En effet, quoiqu'un Saint Apôtre ait peut-être fait usage, dans l'impétuosité de son stile sublime & figuré, des mots d'*Ambassade* & d'*Ambassadeur*, pour exprimer l'excellence de sa Mission, il seroit à souhaiter que certaines gens qui n'ont jamais eu de commission

V. PART. CH. III.

de la part de Dieu, employaſſent un titre plus modeſte pour caractériſer la négociation volontaire qu'ils établiſſent entre le ciel & nous.

Je confeſſe de mon côté que le mot d'*ambaſſade* appliqué dans cette occaſion, eſt un peu tiré de loin, & dans le ſtile métaphorique. Mais je ſuis ſûr que s'il y a actuellement quelques *Envoyés*, ce n'eſt point de la part de Dieu, mais du Magiſtrat ou des Puiſſances temporelles : voilà par quelle autorité ces *Agens* ſont établis ſur nous. Ils ont ſans doute une *Chartre* legale, un caractere, des titres, une prééminence, des vétemens, leurs habits de guerre, des couleurs propres, des marques diſtinctives. Mais ils peuvent bien ſentir que toutes ces marques uniquement conférées par les hommes, ne ſuffiſent pas pour leur communiquer la même autorité qu'avoient ceux qui étoient immédiatement autoriſés par le ciel, par des ſignes & des prodiges. Alors il ne falloit que des yeux & des ſens ordinaires pour diſtinguer la Commiſſion ou l'Ambaſſade céleſte.

En accordant néanmoins comme une vérité certaine que cette Ambaſſade compte une ſucceſſion de mille ou de près de deux-mille ans, comment ſavoir ce qui lui eſt arrivé, de quelle maniere elle s'eſt toujours ſoutenue ou renouvellée, combien de fois elle a été ſans action, ou même diviſée parmi les prétendans ? Qui ſont ceux chez les Modernes, qui par la vertu de quelque témoignage immédiat du ciel, ont la même prérogative ? Où ſont les Lettres Patentes, les Créances &c ? car par la nature de la choſe, tout cela doit être viſible & authentique.

REFLEXIONS DIVERSES.

V.
PART.
CH. III.

Un Indien de la fuite des Ambaſſadeurs que quelques Nations *Payennes* nous ont envoyés derniérement, s'occupant un Dimanche à viſiter nos Egliſes, & demandant à ſon Interprête quels étoient ces éminens perſonnages qui haranguoient ſi longtems d'un lieu élevé & avec tant d'autorité; on lui répondit que c'étoient des Ambaſſadeurs du Tout-puiſſant, ou (dans le ſtile Indien) du *Soleil*. Que l'Indien ait pris ſérieuſement ou pour une raillerie cette replique, c'eſt ce qu'on ne ſait pas: mais ayant paſſé enſuite dans les Chapelles d'autres Ambaſſadeurs de l'Egliſe Romaine ou de Communions Non-Conformiſtes, où tout ſe paſſoit avec une grande réſerve & beaucoup moins d'appareil, il demanda ſi c'étoient auſſi des Ambaſſadeurs d'en-haut. On lui dit qu'ils avoient été ci-devant de l'Ambaſſade, & qu'ils avoient eu les principales Egliſes qu'il avoit vues; mais que d'autres leur avoient ſuccédé. Eh bien, reprit l'Indien, ſi ceux-là étoient Ambaſſadeurs du Soleil, je crois que ceux-ci le ſont de la Lune.

Suppoſons en effet qu'un homme, non pas un Payen, mais un bon Chrétien, connoiſſant les Originaux des Ecritures, mais ignorant les rites, les titres, les habits & les cérémonies dont il n'eſt pas parlé dans ces Livres, eut voulu s'inſtruire à ce ſujet. N'auroit-il pas pu demander avec une humble ſoumiſſion ce que vouloit dire cette ſublime Ambaſſade; s'adreſſer à quelques officiers ſubalternes, ou autres gens de la ſuite, pour s'informer doucement du lieu d'où elle vient, de ſon équipage, de

ceux qui l'entretiennent & de ceux qui l'établissent & l'autorisent? ,, Messieurs, est-il
,, vrai que leurs Excellences de l'Ambassade
,, actuelle sont les seuls délégués? Ou bien y
,, a-t'il autant de délégués qu'il y a de prétendans. Dans ce cas, il n'y a pas grand danger qu'on s'attache à ceux que l'on voudra.
,, Nous avons le choix libre pour suivre les
,, Ambassadeurs qui nous reviennent le plus.
,, Mais s'il n'y a qu'une seule Ambassade véritable, nous avons à ce qu'il semble de bonnes raisons pour regarder autour de nous,
,, pour examiner de près la question & choisir
,, avec réserve, de crainte des fausses Lettres
,, de créance, puisqu'il y a ailleurs tant d'autres Commissions qui croisent celle de ce pays."

Il seroit passablement difficile de bien discerner à ce sujet au milieu de tant de troubles, de débats, de bravades entre les champions de croyances opposées, qui opposent Commmission à Commission, & qui se dévouent mutuellement à l'anathême, à l'enfer & à la réprobation.

Les différens partis sont si éloignés de produire ouvertement leurs commissions prétendues, ou de les prouver par des monumens originaux immédiatement autorisés par le ciel, qu'ils ne veulent pas même que nous examinions ces monumens, & refusent de soumettre l'examen de leurs titres au jugement profane des humains.

Un Poëte de notre Nation insinue néanmoins en leur faveur qu'ils en agissent avec assez de franchise à cet égard; car quand le Peuple mécontent apostrophe ainsi les Prêtres: *Vous pre-*

nez fans peine ce que nous amaſſons avec ſoin, & devant entretenir l'ambaſſade, nous trouvons que toute votre troupe en fait partie, & qu'il n'y a que le ciel qui pouvoit nous envoyer un ſi grand cortege. L'Apologiſte excuſant enſuite cette hardieſſe du peuple & cherchant à adoucir par de belles paroles les Prêtres irrités, leur dit avec la modération qu'il ſuppoſe être leur caractere: *Souffrez ſon indiſcrétion, vous qui êtes ſi modérés, pour faire voir que votre ſolide ſcience compte tellement ſur elle-même que vous ne craignez aucune épreuve; car l'art des Sceptiques eſt bien foible* (*) Il ſemble que le Poëte n'a jamais ſongé que les Prêtres puſſent manquer à la modération, qu'elle pût ceſſer d'être à la mode parmi eux, & que le mot même pût être décrié comme indigne de leur état. Ils ſont aujourd'hui ſi peu capables de ſouffrir un Sceptique, ou l'obſervateur le plus modeſte & le plus diſcret que c'eſt un crime énorme d'écouter un argument contraire à leurs aſſertions, ou de lire la moindre objection qu'on leur oppoſe. Tandis qu'ils s'aſſaillent ſi vivement ſur leur Commiſſion céleſte, & qu'ils ſe partagent en différentes Sectes juſques dans la même Communion, ils ne permettent cependant pas qu'on examine en aucune maniere les fondemens de leurs titres litigieux. Ils veulent que nous autres Mortels ſubalternes, nous regardions de loin avec étonnement ces redoutables ſujets de diſpute, & que nous attendions humblement l'événement & la déciſion finale de la controverſe. Ce n'eſt pas aſ-

(*) Goudibert, L. 2. Ch. 1.

sez que nous restions tranquilles Spectateurs : il faut qu'au milieu des querelles irréconciliables qui concernent leurs délégations célestes, nous soyons aussi assurés de la véracité de l'une, que certains de l'imposture de toutes les autres qui forment les mêmes prétentions ; que fortement persuadés qu'il y a au fond une *Commission réelle*, nous supportions les misérables inconvéniens de toutes ces guerres religieuses, & que nous prenions parti suivant les préjugés de la naissance ou de l'éducation, jusqu'à ce que le fer, le feu, les massacres & une sorte de dépopulation de cette malheureuse terre, déterminent enfin quelle est la *vraie Commission* exclusive, supérieure à toutes les autres.

Notre Raisonneur, qui avoit déja témoigné vers la fin de son discours, par différens gestes & mouvemens, qu'il alloit faire retraite, salua la compagnie & sortit, en disant qu'il attendroit une autre occasion où ses Adversaires pussent lui opposer avec plus de modération ce qu'ils avoient à lui dire ; où s'ils le jugeoient à propos, avec le même zele & sur le même ton.

IDÉE

DU

TABLEAU HISTORIQUE

DU

JUGEMENT D'HERCULE,

Suivant PRODICUS,

Xenoph. de Mem. Socrat. Lib. II.

IMPRIMÉE

POUR LA PREMIERE FOIS

EN L'ANNÉE M DCC XXXII.

— — — Potiores
Herculis ærumnas credat, sævosque labores
Et Venere & cœnis, & plumâ Sardanapali.

JUVENAL, Sat. X.

R 5

IDÉE
DU
TABLEAU HISTORIQUE
DU
JUGEMENT D'HERCULE,
Suivant PRODICUS.

INTRODUCTION.

1. Avant que d'entrer dans l'examen de ce morceau historique, il est à propos d'obferver

qu'on entend par *Tableau*, non une peinture en général, mais un ouvrage diſtingué du ſimple portrait, & d'un genre tout-à-fait différent de celui des peintures libres & indépendantes dont on couvre les murs, les lambris, les eſcaliers, les coupoles, & autres endroits remarquables des Egliſes ou des Palais.

2. Ce n'eſt donc ni la forme ni la dimenſion de la toile qui caractériſe le tableau, puiſqu'un ouvrage de cette eſpece peut avoir telle couleur ou telles qu'on voudra. Une peinture ne mérite le nom de *Tableau* que lorſqu'elle forme réellement une ſeule piece, n'ayant qu'un but, un deſſein, & conſtituant ainſi un Tout par la relation mutuelle & néceſſaire de ſes parties, ſemblable en cela à celle des membres dans le corps humain. Il s'enſuit qu'une peinture compoſée d'un certain nombre de figures rangées indifféremment & ſans aucune correſpondance entre elles n'eſt pas plus un *Tableau*, qu'une piece ne ſeroit le véritable portrait d'un homme, ſi elle repréſentoit ſur la même toile en différens endroits les jambes, les bras, le nez & les yeux, ſans les vraies proportions, l'air & le caractere convenables.

3. Cette regle a lieu même dans les genres inférieurs de l'Art de la Peinture, puiſque le ſimple Peintre de fleurs eſt obligé d'étudier les formes des feſtons, & de faire uſage d'un ordre particulier de Vaſes, de Corbeilles, de piédeſtaux, pour en former un tout-enſemble proportionné, ſelon les regles de la Perſpective, en obſervant d'ailleurs les différentes formes & grandeurs des fleurs, de même que l'harmonie

des couleurs qui réfultent du tout: car cela eſt néceſſaire pour mériter à ſon ouvrage le nom de *Compoſition*.

4. Cette regle eſt d'une obligation bien plus ſtricte dans le Genre Hiſtorique, où l'on repréſente non ſeulement les hommes, mais auſſi leurs mœurs & leurs paſſions. C'eſt ici qu'il faut obſerver avec une exactitude ſpéciale l'unité de deſſein ſelon les juſtes préceptes de l'Art Poëtique, afin que dans la repréſentation d'un événement ou d'un fait remarquable, on puiſſe conſerver la vraiſemblance, ou vérité apparente, qui eſt la vérité de l'art. On concevra mieux tout ceci par la deſcription du Tableau du *Jugement d'Hercule*, qui, s'étant retiré dans ſa jeuneſſe en un lieu ſolitaire pour y délibérer avec lui-même ſur le choix d'un ſyſtême de vie, fut abordé, au rapport de notre Hiſtorien, par deux Déeſſes, la Vertu & la Volupté. C'eſt du ſuccès de la diſpute de ces rivales que dépend le caractere d'Hercule, de ſorte que nous aurions pu donner auſſi naturellement à cette hiſtoire le titre d'*Education* que celui de *Choix* ou de *Jugement d'Hercule*.

CHAPITRE I.

De la composition générale ou de l'Ordonnance du Tableau.

CHAP. I.
1. CETTE fable ou histoire peut-être diversement représentée selon l'ordre du tems ; soit dans l'instant que les deux Déesses, la Vertu & la Volupté, s'approchent d'Hercule ; soit lorsqu'elles commencent leur dispute ; ou lorsqu'elle est déjà fort avancée, & que la Vertu semble gagner sa cause.

2. Dans le premier cas, Hercule doit nécessairement paroître surpris à l'aspect de ces Déesses. Il admire, il contemple : mais il n'est pas encore engagé ou intéressé. Dans le second cas, il est intéressé, partagé & indécis. Dans le troisieme, il est agité & déchiré par des passions contraires. C'est le dernier effort du vice qui veut le captiver. Hercule combat fortement, & tâche d'employer tout le ressort de sa raison pour triompher de lui-même.

Et premitur ratione animus, vinci que laborat.

3. Entre ces différens périodes, on a choisi le dernier des trois comme étant le seul qui puisse bien servir à exprimer un grand événement, la résolution d'Hercule & le choix qu'il fait d'une vie pleine de travaux & de peines sous la direction de la Vertu pour soustraire le genre humain à la tyrannie & à l'oppression. C'est à ce Tableau qui représente le succès du

combat intérieur de notre Héros, que nous pouvons donner juftement le titre de *Jugement d'Hercule*.

4. La même Hiftoire peut encore être repréfentée dans un quatrieme période, lorfque le Héros eft entiérement fubjugué par la Vertu: mais alors les marques de fa réfolution dominant dans fon attitude & fa contenance, on ne pourroit pas peindre fes combats intérieurs qui forment ici la principale action, comme dans un Poëme. D'ailleurs l'éloquence de la Vertu feroit déplacée, parce qu'elle auroit déja fini fon difcours; de même que la Volupté ne pourroit plus employer fes propos féduifans, parce que la perte de fa caufe doit lui avoir déja donné de l'humeur; circonftance qui n'iroit pas du tout à fon caractere.

5. Dans l'hiftoire originale de cette avanture du jeune Hercule, il eft fpécialement remarqué que la Volupté s'empreffant de prendre les devants fur la Vertu, commenca la fcene, & fe fit écouter avec prévention, parce qu'elle parloit la premiere. Comme cette fable eft entiérement philofophique & morale, il faut confidérer cette circonftance particuliere comme effentielle.

6. Dans le troifieme période, fuivant la divifion ci-deffus, Hercule, qui écoute attentivement, ne parle pas. La Volupté a parlé. La Vertu parle encore, & fe trouve au milieu ou vers la fin de fon difcours, dans l'endroit même où elle éleve le plus la voix, & où elle emploie la plus forte action.

7. Il eft clair que tout Maître, lorfqu'il a

choisi un instant historique qu'il veut peindre, ne peut plus se prévaloir d'aucune autre action que de celle qui est immédiatement présente, & qui appartient au moment unique qu'il décrit; sans quoi il pourroit aussi bien répéter la même figure plusieurs fois, & mettre sur le même canevas Hercule au berceau, luttant avec les serpens, & Hercule dans l'âge mûr, combattant l'Hydre, Anthée & Cerbere, ce qui feroit un cahos de figures, & non un seul tout historique.

8. On peut cependant permettre, en certaines occasions, de faire usage de devises énigmatiques, ou d'emblêmes qui représentent un tems avenir, comme si Hercule, par exemple, portoit dans sa premiere jeunesse une petite massue ou la peau d'un jeune lion. On le trouve souvent représenté de la sorte dans d'excellens morceaux antiques. Quoique l'Histoire n'ait jamais dit d'Hercule qu'il ait tué dans sa premiere jeunesse un lion de sa propre main; cependant la peinture de cette action feroit entiérement conforme à la vérité poëtique, qui n'admet pas seulement; mais qui suppose nécessairement des pronostics des actions des Héros ou grands hommes. Quant à notre sujet en particulier, le génie naturel d'Hercule, même dès sa plus tendre jeunesse, permet qu'on l'arme ainsi, & qu'il manie, comme en se jouant ces marques anticipées du héros.

9. Pour conserver donc une juste conformité avec la vérité historique & l'unité de tems & d'action, il n'y a d'autre moyen d'indiquer une chose future, ou de rappeller une chose pas-

passée, que de mettre sous les yeux des spectateurs les événemens qui se sont passés, ou qui pouvoient naturellement se passer dans un seul & même instant. Voilà ce que l'on peut proprement appeller la *regle de la consistence*.

10. Comment est il donc possible, dira quelqu'un, d'exprimer un changement de passion dans un sujet, puisque ce changement se fait par gradation ; & que dans ce cas, la passion que l'on imagine présente, exige une disposition du corps & des traits de la figure, entiérement différens de la passion passée? Nous répondons que malgré l'ascendant de la passion principale & immédiate., l'Artiste peut toujours laisser dans son sujet des traces de celle qui l'a précédée; de sorte qu'il montre non seulement une passion dans sa force, avec une autre qui est dans son déclin, mais encore ce qui est plus, une passion forte & déterminée avec la passion contraire déja bannie. C'est ainsi qu'on peut marquer sur le visage d'une personne transportée d'allégresse à l'aspect d'un ami, les traces des larmes qu'elle a versées un peu auparavant sur sa mort ou sa perte prétendue.

11. Le même moyen qui sert à nous rappeller le passé, peut anticiper sur l'avenir: un habile peintre, par exemple, pourroit peindre cette histoire d'Hercule dans le troisieme période que nous avons proposé ci-dessus; car dans cet instant de l'action, Hercule quoique paroissant toujours en doute & en suspens, montreroit néanmoins que l'agitation de ce combat intérieur est finie, & que la victoire commence à se déclarer pour la Vertu. Cette

Chap.
I.
transition qui semble d'abord un ouvrage si mistérieux, se comprendroit aisément, si l'on considéroit que le Corps, qui se meut plus lentement que l'Ame, est facilement devancé par celle-ci, & que l'Ame éprouvant une révolution subite, les parties du corps les plus voisines & les plus vives, comme les yeux & les muscles qui environnent la bouche & le front, prenant aussitôt l'allarme, & s'agitant dans la minute, peuvent laisser les parties plus pesantes & plus éloignées s'ajuster, & changer leur attitude quelques momens après.

12. Cette différente opération peut se distinguer par les mots d'*anticipation* & de *rappel*.

13. Si un Artiste prétendoit, par quelque autre méthode, introduire dans ce tableau quelque portion de tems futur ou passé, il faut ou qu'il peche directement contre la Loi de la Vérité & de la crédibilité, en représentant des choses contraires & incompatibles, ou contre la loi de l'unité ou de la simplicité du dessein, qui constitue l'essence même de son ouvrage. C'est ce qui se remarque spécialement dans un tableau qui nous laisse en suspens sans pouvoir déterminer d'abord laquelle des parties distinctes & successives d'une action, on représente. Il en est de la Peinture à cet égard comme de la Poësie, où l'objet principal doit se présenter immédiatement sans laisser l'esprit dans aucune incertitude.

14. Suivant cette regle de l'unité de tems, si l'on demandoit à un Artiste, qui auroit peint cette histoire du *Jugement d'Hercule*, lequel des quatre instans il a voulu représen-

ter (*), & qu'il ne pût répondre fur le champ, *celui-ci*, ou *celui-là*; ce feroit une preuve évidente qu'il n'a jamais eu une notion jufte de fon travail ou du fujet hiftorique qu'il vouloit peindre. Ainfi donc quand même il auroit exprimé toutes les beautés néceffaires pour un morceau accompli, ce feul défaut prouveroit qu'il n'eft pas réellement Peintre d'Hiftoire, & qu'il ignore l'art de former un deffein hiftorique.

CHAPITRE II.

De la premiere ou principale Figure: celle d'Hercule.

1. Pour appliquer ce que nous venons de dire à notre Tableau, obfervons d'abord à l'égard d'Hercule, qui en eft la premiere ou prin-

(*) Si l'on faifoit la même queftion au fujet de l'action inftantanée de plufieurs fameux tableaux fi admirés dans le monde, on les trouveroit bien défectueux, comme on peut le voir par le feul fujet d'Acteon que l'on repréfente fi communément. A peine voit on une feule peinture de cette avanture mythologique, où la métamorphofe ne foit ridiculement anticipée. Le bois d'Acteon, qui eft l'effet d'un enchantement, devroit naturellement attendre l'exécution de l'acte en quoi l'enchantement confifte. Il ne doit donc fouffrir aucun changement qu'après le gefte de la Déeffe; fon front doit même encore avoir fon intégrité, tandis que l'eau vole encore. Mais les tableaux d'Acteon font voir autre chofe. Le bois a déja pouffé, s'il n'eft déja dans toute fa force, & la Déeffe indignée lui jette encore de l'eau

S 2

cipale figure, qu'étant placé au milieu entre les deux Déesses, il faudroit qu'une main habile le repréſentât de maniere qu'indépendamment même de l'air & des traits du viſage, il parût par la ſeule attitude du corps que le jeune Héros n'a pas entiérement ceſſé de peſer ce qu'on lui propoſe. Il faudroit qu'il fut tellement tourné vers la plus digne des Déeſſes, qu'il ne marquât pas un éloignement pour l'autre, qui fit imaginer qu'il n'eut jamais d'inclination pour elle, ou qu'il ne prêta jamais l'oreille à ſa voix. Au contraire il doit reſter encore quelque eſpoir pour la Volupté, & quelque regret apparent dans Hercule; ſans quoi nous paſſerions immédiatement du troiſieme période au quatrieme, ou au moins nous les confondrions.

2. Hercule, dans cette perplexité, peut être aſſis ou debout, quoiqu'il y ait plus de vraiſemblance à le repréſenter debout, à cauſe de la préſence des deux Déeſſes, & parce que c'eſt un cas bien différent du *Jugement de Paris*, où les Déeſſes intéreſſées plaident leur cauſe comme devant leur Juge. Il s'agit ici de la cauſe même d'Hercule & de ſon ſort, de ſorte qu'il eſt moins Juge que la Partie qui doit être jugée.

3. La paſſion dominante d'Hercule peut-être exprimée ou par une forte admiration, ou par une admiration qui tienne principalement de l'amour :

. . . . . *Ingenti perculſus amore.*

4. Dans ce dernier cas, il faut que la paſ-

fion retive qui n'eſt pas encore entiérement ſub- CHAP.
juguée, éclate par des ſentimens de pitié & II.
de tendreſſe excités dans le cœur de notre Héros au ſouvenir des plaiſirs & des compagnons
de ſa jeuneſſe qu'il va abandonner pour toujours. En conſéquence il peut avoir les yeux
attachés ſur l'une ou l'autre des Déeſſes, avec
cette différence que s'il regarde la Volupté, ce
doit être foiblement, & comme s'il détournoit
la vue par pitié, tandis que ſon geſte & ſon
action feront dirigés vers la Vertu; mais ſi au
contraire il regarde la Vertu, ce doit être avec
une extrême attention, tandis que quelque action de ſon corps penchera encore pour la volupté, & marquera par un certain caractère de
compaſſion mêlée avec la paſſion victorieuſe,
qu'il va ſe décider pour la vertu, & que ce
triomphe ne lui coutera pas peu.

5. Si l'on aime mieux employer l'admiration, uniquement pour exprimer la paſſion dominante d'Hercule; alors la paſſion rebelle doit
éclater par une eſpece d'horreur à l'idée des
travaux & des peines qu'il faudra eſſuyer dans
la carriere difficile de la Vertu.

6. D'ailleurs, on peut ſe diſpenſer de peindre Hercule ſous aucun de ces deux aſpects:
on peut lui faire tourner les yeux vers les ro-
ches eſcarpées que la Vertu lui montre, ou
vers les campagnes fleuries propoſées par la
Volupté. On appliquera à ces diverſes attitudes les mêmes regles pour l'expreſſion du tour
que prend la queſtion dans l'eſprit du Héros.

De quelque maniere que l'on deſſine cette
Figure d'Hercule dans la circonſtance hiſtori-

que où on le suppose, il faut tellement le caractériser que sans ouvrir la bouche & sans aucun autre signe, il ne laisse cependant pas douter le moins du monde s'il parle ou s'il garde le silence. Il est absolument nécessaire que le silence soit marqué distinctement dans Hercule, non seulement comme l'effet naturel d'une sévere attention & du peu de loisir que lui laisse ce qui se passe dans son cœur; mais encore pour donner à la Vertu qui parle l'air de grandeur & de majesté qui lui convient, dans un tems où son éloquence & ses charmes ont déja enchanté le Héros:

. . . . . *Pendetque iterum narrantis ab ore* (a).

Cette image du *Sublime* dans le discours & la maniere de la Vertu, seroit entiérement perdue, si dans l'instant qu'elle emploie la plus grande force de l'action, elle paroissoit interrompue par des répliques hors de saison de la part d'Hercule. Cela seroit contraire à l'ordre, à l'Histoire & à la décence du sujet. Je ne puis m'empêcher de remarquer à cette occasion la coutume absurde de plusieurs des plus grands Maîtres, qui dans le tableau d'une seule & même compagnie, ou assemblée de personnes réunies, suivant l'Histoire, par une seule action genérale, nous représentent non seulement deux ou trois, mais plusieurs personnes & quelquefois toutes, parlant en même tems. C'est ce qui fait naturellement le même effet à la vue qu'une pareille conversation en seroit sur l'oreille, si nous étions présens.

(a) Virg. Æneid. L. 4.

CHAPITRE III.

De la seconde Figure: celle de la Vertu.

1. Aprés ce qui a été dit au sujet d'Hercule, on sent clairement quelle doit être l'attitude de la seconde Figure, la Vertu, qui, selon la circonstance où nous la supposons, doit parler avec toute l'énergie & l'action qu'on observeroit dans un sublime Orateur à l'endroit le plus pathétique de son discours.

2. Elle doit donc être debout, puisqu'il n'est ni vraisemblable ni naturel que dans la chaleur & au milieu des transports de l'éloquence, l'Orateur paroisse assis ou dans une posture qui exprime le repos.

3. Elle peut-être vêtue ou en Amazone avec le casque, la lance & la robe de Pallas; ou comme toute autre Vertu, Déesse ou Héroïne avec la couronne primitive sans rayons, suivant la saine Antiquité. Notre Histoire ne donne ni casque ni aucune autre armure à la Vertu. Elle insinue seulement qu'elle étoit habillée sans négligence comme sans trop d'apprêt. En suivant cette derniere idée, il ne s'agit que de lui mettre à la main l'Epée Royale (*b*) qui est son véritable attribut, & qui la distinguera suffisamment sans employer le casque, la lance ou autre armure militaire. Par-là le contraste entr'elle & sa rivale, seroit plus beau & plus régulier. Mais il n'y a que les connoisseurs, di-

(*b*) *Perizonium.*

ra-t'on, qui fentiroient cette beauté. Peut-être: mais en tout cas, il n'y auroit rien de perdu pour les autres, puifqu'il n'y a perfonne qui en trouvât la piece moins intelligible. Au contraire, un homme peu verfé dans la connoiffance de l'Antiquité en général, ou de cette hiftoire en particulier, demanderoit, en voyant une femme armée, fi c'eft Pallas, Bellone, ou toute autre Déeffe guerriere.

4. Quant à la taille, à l'air & à la contenance de la Vertu, on peut fe regler pour tout cela fur le modele de Pallas, de même que Venus peut très-bien repréfenter la Volupté. L'Hiftorien, que nous fuivons, peint la Vertu avec une figure célefte, grande & majeftueufe. Ce qu'il en dit fait fuffifamment entendre que quoiqu'elle ne fut ni maigre ni bafannée, elle montroit cependant par le ton & la couleur de fa chair, qu'elle étoit accoutumée à l'exercice. Il repréfente d'un autre côté par un contrafte exact la Volupté avec plus d'embonpoint & des traits efféminés qui annoncent fes mœurs, & qui lui donnent un caractere qui tient de Venus & d'une Bacchante.

5. A l'égard de l'attitude, quoique dans un morceau hiftorique tel que le nôtre, il ne convint pas d'avoir immédiatement recours à la voie de l'*Emblême*, on pourroit néanmoins tâcher par quelque artifice de donner à notre Figure autant qu'il eft poffible la reffemblance de la même Déeffe que l'on voit dans les Médailles & autres Antiques femblables. En conféquence, il faudroit que tout le poids de fon corps portât fur un feul pied, & que l'autre

fût un peu avancé & élevé fur un débris de rocher, au lieu du cafque ou du petit globe, où elle pofe le pied triomphant dans ces Médailles emblématiques. Un avantage particulier de cette attitude fi judicieufement affignée à la Vertu par les anciens Maîtres, c'eft qu'elle exprime auffi bien l'effor qu'elle veut prendre vers le ciel que fa victoire & fa fupériorité fur la fortune & le monde: car c'eft ainfi que les anciens Poëtes l'ont repréfentée.

Negata tentat iter via (a).
Virtutisque viam deferis arduæ (b).

Dans notre tableau furtout où la route pénible de la Vertu doit être repréfentée d'une maniere emphatique, l'attitude d'une Figure qui monte comme fi elle graviffoit un terrain raboteux & femé de ronces, doit néceffairement produire un bel effet & ajouter au fublime de cet ancien fujet, fi le tout eft bien exécuté (c).

6. Pour les mains ou les bras, qui doivent néceffairement agir dans un Orateur, il eft clair à l'égard de notre Déeffe que le bras qu'elle a libre, & qui n'eft point embaraffé par la lance ou l'épée, doit avoir une autre occupation & foutenir le difcours par une belle action. Ainfi la Vertu tournera cette main, ou vers les rochers qu'elle montre avec complaifance, ou

---

(a) Horat. L. 3. Od. 2.
(b) Ibid. Od. 24.
(c) Ce fujet eft auffi ancien que le Poëte Héfiode. Notre Hiftorien le cite pour avoir fourni l'idée de ce Tableau d'Hercule.

CHAP. III.

vers le ciel dans le même sens sublime, ou vers le valon fleuri qu'elle semble détester pour ce qui s'y passe, ou enfin d'un air dédaigneux contre la Volupté qui lui inspire de l'horreur. Chacune de ces manieres devroit avoir son avantage particulier; il faudroit tirer le meilleur parti possible de ces bras & de cette main libres pour exprimer l'approbation ou le désaveu que l'on peut avoir en vue. Cette Figure, par exemple, pourroit tenir légérement la lance ou l'épée avec deux ou trois doigts seulement: l'action des autres doigts ouverts d'une maniere repoussante, marqueroit qu'elle dédaigne les routes du vice; tandis que l'autre main libre marqueroit de l'approbation, & montreroit à Hercule la route qui conduit à l'honneur & à la gloire qui est la juste récompense des actions héroïques.

7. On voit assez par toutes ces circonstances de l'histoire & de l'action qui accompagne cette importante Figure, quelle est la difficulté de la bien dessiner, surtout si l'on va plus loin que la simple forme, & si l'on considere le caractere de la passion qu'il faut peindre; car lorsqu'un caractere réel est marqué, & qu'il faut décrire particuliérement la forme intérieure, alors l'extérieure doit céder. Quiconque s'attendroit à voir dans la Vertu l'exacte contenance d'une belle Parleuse, qui choisit curieusement un ton d'action, & qui se conforme aux mouvemens réguliers & gracieux des femmes de notre siecle seroit bien loin de saisir le vrai génie de ce morceau. Une action si étudiée, & un geste artificiel peuvent être tolé-

rés dans les Acteurs & les Actrices du Théâtre. Mais le bon Peintre doit approcher un peu plus de la vérité, & prendre foin que l'action de la Vertu ne foit pas théâtrale ou de la *feconde main*, mais *originale* & prife dans la Nature même. Quoique dans le difcours ordinaire, l'action de l'Orateur puiffe affez tenir de l'art pour conferver ce contrafte régulier & cette mefure délicate de mouvement que les Peintres admirent comme la principale grace des Figures : cependant dans ce cas particulier où la vivacité du débat foutenue par une antiphatie & une animofité complette, admet encore une efpece de tranfport & d'enthoufiafme dans la Vertu, on ne peut gueres lui donner l'air élégant ou le ton à la mode. Le Peintre obligé de fuivre dans ce tableau le ftyle héroïque, fe gardera bien de repréfenter la Déeffe comme une harangere. Il eft toutefois certain qu'il vaudroit encore mieux qu'il fuivit cette baffe idée, & qu'il peignit la Vertu en furie, felon la foibleffe naturelle du fexe, que de s'occuper uniquement à embellir la forme, & à nous préfenter une belle perfonne fans la moindre émotion, & fans le moindre gefte qui exprime le vrai pathétique du genre, malgré la févérité qui convient à l'illuftre Rivale de la Volupté.

CHAPITRE IV.

De la troisieme Figure: celle de la Volupté.

1. Nous avons peu de choses à dire de la Figure de la Volupté, après ce qu'on a déja observé à son sujet dans les Chapitres précédens. La vérité de l'apparence, celle de l'histoire, & même la bienséance (de la maniere qu'on l'a déja expliqué) exigent que la Volupté garde le silence dans ce moment ou ce période. On ne peut lui laisser d'autre langage que celui des yeux; & ce seroit une situation heureuse, si ses yeux voulant rencontrer ceux d'Hercule, elle trouvoit que sa tête & son visage se sont déja tellement détournés, qu'il lui est impossible de découvrir les sentimens qui s'élevent dans le cœur du Héros pour sa Rivale. En conséquence elle pourroit à bon droit retenir ses airs tendres & agaçans, parce qu'elle n'auroit encore aucune raison d'être mécontente.

2. On peut la représenter debout, penchée, assise ou couchée, avec une couronne, ou la tête ceinte d'une guirlande de roses, ou de mirthe suivant l'idée du Peintre. Puisque l'Artiste a tant de liberté dans cette troisieme Figure, il peut en tirer bon parti pour les deux autres, auxquelles celle-ci peut-être subordonnée comme la derniere en rang, & la moins importante.

3. Ce qui fait la plus grande difficulté dans la disposition ou l'ordonnance de la Figure de la Volupté, c'est que malgré l'air d'indolence

& de mollesse qu'il faut lui donner, elle doit retenir toujours assez de vie & d'action pour exprimer son objet, & indiquer la carriere qu'elle offre à Hercule dans les champs fleuris où elle voudroit l'entraîner. Si son action est trop fortement exprimée, non seulement on manqueroit le caractere négligeant & efféminé qui lui convient; mais ce qu'il y a de pis, la Figure sembleroit parler, ou du moins paroîtroit offrir un double sens, ou une signification équivoque dans la piece; ce qui seroit contraire au silence absolu que nous avons prescrit en faveur de la Vertu qui parle seule dans cet instant, qui est le troisieme Période de notre Histoire.

4. Suivant un calcul que l'on pourroit faire ici de toute l'action que doit avoir la Figure de la Volupté, à peine faut-il lui en donner un cinquieme, & son exhortation aux plaisirs doit être déja faite. Tout le reste sera employé, pour ainsi dire, à exprimer son inaction, sa langueur, sa mollesse efféminée. Il faut que la tête & le corps favorisent entiérement le repos auquel elle se livre, & qu'une main y soit entiérement consacrée, en ne servant qu'à soutenir avec beaucoup de peine son corps négligemment penché. Si l'autre main est nécessaire pour quelque geste ou action qui indique la route des plaisirs que la Volupté propose à Hercule, ce geste doit être léger & négligé, comme dans une personne qui a fini de parler, & qui paroît lasse & fatiguée.

5. Quant à la taille, à la forme, à l'air, à la contenance &c; tout cela est naturellement

compris dans le contraſte qu'on a marqué plus haut entre la Volupté & la Vertu.

CHAPITRE V.

Des ornemens du Tableau, & principalement de la Draperie & de la Perſpective.

1. Oɴ n'ignore pas la liberté que les Peintres prennent ordinairement dans les couleurs des vêtemens & autres draperies de leurs Tableaux hiſtoriques. S'ils veulent peindre une troupe de Romains, ils leur prêtent différens habillemens, quoiqu'il ſoit certain que tout le commun peuple étoit à peu près vêtu de la même maniere & de la même couleur. On peut ſuppoſer pareillement que les Egyptiens, les Juifs & autres anciennes Nations ſe reſſembloient aſſez à cet égard, comme aujourd'hui les Eſpagnols, les Italiens & divers autres peuples de l'Europe. Mais cette uniformité feroit un étrange effet en Peinture, comme on le conçoit aiſément. Voilà pourquoi les Artiſtes ne ſe font pas ſcrupule de donner à des Philoſophes & même aux Apôtres des couleurs différentes, employées d'une maniere bien extraordinaire. C'eſt ici que la Vérité Hiſtorique doit néceſſairement céder à ce que nous appellons la Vérité Poëtique, parce qu'elle n'eſt pas tant réglée par la réalité que par la vraiſemblance. Ainſi un Peintre qui ſe ſert de ſon privilege dans cette occaſion, doit en agir avec réſer-

ve & précaution. Lorfque la circonftance exige qu'il nous offre des Philofophes & les Apôtres diverfement colorés de la forte, il faut au moins qu'il tempere fes couleurs, afin que ces pauvres gens ne paroiffent pas dans fon Tableau aufli brillans que des Seigneurs ou des Princes modernes.

2. Si d'un autre côté le Peintre choifit pour fon fujet une entrée, un triomphe ou une fête folemnelle, où la vérité de l'hiftoire exige de la magnificence, & une grande richeffe dans les ornemens, un vif éclat de couleurs, il doit faire fon poffible pour diminuer & réduire, contre la vérité hiftorique, la pompe exceffive de ces objets, qui fans cela produiroient une confufion, un combat de couleurs infupportable pour tout bon connoiffeur.

3. Il faut donc que dans ce cas, comme en divers autres, l'habile Peintre confulte furtout l'harmonie & le rapport des objets; & pour cela il doit fe former un plan d'unité qui donne à fon tableau un caractere propre & original. Ainfi dans les compofitions muficales telles que les Sonates, les Entrées ou les Sarabandes, dont il y a des efpeces diverfes & diftinctes chacune en particulier a fon génie ou fon caractere propre.

4. L'harmonie de la peinture exige que fur quelque ton que l'Artifte commence fon Tableau, il foit bien fûr de le finir de même.

5. Cette regle regarde la principale Figure, ou les deux ou trois principales d'un morceau qui en a plufieurs: car fi le peintre donne un certain éclat de couleur à fa premiere figure,

le reste doit être proportionnellement dans le même goût. Mais si au contraire il donne une couleur plus douce & plus simple à sa principale figure, le reste doit être proportionnellement de même & d'une extraordinaire simplicité, afin qu'il regne un seul & même caractere dans tout l'ensemble.

6. Notre Tableau Historique d'Hercule offre un exemple sensible de ce que nous voulons dire. Comme en effet le Héros qui est ici dans la solitude avec un air rêveur doit être nud & seulement couvert d'une peau de lion, qui est d'elle-même jaunâtre & d'une couleur morne, il seroit impossible que l'Artiste donnât quelque éclat extraordinaire à cette principale figure. D'où il s'ensuit que dans les autres Figures inférieures ou subordonnées, il doit employer toujours des couleurs si modestes, que tout le morceau ait le caractere de grandeur & de simplicité, qui lui est propre. Or si le Peintre se mettoit à suivre littéralement notre Historien qui représente la Vertu avec une robe d'une blancheur éblouissante, il est évident qu'il gâteroit tout. Le bon Peintre doit dans ce cas, comme dans tous les autres de ce genre, imiter le bon Poëte, qui s'étant proposé de traiter un sujet commun & connu, ne s'astreint cependant pas à suivre strictement comme un simple Copiste ou Traducteur, le Poëte ou l'Historien qui l'a précédé : mais il fait en sorte que son ouvrage soit en lui-même réellement neuf & original.

*Publica materies privati juris erit, si
Nec circa vilem, patulumque moraberis orbem;*

Nec verbum verbo curabis reddere fidus Interpres (*).

7. Pour la perspective ou la scene de notre Tableau, elle doit se présenter de maniere qu'elle fasse concevoir aussitôt que c'est à la campagne & dans un lieu retiré près de quelque bois, que toute l'action se passe: car il seroit absurde de mettre en vue aucun édifice de quelque espece qu'il fût pour marquer qu'il y a compagnie, des amusemens &c. dans un lieu qui doit expressément dénoter une solitude & la méditation. D'ailleurs suivant les Poëtes, qui sont nos guides & nos maîtres dans cet art, ni les Déesses, ni les autres formes divines ne se sont jamais offertes aux yeux des hommes que dans ces profondes retraites. Ce qu'il y a ici de remarquable, c'est la maniere dont notre Historien Philosophe affecte de parler de l'endroit solitaire où Hercule s'étoit retiré, & de sa réverie avant l'apparition ; ce qui peut s'interpréter par les circonstances non comme un simple songe, mais comme un songe raisonnable & divin.

8. Quant au Temple ou au Palais de la Vertu, qui est situé sur une montagne, par forme d'emblême, comme on le voit dans certaines pieces à ce sujet, il n'y a rien dans ce genre, qui soit exprimé par notre Historien. Si notre tableau offroit quelque chose de cette nature, il rempliroit l'esprit d'images étrangeres & de vues mystérieuses, nullement conformes au

---

(*) Horat: de Art. Poet.

goût ou au génie du tableau. D'ailleurs, il n'y a rien du côté de la Volupté qui contraste avec ce Palais de la Vertu, qui détruiroit en conséquence la juste simplicité & l'harmonie de l'ouvrage.

9. Une autre raison contre la perspective, l'architecture ou tout autre paysage dans le cas présent, c'est que ces ornemens n'ayant dans la réalité aucun prétexte, ils ne feroient que gêner la vue en la détournant de ce qu'il y a de principal, l'*histoire* & le *fait*. Tout ce que l'on met dans un morceau historique, qui n'est pas essentiel à l'action, ne sert qu'à confondre la représentation & embarasser l'esprit, surtout si les incidens sont si bien traités qu'ils disputent la préférence aux Figures humaines. Un bon tableau devroit découvrir à la premiere vue ce que l'on se propose principalement d'imiter. Il ne doit être ni équivoque ni douteux : mais il faut qu'il se distingue sans peine, & qu'il montre d'abord s'il est historique & moral, ou s'il n'offre qu'une perspective & une scene purement naturelle. Si nous desirons de voir ce dernier genre dans sa perfection, il faut supprimer le premier, qui seroit en quelque sorte affoibli ou effacé par l'autre qui figureroit comme principal. Il en est de-même dans les morceaux où l'on peint des bêtes ou des oiseaux. Dans le paysage, les êtres inanimés forment le principal : c'est la terre, l'eau, les pierres & les rochers qui vivent ; tout le reste est subordonné ; tout ce qui tient à l'humanité est alors inférieur. Ce seroit même un défaut d'aspirer à l'expression

de quelque beauté de ce genre, d'animer ou de relever confidérablement les figures acceffoires d'Hommes ou de Divinités que l'on introduit accidentellement par forme de décorations. Si au contraire l'efpèce humaine eft ce qui frappe d'abord dans un Tableau, alors le genre inanimé devient fubalterne: l'hiftorique & le moral doivent dominer. Chaque Beauté, chaque Grace doit être facrifiée à la vraie beauté de l'ordre le plus fublime: car il n'y a rien de plus difforme qu'une confufion de beautés; & la confufion devient inévitable lorfque la fubordination n'eft pas parfaite.

10. On entend par ce mot de *Tableau Moral* toute peinture judicieufe des paffions humaines, comme on le voit même dans les repréfentations de batailles: il faut en excepter ces figures éloignées & diminutives que l'on peut plutôt confidérer comme une forte de payfage. Dans toutes les autres peintures guerrieres, on difcerne dans une action vive les différens dégrés de valeur, de magnanimité, de lâcheté, de terreur, de courroux *&c*, relatifs aux différens caracteres des Nations & des Individus. C'eft là que nous voyons des héros & des chefs, tels que les Alexandres ou les Conftantins, dans le plus fort de l'action, avec une tranquillité & un fang froid qui leur font propres, c'eft à dire dans un fens direct, profondément *moraux*.

11. Mais comme la partie morale eft différemment traitée dans un Poëme que dans l'Hiftoire ou dans un Ouvrage Philofophique, il faut auffi qu'en peinture elle paroiffe différente de

CHAP. V ce qu'elle eſt naturellement dans l'Hiſtoire ou dans le Poëme. Faute de bien entendre cette maxime, il arrive ſouvent qu'en voulant rendre un morceau ſupérieurement *érudit* ou *moral*, il devient abſolument ridicule & abſurde.

12. Pour les ouvrages ordinaires de ſculpture, tels que les bas-reliefs & les ornemens des Colomnes & édifices, on y tolere beaucoup de choſes. Les regles de la perſpective y ſont entiérement renverſées, ſelon que le cas l'exige, & on les accommode à la circonſtance ou à la diſpoſition de l'ouvrage & du lieu. C'eſt ce que remarquent aiſément ceux qui étudient à fond les Colomnes Trajanne & Antonine, & autres reliefs antiques. De même dans les gravures, les medailles ou tout ce qui ne fait qu'un corps de ſubſtance, comme le bronze ou la pierre; dans les deſſeins ordinaires ou eſtampes, on y admet beaucoup de choſes fantaſtiques, merveilleuſes ou hyperboliques. C'eſt ici que l'on a le champ libre & que l'on peut mettre de la ſcience, des emblêmes & des énigmes. Mais quant à la partie entiérement imitative de l'art dé la peinture, qui emploie dans ſes ouvrages la force réunie de différentes couleurs, & qui ſurpaſſant par tant de privileges toute autre fiction humaine, ou tout autre art d'imitation, tend directement à faire illuſion, & à maîtriſer nos ſens; elle doit néceſſairement abandonner tout ce qui eſt trop ſavant ou ſpirituel; reſter dans les bornes du naturel, du croyable & du ſéduiſant, afin qu'elle puiſſe ainſi remplir ſon objet principal, l'*apparence ſpé*-

cieuse de la chose qu'elle représente; sans quoi elle tomberoit dans le cas de la Critique d'Horace sur la représentation théâtrale qui lui est si analogue.

Quodcunque ostendis mihi sic, incredulus odi.

13. Il faut donc regarder comme une maxime sûre en Peinture, qu'un Morceau historique & moral doit nécessairement perdre beaucoup de sa simplicité naturelle & de sa grace, si l'on y mêle visiblement & directement quelque chose d'emblématique ou d'énigmatigque. Si par exemple, l'on mettoit dans un morceau historique le cercle du Zodïaque (*) avec ses douze signes, comme cet objet ne ressemble absolument à rien dans la Nature, il est impossible qu'il en impose aux sens, ou qu'il obtienne créance malgré tout l'enthousiasme poëtique, ou la foi qu'on peut avoir à l'Histoire. Il est vrai que cela nous dispose aisément à regarder comme des réalités les formes divines & merveilleuses, que les principaux Peintres anciens & modernes ont spécieusement dessinées selon la doctrine particuliere ou la Théologie des diverses Nations. Mais quant à notre Tableau en particulier, il n'a rien d'énigmatique ou d'emblématique, puisque ce qui se rapporte à la double route du vallon & de la montagne, peut

(*) C'est ce que Raphaël a fait lui-même dans son fameux Dessein du *Jugement de Paris*. Mais cette piece n'ayant jamais été peinte, elle n'entre pas dans notre Critique, comme nous l'avons dit ci-dessus.

se représenter d'une maniere naturelle & plausible au pied de la montagne ; au lieu que si l'on plaçoit au sommet le Palais de la Vertu, qui s'éleve au dessus des nuages, cela donneroit aussitôt un air énigmatique & mystérieux à notre Tableau, & détruiroit nécessairement sa simplicité séduisante & son aspect naturel.

14. En un mot, souvenons-nous toujours que moins un morceau a d'objets après ceux qui sont absolument indispensables, plus il est facile à l'œil de saisir le tout par un simple acte & à la premiere vue. La multiplication des objets, quoique subalternes, rend la subordination plus difficile à exécuter dans l'ordonnance ou la composition d'un ouvrage de peinture. Et si la subordination n'est pas parfaite, l'ordre, qui fait la beauté, reste imparfait. Or la subordination ne peut jamais être parfaite, excepté (*a*) quand l'ordonnance est telle que l'œil ne parcourt pas seulement avec aisance les diverses parties du dessein, en ne perdant jamais de vue le point principal auquel tout se rapporte ; mais qu'encore sans s'arrêter en aucune maniere aux détails, & se fixant, pour ainsi dire, d'une maniere immobile au milieu ou au centre du Tableau, il puisse voir d'un seul trait, dans une agréable & parfaite correspondance, tout ce qui s'offre à la vue.

(*a*) C'est ce que les Artistes Grecs exprimoient si heureusement par le simple mot Ευθυσοπ7ον.

CHAPITRE VI.

Des ornemens accidentels ou indépendans du sujet.

1. Il nous reste seulement à considérer les ornemens séparés, qui sont indépendans des figures & de la perspective, tels sont les *Machines* (b) ou Divinités dans le ciel, les amours, les vents, les oiseaux, les animaux, les chiens ou autres objets détachés que l'on introduit sans une nécessité absolue, & pour égayer la scene. Mais comme cela appartient surtout aux mœurs ordinaires, au genre *comique* ou *mêlé*, notre Tableau, qui, au contraire, est entiérement Epique, Héroïque & dans le Style *Tragique*, n'admettroit pas si facilement quelques décorations aussi futiles.

2. Observons d'ailleurs que comme l'esprit est naturellement porté à imaginer du mystere dans un ouvrage du style du nôtre, & à confondre indistinctement les deux genres de l'emblématique & de ce qui est purement historique ou poëtique, nous devons prendre garde que cette erreur ne nous induise à mettre dans un sujet aussi uniforme des ornemens accessoires qui, sous prétexte d'éclaircir l'histoire ou de caractériser les figures, ne serviroient qu'à distraire la vue & à confondre le jugement des plus habiles spectateurs.

___

(b) On entend par *Machines* ce qui est de pur ornement, & qui ne faisant pas partie de l'Histoire ou de la Fable, n'est pas essentiel au Tableau.

CHAP. VI.

3. Mais, dira-t'on, est-il possible de peindre entiérement l'avanture des deux Déesses avec Hercule, sans les distinguer d'une autre maniere que celle qui a été indiquée ci-dessus? Je répons que cela se peut, & même qu'un Artiste, qui a le moindre génie, ou qui a entendu parler en général d'Hercule, sans qu'il sache un mot de cette histoire en particulier, pourra infailliblement réussir. Si cependant nous avons besoin d'ajouter quelques marques extérieures qui déterminent mieux les deux personnages de la Vertu & de la Volupté, on peut le faire sans avoir nécessairement recours à ce qui tient de l'emblême. Nous allons expliquer comment.

4. L'énergie ou la force naturelle de la Vertu, suivant les principes des plus illustres Moralistes de l'Antiquité, étoit exprimée par le double effet de l'*Abstinence* & de la *Souffrance* (c). Pour caractériser le premier, un *frein*, placé quelque part du côté de la Vertu peut servir d'emblême suffisant; & un *casque* exprimera le second effet, & cela d'autant mieux que ce sont deux attributs des Héros qui en qualité de guerriers, domptoient aussi & formoient (d) les chevaux: d'ailleurs ce sont des instrumens portatifs, que l'Héroïne, qui représente la Vertu, peut bien être censée avoir avec elle.

(c) Καρτερία, Ἐγκράτεια: elles sont décrites comme Sœurs dans la Morale emblématique des Anciens: d'où vient ce fameux précepte, Ἀνέχου καὶ Ἀπέχου, *Sustine & abstine*.

(d) Castor & Pollux; tous les Héros d'Homere: Alexandre le grand *&c.*

5. Du côté de la Volupté, certains vases & autres morceaux en relief, qui représenteront des Satires, des Faunes & des Orgies, peuvent servir à exprimer les excès de la table; & certaines draperies, jettées négligemment sur la terre & suspendues à un arbre voisin, formant une espece de pavillon & de couche pour la Volupté, suffisent pour faire imaginer les autres plaisirs, l'amour & la molesse qu'elle inspire. Au reste qu'on soit tranquille sur tout cela; le Peintre ne le représentera que trop. Je crains plutôt qu'il n'excede, & qu'il n'exprime trop vivement la passion. Les traits & les proportions de cette troisieme Figure seront assez fortement exprimés: cette Déesse est plus attrayante pour le vulgaire que sa Rivale dans notre Tableau Historique.

CONCLUSION.

1. Nous pouvons conclure par une réflexion générale qui semble sortir naturellement de ce que l'on a dit sur ce sujet: c'est que le bon Peintre d'Histoire a besoin des mêmes connoissances, des mêmes études & des mêmes vues que le bon Poëte. Le Poëte, qui veut mériter ce nom, ne peut jamais traiter l'Histoire en grand. Il ne sauroit décrire qu'une seule action, & non pas toutes les actions d'un seul homme ou d'un seul peuple. Le Peintre est Historien dans le même sens, mais il est encore plus gêné, comme il conste par le fait, car il seroit certainement plus ridicule de comprendre deux ou trois actions distinctes dans un

tableau, que d'en mettre dix fois plus dans un Poëme.

2. On fait que chaque genre de Poëfie a fes proportions & fes bornes naturelles; & ce feroit une grande abfurdité de croire qu'il n'y a dans un Poëme d'autre mefure ou harmonie que celle de la verfification. Une Elégie, une Epigramme ont chacune fa mefure & fa proportion auffi bien que la Tragédie ou l'Epopée. De même en peinture & en fculpture, il y a des mefures particulieres qui forment ce que l'on appelle *une piece*, comme dans le fimple portrait une *tête* ou un *bufte*. La *tête* conferve toujours quelque chofe du tout, comme le *bufte* conferve les épaules & une certaine partie de l'eftomac. Qu'on ajoute ou qu'on retranche la moindre chofe, le morceau eft détruit : c'eft alors un tronc mutilé, ou un corps démembré qui s'offre à notre imagination, non pas parce qu'on a coutume de fe le figurer de la forte, mais néceffairement, & par la nature de l'apparence même, puifqu'il y a telles & telles parties du corps humain, qui font naturellement mariées, & qui doivent toujours paroître enfemble : or fi la Section eft mal-adroite, elle fait réellement horreur, & repréfente plutôt une amputation chirurgicale qu'une divifion conforme à l'art. Voilà pourquoi dans tous les ouvrages d'imitation en général, tout ce qui eft deffiné d'après nature pour nous offrir l'image de l'objet naturel dans fa beauté & fa vérité réelle, il faut le divifer en certaines portions complettes qui repréfentent la correfpondance ou l'union de chaque partie de la Nature avec la Nature entie-

re. C'est ce sentiment d'*unité*, qui nous fait donner même aux ouvrages de nos inférieurs artistes, le titre de *pieces* par excellence, comme dénotant la justesse & la vérité de l'ouvrage.

3. Pour bien réussir donc à former quelque chose de vraiment beau dans ce grand genre, il faudroit que l'Artiste qui a assez d'intelligence pour comprendre ce qu'implique un vrai Tableau, & qui en conséquence, s'est appliqué à connoître un tout & ses parties, s'attachât ensuite à étudier le vrai moral & poëtique, afin que par ce moyen les pensées, les sentimens ou les mœurs qui tiennent le premier rang dans une Piece historique, puissent paroître conformes à la noble action qu'il veut peindre, & au génie du siecle auquel elle appartient. Qu'il sache donc rejetter ces faux ornemens, ces graces affectées, ces passions exagérées, ces formes hyperboliques & prodigieuses, qui de même que le grotesque & le fantasque, détruisent également la juste simplicité & l'unité essentielle dans un tableau. Quant à son coloris, il concevra combien il lui est à propos d'être sévere & réservé dans cette partie de son art, où le luxe & le libertinage du siecle se sont si universellement établis, par la contagion du goût moderne.

4. Cependant la raison, l'histoire (*a*) & l'expérience prouvent clairement qu'il n'y a rien de plus fatal à la peinture, comme à l'architecture & autres arts, que ce faux goût qui se

(*a*) Voyez Vitruve & Pline.

Chap. VI.

regle plutôt par ce qui frappe immédiatement les sens que par ce qui plaît à l'esprit & contente la raison. Si donc on régarde la peinture du même œil que les riches étoffes de nos femmes, que nos parures, nos équipages & nos ameublemens, il faut de toute nécessité que notre goût devienne efféminé, & incapable de porter un jugement sain sur ce genre: car on peut dire de cet art d'imitation, que quoiqu'il s'aide à la vérité des couleurs, & qu'il les emploie pour exécuter ses desseins, il n'y a rien cependant de plus éloigné de son but qu'un étalage de couleurs, qui porte aux sens par leur mélange un plaisir flatteur & étranger (*b*).

(*b*) Ce plaisir est absolument étranger, en ce qu'il n'a aucun rapport avec celui qui résulte naturellement du sujet direct & du travail de l'Artiste: car le sujet a toute sa perfection quant à l'art & à l'agrément, lorsque le dessein est exécuté, & que l'imitation est accomplie. Il vaut donc toujours mieux que les couleurs soient tempérées & subordonnées.

LETTRE
ECRITE D'ITALIE
AU SUJET DU
JUGEMENT D'HERCULE,
A MYLORD ***
IMPRIMÉE
POUR LA PREMIERE FOIS
EN L'ANNÉE M DCC XXXII.

Ante omnia Musæ.

VIRGIL. Æneid. Lib. II.

LETTRE ÉCRITE D'ITALIE
AU SUJET DU
JUGEMENT D'HERCULE,
A MYLORD ✱✱✱.

MYLORD,

Je vous envoie avec cette Lettre un petit Écrit que j'intitule une *Idée*: car c'est le seul nom que puisse mériter un opuscule où il ne s'agit que de former un projet, & cela relativement à un Art aussi vulgaire que celui de la Peinture. Au reste quelque soit le sujet, s'il peut vous amuser, j'aurai réussi. S'il parvenoit à vous intéresser, je commencerois à en avoir quelque bonne opinion; car il est bien difficile qu'une chose plaise à Votre Grandeur, à moins qu'elle ne soit utile & digne de vous occuper.

Je dois donc vous prévenir d'abord qu'après avoir formé l'esquisse que vous verrez, je me mis aussitôt à l'œuvre, & que la main d'un habile Artiste exécuta mon idée & me dessina un *Jugement d'Hercule* tel que je l'avois conçu. Ce n'étoit pas assez. Je voulus voir ensuite quel effet il feroit en couleur, & j'en fis faire un croquis coloré. Cet essai fut si bien reçu des Virtuoses qui sont très-habiles dans cette partie du monde, qu'ils m'engagerent à entreprendre le grand ouvrage. J'ordonnai auſſitôt que l'on préparât une toile de la grandeur convenable, & le peintre m'a fait des Figures auſſi grandes & plus grandes même que le naturel, parce que le ſujet étant du genre héroïque, il exige des figures au deſſus de la ſtature humaine.

Voilà comment mon idée, quelque légere qu'elle ſoit dans mon Ecrit, eſt devenue un ouvrage en forme. L'Artiſte travaillera encore quelque tems; ſans quoi je vous aurois envoyé le premier deſſein avec mon *Traité* & ma Lettre. Mais le deſſein ayant enſuite été changé en tableau, j'ai cru qu'il valoit mieux que V. G. vit les différentes pieces enſemble, ou ſeulement la meilleure qui ſera certainement le grand Tableau, ſi le Maître que j'emploie, ne tombe pas au deſſous de lui-même dans l'exécution de ce morceau.

Je ſuis bien éloigné, Mylord, de tirer quelque vanité de pareils amuſemens. Je ne prétens pas faire mon apologie à ce ſujet. Vous ſavez cependant que j'ai naturellement aſſez d'ambition pour m'employer avec plaiſir à des occupations plus importantes; car j'ai ſouvent eu l'avantage d'agir de concert avec vous dans les affaires publiques, & j'ai travaillé dans les mêmes vues ſur les intérêts de l'Europe & du genre humain. Il fut un tems, & cela dès ma premiere jeuneſſe, où ma Patrie reçut conſtamment le ſacrifice de mon zele & de mes ſervices. Mais après quelques années de travaux & de peines, ſoufferts de grand cœur, le mauvais état de ma ſanté m'a contraint non ſeulement

ment de renoncer aux affaires, mais même de paſſer dans ces climats, où malgré la douceur des hivers, j'ai bien eû de la peine à me tirer de ce dernier. Je m'occupe, comme le voit V. G. à des études faciles, les plus convenables à ma ſanté, & au génie du pays où je ſuis retiré.

En attendant, je puis vous prédire avec quelque ſorte d'aſſurance, par ce que j'ai obſervé du génie naiſſant de notre Nation, que ſi nous vivons aſſez pour voir une paix qui réponde à l'ardeur généreuſe avec laquelle cette guerre a commencé, & s'eſt pourſuivie, pour la défenſe de notre liberté & de celle de l'Europe (*), la conſidération que nous aurons probablement au dehors, & le treſor de connoiſſances, de ſens & d'induſtrie que nous acquérerons chez nous, rendront la Grande-Brétagne le principal ſejour des Arts: ſa politeſſe & ſes avantages dans ce genre montreront évidemment combien elle eſt redevable à ces conſeils qui lui ont appris à ſoutenir avec tant de réſolution la cauſe commune, celle de ſa propre liberté & de ſon heureuſe Conſtitution.

Je puis bien me ſouvenir du tems, où notre goût en Muſique étoit infiniment inférieur à celui des François. Le long regne du voluptueux Charles II., & les préférences marquées que l'on donna à la Muſique ſous un autre Prince, étoient incapables d'élever le moins du monde notre génie à cet égard. Mais dès que

---

(*) Cette Lettre a été écrite pendant la guerre de la ſucceſſion.

l'efprit de la Nation devenu plus libre, quoiqu'au milieu d'une guerre fanglante & de fuccès très-équivoques, fe tourna vers la Mufique, & qu'il étudia les chefs-d'œuvres de l'Italie en ce genre, à l'inftant même nous furpaffâmes les François; notre génie l'emporta fur le leur; nous nous formâmes l'oreille & le jugement, en un mot un goût qui va de pair avec le meilleur qui foit actuellement en Europe.

On peut en dire autant de la peinture. Quoique nous n'ayons encore rien de notre propre fond dans ce genre, qui mérite d'être cité; cependant comme nous marquons depuis peu de l'avidité pour les gravures, les eftampes, les copies & les originaux de ce qu'il y a de mieux dans l'Ecole Italienne, fi différente de l'Ecole Françoife, je ne doute pas que dans peu d'années nous ne réuffiffions également dans cet Art. Si notre goût nous engage à cultiver ces Arts, je fuis fûr que notre génie ne s'en tiendra pas au fimple amufement, mais qu'il nous élevera à la plus grave & plus fublime partie de l'imitation, qui concerne l'Hiftoire, la Nature Humaine & le premier ordre de la Beauté; je parle de la nature raifonnable diftincte de ce qui eft purement végétal & fenfible, comme les animaux ou les plantes. Votre Grandeur obfervera que j'ai indiqué les divers dégrés ou ordres de peinture relatifs à ces objets dans l'Ecrit que je lui envoie.

Quand à l'Architecture, il n'eft pas étonnant que tant de nobles deffeins dans ce genre ayent échoué parmi nous, puifque le génie de la Nation à été jufqu'ici fi peu tourné de ce côté, que nous avons vu patiemment sous plusieurs regnes les plus beaux édifices publics périr pour ainsi dire sous la main de l'Architecte de la Cour. Si ces Artistes avoient été capables de se former par l'expérience, il y a longtems que nous aurions formé à nos dépens les plus grands maîtres du monde. Mais je doute que notre patience aille encore bien loin. Le mal a été porté à un point que nous commençons à temoigner de l'humeur & à crier fortement lorsque l'on parle d'un nouveau palais détruit, ou d'un nouveau plan confié à quelque misérable Artiste.

Le bon génie de notre Nation a cependant conservé deux nobles sujets d'Architecture, savoir le Palais du Prince, & la Cour de Parlement: car je m'imagine que si l'on rétablit Whitehall, les Seigneurs & les Communes, qui sont dans le voisinage, tiendront leurs assises dans de plus beaux appartemens qu'à présent, quand ce ne seroit que par égard pour la majesté du Prince, qui paroît ici dans toute la pompe de sa dignité. Je ne crains pas qu'on fasse des bevues dans ces nouveaux sujets, comme il est arrivé précédemment dans d'autres. Peut-être que notre Etat sera plus heureux à cet égard que notre Eglise Nationale, en ce qu'il aura attendu que notre goût se soit formé avant que d'entreprendre ces édifices. Mais il y a apparence que le zele de la Nation ne pouvoit souffrir un si long délai à l'égard de ses Eglises & particuliérement de ses Métropoles. Puisqu'un pareil zele s'est excité nouvellement parmi nous, il est probable que nous verrons élever des clochers dans notre Capitale avec tant de précipitation qu'on accusera peut-être dans la suite notre goût de tenir extrémement de ce qu'on appelle le goût Gothique.

Vu la disposition actuelle du public, nous aurions de la peine à souffrir qu'on fit un Whitehall sur le modele d'Hamptoncourt, ou même une nouvelle Cathédrale comme S. Paul. Presque tout le monde s'intéresse actuellement à ces édifices publics. On se permet même de critiquer ces morceaux, qui quoiqu'élevés par des particuliers, montrent tant de grandeur & de magnificence, qu'ils deviennent en quelque sorte des décorations nationales. Le Paysan peut bâtir sa cabane, ou le simple Gentilhomme sa maison comme il le juge à propos: mais quand un Grand bâtit, le public ne l'épargne pas, si au lieu d'un beau monument, il érige avec des dépenses infinies un morceau faussement magnifique, que les connoisseurs condamnent, aussi bien que tout le peuple qui en pareil cas suit avidement leur opinion.

Dans la réalité le peuple est partie dans cette cause, & son suffrage n'est pas à méprifer. Rien ne réussit sans lui. Il est nécessairement renfermé dans ce qu'on appelle le *Public*; & sans la voix publique bien guidée & dirigée, il n'y a rien qui puisse exciter une véritable ambition dans l'Artiste; rien qui puisse élever son génie, ou le rendre jaloux d'une réputation qui lui concilie l'éloge de son pays & de la postérité. L'intérêt de son pays & de la postérité est le sien en qualité d'homme libre, & ce sentiment s'excite en lui par le même génie de liberté, & les mêmes loix de gouvernement qui lui affurent fa propriété & la récompenfe de fon induftrie, à lui & à fes enfans.

Tout contribue dans notre Etat au progrès des Arts & des Sciences. Quant aux arts d'imitation, tels que l'Architecture, la Peinture & la Sculpture, ils font en quelque forte enchaînés enfemble. Le goût d'un genre en amene néceffairement celui d'un autre. Lorfque l'efprit d'une Nation libre fe tourne de ce côté, le jugement fe forme, la critique s'éleve, le fens du public fe perfectionne, le bon goût s'établit, & fe fait jour malgré tous les obftacles. Il n'y a rien de plus utile, & de plus naturel aux Arts libéraux que le fier efprit de liberté, qui après avoir jugé des affaires les plus importantes, contracte l'habitude de juger librement d'autres fujets, & entre entiérement dans le caractere des hommes, de leurs mœurs, & de leurs productions dans les Arts & les Sciences. Nous devons beacoup Mylord, à l'excellence de notre Conftitution & de notre Monarchie legale. Notre fyftême eft heureufement conforme à notre génie; il peut feul contenir un fi puiffant peuple, dont tous les membres partagent, quoiqu'en différens dégrés, le gouvernement d'eux-mêmes; on les voit raffemblés fous un *Chef* dans une vafte Métropole, dont l'énorme grandeur, blâmable à d'autres égards, eft aujourd'hui caufe que tant d'Arts divers s'élevent à la perfection.

Je ne prétends point prédire les encouragemens que les hommes en place jugeront à propos de leur donner. Ce que je fais, c'eft qu'il eſt tellement de leur intérêt qu'on les encourage ſurtout pour eux-mêmes, que je ſouhaite qu'aucun Miniſtre ne s'en mêle jamais, à moins qu'il ne ſoit vertueux & ſage. Sans cela, ils feroient bien-tôt beaucoup plus de mal que de bien, puiſqu'il n'eſt pas dans le génie d'une Cour (comme ſont les Cours en général) de perfectionner le goût: elles le corrompent au contraire. Ce que leur exemple gâte au commencement, ne peut preſque plus jamais ſe rétablir.

Je ſuis donc fort content, Mylord, de notre poſition à cet égard. On ne peut regretter avec raiſon, à ce qu'il me ſemble, que l'Angleterre n'ait pas fait juſqu'ici plus de progrès dans ces Arts. A meſure que ſa Conſtitution s'eſt établie & perfectionnée, elle s'eſt proportionnellement diſpoſée à autre choſe: il n'y a pas ici d'anticipation. Elle doit être regardée comme heureuſe & ſage, en ce qu'elle s'eſt aſſurée un bon *goût* de gouvernement avant d'entreprendre d'en avoir un en d'autres genres. Elle a actuellement l'avantage de faire à ce ſujet le premier pas. Elle a encore à chercher ſes modeles, à ſe former un goût & des regles avec choix & délibération. Elle eſt aſſez en état aujourd'hui de ſe pourvoir elle-même, quoiqu'elle ait été laiſſée ſans ſecours par ceux qui ſont venus l'aider. Il eſt vrai qu'elle pourroit à peine fournir une Académie pour les exercices de ſa jeuneſſe. Quoique nous ſoyons bons ſoldats, & que notre climat donne d'excellens chevaux, nos Princes ont ſouffert que la jeuneſſe allât apprendre à manier le cheval chez une Nation étrangere, plutôt que de payer des

établiffemens pour cela. Quant aux autres A-
cadémies, telles que celles de Peinture, de
Sculpture & d'Architecture, on n'en a même
jamais parlé; tandis que le Monarque d'une
Nation rivale établit des Académies, fait élever la jeuneffe, & envoie des penfions & des
récompenfes dans les pays étrangers pour les
intéreffer au fien. Or fi malgré tous les efforts
de ce Prince étranger, & notre craffe indolence, le goût Anglois commence à s'élever, &
fe trouve déja à bien des égards fupérieur à
celui de nos voifins, qui ont cependant de fi
puiffans fecours, quelle plus grande preuve
peut-on donner de la prééminence de notre
génie fur le leur!

Je lis actuellement dans un article de la Ga-
zette, datée de Paris, qu'on a réfolu à la Cour
d'établir une nouvelle Académie pour la Politique. „ Le premier Miniftre actuel y préfide-
„ ra; il aura fous lui fix Académiciens *doués*
„ *des talens néceffaires*. Perfonne n'y fera admis
„ avant l'âge de vingt-cinq ans. Chaque Ele-
„ ve aura 1000 l. de penfion. Des Maîtres
„ habiles leur apprendront les Sciences nécef-
„ faires, & les inftruiront des Traités de Paix
„ & d'Alliance. Les Membres s'affembleront
„ trois fois la femaine. *C'eft de ce Seminaire,*
„ dit-on, *qu'on tirera les Secrétaires d'Ambaffa-*
„ *de, qui par dégrés pourront monter à de plus*
„ *hauts emplois.*"

Quelque admirateur que je fois, Mylord, de
ces Inftitutions, je ne puis m'empêcher de regarder une *Académie de Miniftres* comme un é-
tabliffement fort extraordinaire, furtout dans

une Monarchie telle que la France, & dans la conjonéture préfente. On diroit que les Miniſtres de cette Cour ont découvert quelque nouvelle méthode de négociation, à laquelle leurs prédéceſſeurs, Richelieu & Mazarin, n'ont jamais penſé; ou qu'au contraire ils ſe trouvent ſi embaraſſés ſur la maniere dont ils négocieront le Traité qu'ils defirent, qu'ils ſont réduits à prendre leçon de quelques-uns des Miniſtres avec leſquels ils traitent: ſituation, qui ſans doute leur eſt très-ſenſible.

Mais je n'ai pas deſſein d'offrir à V. G. des Réflexions ſur la Politique, ou ſur la méthode, dont les François peuvent ſe ſervir pour former de nouveaux Miniſtres ou de nouveaux Généraux, dont nous pourrions tirer toujours meilleur marché, tandis que nous gardons nos anciens. Je veux dire ſeulement au ſujet des Académies, que je ſerois moins ſenſible au mauvais ſuccès d'un pareil établiſſement chez nous, que s'il s'agiſſoit de tout autre. Quant à un *Seminaire d'Hommes d'Etat*, je ne doute pas que ſans ce ſecours extraordinaire, nous ne ſoyons capables de notre propre fond, & ſuivant le cours commun des affaires, de fournir conſtamment un nombre ſuffiſant de perſonnages habiles pour ſervir la patrie au dedans ou au dehors. Il faut toutefois qu'on recherche duement, honnêtement & de bonne foi ces gens qui peuvent ſervir avec honneur & intégrité.

Je reviens aux Arts de mes *Virtuoſes*, qui forment mon principal amuſement dans le lieu & la ſituation où je me trouve, donnant aujourd'hui une nouvelle preuve à V. G. que je ne puis m'occuper avec satisfaction d'aucun sujet, sans lui en faire part. L'idée même de ce *Jugement d'Hercule* m'est venue principalément d'un entretien que j'eus un jour avec vous à la campagne il y a quelques années. Vous me montrâtes quelques gravures que vous aviez reçues d'Italie. Je me souviens particuliérement d'une, qui rouloit sur le même sujet que celui-ci. Mais j'ai oublié de quelle main elle étoit, ou d'après quel Maître on l'avoit copiée. Nous étions pour lors en été, lorsque les affaires vous laissent du loisir. C'est pourquoi j'ai arrangé cette Epitre & mon *Projet* pour la même circonstance: car le printems sera fort avancé avant que ceci vous parvienne ; & le cours des affaires publiques sera fini pour ceux qui ne participent pas immédiatement à l'administration.

Si V. G. étoit actuellement dans le Ministere, je ne sais si j'oserois, par égard pour mon pays, vous offrir de pareils amusemens. Cependant même en pareil cas, je me hazarderois de dire pour la défense de mon *Projet* & de la cause de la Peinture, que si mon jeune Héros pouvoit nous parvenir aussi brillant qu'il auroit pu être sous le pinceau d'un Marate ou d'un Jordano, qui étoient les Maîtres renommés à mon premier voyage d'Italie, le Tableau auroit mérité quelque attention, quoiqu'on eut pensé de mon Ecrit; un pareil ouvrage auroit pu devenir un présent digne de notre Cour & du palais de sa Majesté, surtout si le ciel lui eut accordé une postérité. Ce morceau iroit fort bien dans la galerie ou dans la fale d'exercice, où nos jeunes Princes recevroient leurs inftructions. Le fpectacle de la Vertu dans cet appareil & cette action pourroit fe préfenter à leur fouvenir, & les engager à faire un jour la même épreuve fur eux-mêmes; épreuve dont leur bonheur & le deftin de l'Europe & de l'univers entier dépendroient en grande partie.

C'eft tirer, comme vous voyez, tout le parti poffible de mon projet, & mettre mes amufemens dans le plus beau jour, afin que V. G. foit plus difpofée à excufer la liberté que je prens de lui en faire part. Je fuis avec un entier devouement.

SHAFTSBURY.

Naples le 6. Mars, 1712.

LETTRES

A

UN JEUNE-HOMME

A

L'UNIVERSITÉ,

IMPRIMÉES

POUR LA PREMIERE FOIS

EN L'ANNÉE M DCC XVI.

LETTRES
A
UN JEUNE-HOMME.

LETTRE I.

A Londres ce 24 Février 1706-7.

J'ACCEPTE avec plaisir, Monsieur, l'offre de votre correspondance. La confiance que vous me témoignez m'est d'autant plus flatteuse qu'elle procede de la droiture & de la simplicité du cœur: qualités qui constituent, selon moi, le plus excellent caractere. Avec de telles dispositions, l'étude des Sciences & de la Philosophie ne sauroit manquer d'avoir d'heureux succès: on n'a rien à craindre de cette *vanité qui enfle*; & l'on ne risque point de donner dans cette fausse sagesse que l'Ecriture appelle une *vaine & orgueilleuse philosophie*. Lorsqu'on se propose pour but de perfectionner son entendement & sa raison, de devenir meilleur, plus raisonnable, & plus propre au service de Dieu, nous ne saurions douter que notre travail ne lui soit agréable. Mais si au lieu d'être animés par l'envie de rendre au Créateur ce qui lui est dû, & de remplir nos obligations envers nos semblables, nous sacrifions à la curiosité, nos recherches sont vaines & d'autant plus vai-

LETT. I.
24 Fév.
1796-7.

nes qu'elles ont un faux air d'importance & de supériorité.

Il s'enfuit que, quoiqu'il n'y ait point d'étude plus avantageuſe même à la Théologie, que celle de la Logique, de la Métaphyſique & de ce que l'on appelle ordinairement *Science de l'Univerſité*; cependant rien n'eſt plus dangereux pour un Eſprit jeune, inconſidéré, &, qui pis eſt, trop prévenu en faveur de cette ſcience; comme ſi toute la ſageſſe conſiſtoit à ſavoir réſoudre les énigmes puériles des Scholaſtiques qui, dans ces derniers ſiecles, ont trouvé le vrai moyen de détruire la Religion par la philoſophie, & de rendre la raiſon & la philoſophie ridicules par l'air mauſſade & pédant qu'ils leur ont donné. Puiſque votre deſtin eſt de paſſer vos premieres années dans une Univerſité, il eſt bon que l'on vous apprenne à ſecouer de bonne heure ces honteux préjugés.

En attendant je ne ſuis pas fâché de vous avoir prêté l'*Eſſai* de Mr. Locke *ſur l'Entendement humain*. Il eſt auſſi de miſe à l'Univerſité que dans le monde, & auſſi propre à nous diriger dans les affaires de la vie que dans les Sciences. Je ne connois aucun ſavant qui ait autant contribué que lui à retirer la philoſophie de l'état de barbarie, à l'introduire dans le monde poli, & à la faire recevoir de ces hommes élégans à qui elle auroit fait horreur ſous ſon ancienne forme. Il nous a appris à penſer & à raiſonner. Une ſeule choſe m'étonne, c'eſt qu'il ſe ſoit trouvé parmi nous des Eccléſiaſtiques qui l'ont blâmé d'avoir donné tant de poids & d'autorité à la raiſon dans les matieres religieuses. Ils ne voyoient donc pas que l'usage de la raison étoit le seul moyen propre de nous défendre de l'Esprit d'enthousiasme & des autres ennemis de la Religion. Il n'y avoit que cette arme qui put combattre avec avantage ces visionnaires qui nous ont assaillis si impétueusement dans le dernier siecle, & que l'on regarde encore aujourd'hui comme si terribles & si dangereux.

LETT. L.
24 Fév.
1706-7.

Quoique je regarde notre Eglise comme à l'abri de tout danger ; cependant si nous en croyions ces gens qui blâment l'usage de la raison dans les matieres religieuses, nous serions bientôt en proie à toutes sortes de fanatiques. Car qu'est-ce que le fanatisme ? Sur quoi est-il fondé ? Sur des illuminations intérieures, des communications extraordinaires de l'Esprit, des conceptions inintelligibles, des mouvemens & des sentimens que personne ne comprend, & que ceux même qui prétendent les éprouver, ne peuvent exprimer, sur des inspirations subites qui les portent à prophétiser, à prier, à prêcher, &c. Tels sont les fondemens du fanatisme. Un froid raisonnement suffit pour les faire crouler. Ecoutez les chefs de ces prétendus inspirés : ils vous diront que toute inspiration cesse, que la source des dons de l'Esprit & des graces surnaturelles tarit, dès qu'ils veulent s'en rapporter au témoignage de la froide raison. Ils prétendent en secouer le joug, parce qu'elle ne leur est pas favorable. Pour nous, renoncer à la raison, ce seroit renoncer à notre Eglise. Et que veulent ces fanatiques ? Croient-ils que nous les préférerons

Lett. I. jamais à nos Tillotſons, à nos Barrows, à nos
24 Fév. Chillingworths, à nos Hammonds? Et certai-
1706-7. nement il faudroit regarder ces fermes appuis
de notre Egliſe comme des impies téméraires,
ſi nous devions renoncer à l'uſage de la raiſon
ſi décrié par les ennemis de Mr. Locke. Tel
eſt pourtant l'eſprit de quelques controverſiſtes.
J'ai appris derniérement qu'un de nos Eccléſiaſtiques, homme d'un grand ſavoir & d'un
zele encore plus grand étoit devenu Calviniſte
outré ſur tous les points de la prédeſtination,
de la gratuité de la grace, &c. & que preſque
tous ceux qui ſous les deux regnes précédens
avoient montré le plus d'oppoſition au Calviniſme, avoient changé ſous celui-ci. La raiſon en eſt ſenſible. Nos Evêques & tout le
Clergé titré, qui certainement ſont la plus ſavante & la plus ſaine partie de nos Eccléſiaſtiques ſe ſont déclarés pour la modération & la
tolérance à l'égard des dogmes du Calviniſme.
Mais par une conſéquence naturelle, ils ſont
également inclinés à tolérer tout autre point.
Hinc illæ lacrymæ.

Il veulent une *tolérance entiere & inviolable*,
ainſi que s'exprimoit auſſi noblement que Chrétiennement notre Reine dans un Diſcours public il y a un ou deux ans. Et voila juſtement
ce qui deplaît à nos fanatiques qui mépriſent
la douceur de leur Divin Maître & le gouvernement modéré de notre Auguſte Reine. Ils
préferent cette affreuſe tyrannie de l'Egliſe,
compagne trop ordinaire du gouvernement le
plus déteſtable, telle que nous la voyons montée au plus haut degré en France. Dieu nous
pré-

préserve à jamais de ce Despotisme Ecclésiastique, & des entreprises de ceux qui y aspirent. Remercions la Providence des graces qu'elle nous a faites à cet égard; & prions-la de continuer à répandre le bonheur & la gloire sur notre Reine & sur notre pays.

Adieu, Monsieur, je suis votre ami, &c.

LETTRE II.

Le 10 Mars 1707.

Puisque vous vous sentez, une si forte disposition pour les études de l'Université, & que la maturité de votre raison & la droiture de votre cœur vous mettent à l'abri de la contagion de ces Ecoles corrompues où l'on enseigne des sciences futiles & erronnées à la place des vrais principes; soyez sûr, Monsieur, que de mon côté je ne manquerai point de vous aider de mes conseils, puisque vous croyez qu'ils peuvent seconder vos bonnes intentions. Vous me trouverez toujours prêt à contribuer à la perfection de votre raison, lorsque je verrai le fruit de vos études, & la bonté de votre caractere répondre aux principes heureux & aux semences de vertu que la nature a mis dans vous.

Je suis charmé de voir l'estime que vous faites de la raison & de la liberté de penser. Vous conserverez, je l'espere votre piété & votre vertu, surtout puisque votre goût vous porte

Tome III. X

Lett. II.
10 Mars
1707.
vers ces études sérieuses auxquelles d'autres se livrent inconsidérement & sans avoir consulté leur cœur.

Dieu veuille vous diriger, & vous confirmer dans la pratique de la vertu & de la Religion ! De si bons commencements méritent qu'il vous accorde la grace de la persévérance. Vous savez que le grand principe de la Charité, n'est point le fruit de ces sombres spéculations, ni de cette philosophie ténébreuse & monastique, mais de la conduite morale, de l'amour du genre humain & de l'étude de leurs intérêts. Et quel est le plus grand bien de l'homme, sinon ce précieux avantage qui l'éleve au dessus des brutes, je veux dire la *liberté de la raison* dans le monde savant, & un *gouvernement libre* dans le monde civil ? La tyrannie dans l'un de ces deux mondes est bientôt suivie de la tyrannie dans l'autre. Un peuple esclave est bientôt avili jusqu'à la condition des brutes, tant pour les connoissances que pour la conduite civile.

Le vrai zele pour Dieu ou pour la Religion doit être fondé sur l'amour réel du genre-humain ; & l'on ne peut avoir cet amour réel des hommes, si l'on ne connoît bien leurs véritables droits, dont le plus grand est sans contredit la *liberté*, glorieux apanage que Dieu & la nature ont donné à la créature raisonnable pour soutenir la dignité de son être. Ceux donc qui violent ce principe sacré, trahissent les plus beaux droits & les intérêts les plus essentiels de l'homme : ils trahissent encore la Religion & la tournent contre elle-même.

Je vous salue, & suis &c.

LETTRE III.

Le 19 Novembre 1707.

Que je vous aime & vous eſtime, ſi les ſentimens de votre cœur ſont analogues aux principes que vous me donnez pour les vôtres !

Ne croyez pas que je vous ſoupçonne d'une telle baſſeſſe que l'hypocriſie & une fauſſe vertu. Je ſuis pleinement perſuadé que vous penſez ce que vous écrivez. Mais hélas ! tel eſt le malheur de la jeuneſſe, ou plutôt de la Nature humaine, qu'il eſt plus aiſé de ſe former les plus ſublimes idées de la vertu & de la bonté, que de pratiquer ce qu'elle a de plus ordinaire. C'eſt peut-être pourquoi la vertu eſt ſi mal pratiquée. On ſe fie trop à des impreſſions qui ſemblent d'abord ſi fortes, & qui s'éteignent tout-à-coup. Nous avons aſſez bonne opinion de nous-même pour croire que nous mettrons ſurement en pratique des principes qui, à la premiere vue, nous paroiſſent ſi beaux & ſi engageans. Nous nous enivrons du plaiſir de contempler la vertu dans l'image que nous en offre notre entendement ; & dès que nous ſortons de ces ſublimes ſpéculations, nous ſommes froids & inſenſibles pour la pratique de ce qui nous avoit paru ſi digne de nos pourſuites. Plus nous avons été élevés dans nos contemplations, plus nous ſommes lents à agir.

Souvenez-vous de vous modérer ſur ce point. Que vos contemplations ne ſoient guere au

Lrt. III. dessus de ce que vous pouvez pratiquer. Il y
19 Nov. a une sorte d'ambition spirituelle contre laquel-
1707. le vous devez vous mettre en garde. En li-
sant quelques-uns des Théologiens que vous
m'avez quelquefois cités dans vos Lettres, j'ai
remarqué que plusieurs d'entre eux se sont éga-
rés à la poursuite d'une perfection au dessus de
leur portée.

Cependant je ne suis pas fâché de voir que
vous n'êtes point du nombre de ces ames grossieres & massives, incapables de rafinement
spirituel. Je suis bien-aise que vous vous éle-
viez au dessus de ces esprits terrestres qui ap-
pellés à la plus haute spiritualité ne connoissent
d'autre préparation pour y parvenir que la connoissance des *formes* & des *entités* scholastiques.
Je vous estime heureux de connoître d'autres
exercices d'esprit & de cœur, que ceux auxquels se bornent ces génies indolens & ré-
trécis.

Vous sentez qu'il y a une autre sorte d'étude, une méditation plus profonde, qui convient à ceux qui doivent servir d'exemple au
genre-humain, & d'expliquer aux autres la loi
& les préceptes sacrés que notre Divin Sauveur a enseignés à ses Disciples pour en rendre
la connoissance générale.

Nous sommes chargés, nous tous qui avons
des lumieres au dessus de celles du vulgaire
ignorant, nous sommes chargés d'expliquer au
Peuple les raisons & les fondemens de la Loi
Evangélique & sa conformité avec la Loi Naturelle dont elle est la perfection ; nous devons
lui montrer combien elle est avantageuse à la

société, favorable à la paix & au bonheur de chaque individu. Ce n'est que dans le cas où la voie d'une persuasion douce & bénigne n'est pas suffisante, qu'il est permis d'employer l'idée du feu & du soufre, & les peintures terribles des châtimens dont Dieu menace les prévaricateurs, par un effet de sa bonté; car c'est pour leur bien.

Quant à nous, conservons notre liberté: souvenons-nous que la loi du Christianisme est une *loi parfaite de liberté*. Ce que vous dites à ce sujet me touche infiniment. Nous sommes faits, dites-vous, pour contempler & aimer Dieu d'un amour libre & volontaire. Il est vrai: vous sentez aussi que cet amour libre est un mystere trop profond pour ceux avec qui vous vivez. A peine savent-ils ce que c'est que triompher des appétits sensuels. Ils se croient assez justes & assez saints pour enseigner la plus pure des Religions, s'ils sont exempts de ces vices & de ces forfaits que poursuit le glaive de la justice humaine. Quant aux biens temporels, ils en sont si peu détachés que vous les voyez faire les plus grands efforts pour les obtenir, faisant tout ce qu'il faut pour exciter les desirs d'un cœur qui ne peut jamais aimer véritablement Dieu, lorsqu'il est tout occupé de l'amour des richesses & des biens de la terre.

Dieu veuille que puisque vous connoissez une meilleure voie, vous gardiez cette discipline pure, chaste & sainte, & que vous veilliez assez sur votre cœur, vos yeux & vos autres sens pour les tourner uniquement vers Dieu en qui seul vous pouvez trouver le repos & le bonheur.

Portez-vous bien, Monsieur, & continuez à m'écrire de temps en temps.

LETTRE IV.

Le 2 Avril 1708.

J'AI reçu toutes vos lettres, Monsieur: je suis enchanté de vos sentimens, parce que je crois que ce sont réellement les vôtres. C'est votre cœur qui conduit votre main; je n'en doute pas. Vous savez du reste combien je vous ai recommandé une entiere liberté, surtout avec moi. Je voudrois que vous me parlassiez d'une maniere encore plus simple & plus nue, s'il étoit possible. Je ne considere que le cœur. Réservez pour d'autres occasions les ornemens du style & cette Rhétorique qui seront de mise ailleurs; plus vous m'écrirez simplement, & plus vous me ferez de plaisir. J'ose dire aussi que la confiance que vous m'avez vouée, vous fait une loi de cette simplicité.

Vos pensées sur la *Liberté Chrétienne* m'ont paru fort sensées. On ne sauroit trop estimer cette précieuse liberté qui nous empêche d'être des esclaves ou des persécuteurs en matiere de Religion, qui concilie nos devoirs envers les hommes nos semblables avec ce que nous devons au Créateur, & nous rend ainsi de vrais enfans de Dieu.

Un esprit libre ne sauroit guere manquer de réussir dans la poursuite du vrai bien, s'il le voit. Les difficultés ne le décourageront point. Notre plus grand ennemi est dans nous. L'Ame, qui ne cherche point à s'aveugler ni à se tromper, se porte naturellement à ce qui est bon & digne d'elle. Tout ce qui est bas & servil la révolte. Il n'y a que l'esclavage des passions, & l'attachement aux faux biens de la terre qui puisse ôter à l'homme le goût de sa liberté naturelle, surtout de la liberté de conscience.

Let. IV. 2 Avril 1708.

Il faut être bien corrompu, pour trouver son bien dans la servitude. Mais il y a des Ames de boue que l'intérêt seul guide: soit un intérêt particulier & personnel, soit un intérêt de corps & de cabale. Il est vrai que dans ce dernier cas, on affecte de ne chercher que le bien public dans l'Eglise ou dans l'Etat; & ce prétexte, tout abusif qu'il est, fait souvent que l'on renonce à tous les principes de la raison, que l'on s'oppose ouvertement à la Vérité.

Tous les hommes ne sont pas méchans jusqu'à ce point. Il y en a qui ont plus de foiblesse & d'indolence dans le tempérament que de noirceur dans le caractere: il y en a encore que l'attrait seul du plaisir & de la débauche met sous le joug du péché & de l'ignorance. La corruption des mœurs est voisine de la servitude politique. Lorsqu'on se plaît dans l'esclavage des passions & de la volupté, jusqu'à y trouver son bonheur; il n'est pas étonnant que l'on ne fasse plus aucun cas de la liberté de penser. On méprise alors toute liberté civile &

Lxt. IV. ſpirituelle: on en a tellement perdu le goût,
2 Avril qu'on craint de rompre ſes chaînes.
1708.
  Une tyrannie en ſoutient une autre: un eſclavage en amene un autre. Le vice conduit
à la ſuperſtition: c'en eſt un ſuppôt. La ſuperſtition de ſon côté ne lui eſt point ingrate:
elle favoriſe le vice. La ſuperſtition encore
fomente l'eſprit perſécuteur; & l'eſprit perſécuteur s'arme pour la ſuperſtition.

  Le vice & l'intempérance ſont une eſpece de
perſécution intérieure. Ici commence la violence. La vérité eſt opprimée par l'injuſtice.
La raiſon, cette faculté la plus précieuſe de
l'Ame, & qui eſt quelque choſe de céleſte &
de divin, eſt perſécutée, enchainée & comme
anéantie. Ceux qui ſont ſoumis à cette tyrannie, en prenne bientôt l'eſprit: ils parviennent
à un tel degré de perverſité qu'ils regardent la
loi de la vertu comme une loi contre nature.

  Ainſi dans les gouvernemens deſpotiques, les
peuples ſoumis au pouvoir arbitraire, aiment
une telle forme de gouvernement, ſi pourtant
on peut donner le nom de forme à ce qu'il y a
de plus monſtrueux dans le monde moral, à
une tyrannie qui, comme celle du vice même,
ne reconnoît ni loi ni ordre.

  Dans cet état l'eſprit ne peut rien produire
que de mauvais. Car lorſque la raiſon, anta-
goniſte du vice, eſt regardée comme une ennemie de l'Ame, parce qu'elle s'oppoſe à ſes
paſſions les plus chéries, elle n'eſt pas écoutée.
On ſe défie toujours de ſes moindres entrepriſes ſur l'eſprit, & l'on travaille à la réduire au
ſilence, ou à la corrompre en faveur des paſ-

fions. Tout ce qu'elle dit eſt réputé menſonge, parce qu'elle parle un langage différent de celui de la ſuperſtition. Ses principes ſont chimériques dans les ſciences, impraticables dans la ſociété, ſéditieux dans l'Etat, hérétiques dans l'Egliſe : ils ſont même regardés comme dangereux en philoſophie ; quoique la philoſophie ſoit le département propre de la raiſon, & que ſon autorité doive y être reſpectée comme le ſeul guide convenable.

Tel eſt le caractere de certaines ſociétés qui pourtant ne manquent ni d'eſprit, ni de ſens, ni même d'un certain ſavoir. Mais ceux qui fréquentent ces ſociétés, découvrent aiſément ce qui en eſt, pour peu qu'ils faſſent uſage de leurs yeux pour en reconnoître les mœurs & l'eſprit.

Il eſt évident que la ſource de tous ces deſordres eſt la tyrannie des vices les plus bas, la pareſſe, l'avarice & l'intempérance. L'ambition ſe met de la partie. Il faut de l'autorité, il faut un pouvoir temporel d'une certaine étendue, pour ſe mettre en état de ſatisfaire & de nourrir les autres paſſions dont nous venons de parler. Auſſi voyons-nous qu'elles ſont bien traitéés partout ou l'ambition a deſſein de les faire ſervir à ſes vues : au lieu que la vertu eſt regardée d'un mauvais œil : on la dédaigne, on la mépriſe, comme un meuble inutile. Et en effet quel homme vraiment libre, & jaloux de ſa liberté intérieure, pourroit voir ſans horreur & ſans indignation, la vérité, la raiſon, & l'innocence opprimées ?

Lет. IV.
2 Avril 1708.

Let. IV.
2 Avril
1708.

Vous avez heureusement assez de jugement pour savoir à quoi vous en tenir. On ne vous séduira pas. L'imposture aura beau se déguiser, vous la reconnoitrez toujours, & la détesterez. En garde contre la suffisance & l'orgueil, vous saurez apprécier les autres & vous-même. Vous sentez le prix de la liberté. Conservez la vôtre & faites en l'usage qu'il convient. A l'égard de la conduite extérieure, soyez doux, soumis, & modéré. Que votre ame soit toujours libre: c'est l'homme intérieur qui ne doit point recevoir de chaînes de qui que ce soit. Les autres n'ont pas besoin de vos leçons, & vous n'êtes pas chargé de leur en donner. Préservez-vous de la contagion, voilà votre tâche: elle est grande, & si vous la remplissez, vous aurez fait tout ce que la raison exige de vous. Ayez bon courage; attachez-vous plus à la chose, qu'à l'apparence. Défiez-vous du zele qui nous porte à vouloir réformer les autres: c'est souvent une illusion de l'orgueil; un masque que l'amour-propre prend pour cacher ses vices particuliers.

Gardez votre vertu pour vous-même. Quand on n'est point chargé de la conduite des autres, c'est assez d'être honnête à ses propres yeux, & le témoignage d'une bonne conscience suffit. Une vertu sans prétention sera votre sureté, & peut-être deviendra-t-elle plus utile aux autres qu'un mérite plus éclatant. Apprenez à converser avec vous-même, ou avec moi par lettres. N'inquiétez point les autres: ne cherchez point les occasions de découvrir vos sentimens. Dire la vérité à des personnes qui ne font pas en état de l'entendre, c'est la profaner. La dire à ceux qui font disposés à la persécuter, c'est la trahir.

Let. IV.
2 Avril
1708.

Songez que la liberté est le premier des biens. Domptez de bonne heure vos passions, j'entends celles que la raison reprouve. Subjuguez les préjugés de l'enfance. Lorsque vous aurez enchainé les unes & dissipé les autres, alors vous pourrez vous livrer en toute liberté aux plus sublimes spéculations. Alors la Religion ne trouvera rien dans vous qui lui soit opposé. Alors, en dépit de la superstition & de tous les tyrans Spirituels de la terre, vous trouverez cette vie de l'ame; la plus douce de toutes les vies, bien différente de ce qu'on la représente ordinairement.

Telle est la conduite que vous devez tenir dans le lieu où vous êtes. Vous ne devez pas permettre une autre. Du reste elle ne vous oblige à rien de bien difficile & que vous ne puissiez pratiquer à toute heure, au milieu des affaires & de vos occupations accoutumées, sans le secours des livres ou de la retraite. Plus vous vous asservirez à cette pratique, & plus vous jouirez de cette liberté qui est le fruit de l'obéissance & de la soumission à la raison. Ceux même qui par leur hauteur & leur dureté chercheroient à vous rendre esclave, & à vous inspirer des sentimens serviles, contribueront plus que tous les autres à votre liberté, en vous apprenant à détester cet esprit persécuteur qui ne prend jamais sa source que dans les passions les plus basses. Ces ames vicieuses & cruelles vous feront comprendre cette gran-

Lɪᴛ. IV.
2 Avril
1708.

de vérité, qu'*un tyran eſt un eſclave*. Montrez-moi un ſeul perſécuteur qui ne ſoit ſous l'eſclavage du vice, le pire de tous.

Soyez perſuadé que tant que le cœur ſe préſervera de la corruption, il aura l'amitié de l'eſprit, & que degagé de toute entrave ſpirituelle, il avancera à grands pas dans le chemin de la perfection. Ainſi la vertu ſe ſert de récompenſe à elle-même. Car qu'elle récompenſe peut-elle avoir qui ſoit plus de ſon goût, que celle qui eſt la plus convenable à ſa nature: Et qu'y a-t-il de plus convenable à la nature de la vertu, que la vertu même. Le bonheur du ciel même ne peut conſiſter que dans une augmentation de grace, de vertu & de lumieres qui nous mettra en état de comprendre de plus en plus la vertu par excellence, la ſuprême perfection, la ſource de toute bonté, la cauſe infinie de tout ce qu'il y a de bien & de vertu dans l'Univers. Puiſſe cette ſource de toutes les graces, favoriſer & ſanctifier vos études. Adieu.

LETTRE V.

Le 28 Janvier 1708-9.

Jᴇ penſois ce matin ce que vous étiez devenu. J'étois prêt à écrire à Mr. votre pere pour lui demander de vos nouvelles. Votre Lettre m'a tiré d'inquiétude de la maniere la plus agréa-

ble, en m'apprenant l'utile emploi que vous a- LET. V.
vez fait de votre temps pendant un silence de 28 Janv.
plus de huit mois. 1708-9.

C'étoit à dessein, n'en doutez pas, que je vous parlai autrefois de la langue Grecque, lorsque vous me demandiez quelles étoient les sources du savoir & des vraies lumieres tant en morale qu'en théologie. Je n'avois pas envie de vous induire en erreur, & je ne parlois pas au hazard. Je vous indiquois la source, mais en même temps je vous conseillois de ne pas perdre courage & de ne pas renoncer aux connoissances que vous n'étiez pas en état de puiser dans les originaux. Cette source se distribue en une infinité de canaux qui peuvent vous fournir autant de savoir que vous en avez absolument besoin dans votre état, quelqu'élevé qu'il puisse être.

Vous m'écoutiez avec attention, & plein d'ardeur pour ce qu'il y a de plus excellent, vous prîtes une résolution digne de vous, d'aller puiser la Science à sa source. Je ne comptois pas, à la vérité, que vous vous hâteriez d'exécuter ce beau dessein. Ayant assez d'acquit pour exceller dans une carriere moins épineuse que l'étude des Lettres Grecques, je ne m'attendois pas que vous tourneriez vos vues & vos forces vers ce côté. Quoi qu'il en soit, j'en apprends la nouvelle avec plaisir. Je vous en félicite, & je prie le ciel qu'il couronne votre noble & généreuse audace. Ayez autant de modestie & de simplicité dans toutes vos autres démarches que vous avez montré de fierté & de courage dans celle-ci.

Let. V.
28 Janv.
1708-9.

La même providence qui me porta à vous parler de la langue grecque, a dirigé vos pas dans l'exécution de votre projet. Vous ne pouriez commencer par une lecture plus convenable que celle des Commentaires de Simplicius. Cet Auteur est également propre à perfectionner votre cœur & votre esprit, si toutefois on doit distinguer ici la perfection de l'un de celle de l'autre. Mais hélas! il n'arrive que trop souvent qu'on appelle perfectionner son esprit, se livrer à des spéculation seches & de pure curiosité. Tout savoir, soit en théologie ou en toute autre science qui ne tend pas directement à nous rendre meilleurs, plus doux, plus justes, plus tolérans, ne mérite pas ce titre. Cette philosophie creuse qui compose ou décompose, qui compare ou oppose des idées simples, complexes, ou réfléchies; cette méthaphisique subtile, & sophistique; cette étude oiseuse de la nature qui bâtit ou renverse des systêmes, l'Aristotelisme, le Cartésianisme, ou toute autre pareille chimere; l'astronomie qui mesure la distance des planetes, suit leur course, détermine leur figure, & cherche la cause qui les tient suspendues dans un vuide immense; en un mot toutes ces autres parties de la science qui se bornent à la seule curiosité, sont si éloignées de perfectionner notre esprit, que sans la plus grande attention, elles seroient capables de le jetter dans les plus grands égaremens, & de rendre les hommes plus opiniâtrement attachés à leurs vices & à leur ignorance.

Ceci me rappelle un excellent morceau de

A UN JEUNE-HOMME.

vrai favoir qui, par le fond, eft étroitement lié aux ouvrages de Simplicius & d'Epictete. C'eft *le Tableau de Cebés*, Philofophe de l'Ecole de Socrate, & Difciple de Platon. C'eft une piece d'or, felon moi. Je vous confeille de l'étudier avec foin. Je voudrois que vous l'euffiez gravée dans le cœur. Le Grec en eft pur. Ce Tableau vous fera comprendre de la maniere la plus fenfible la diftinction que je fais entre le vrai favoir & les Sciences futiles, entre la vraie & la fauffe fageffe.

Quant au Divin Platon, je ne vous recommande de lire, quant à préfent, qu'un ou deux Dialogues: le *premier* & le *fecond Alcibiades*. Car il faut aller par dégrès: une marche trop précipitée vous expoferoit à bien des faux pas, qui vous reculeroient plus que vous n'avanceriez.

Lifez & relifez ces excellens morceaux de Philofophie. Sufpendez pour quelque temps la Lecture d'Epictete: lifez du Livre de l'Empereur Marc-Antonin ce que vous en pourrez comprendre fans le fecours des Commentateurs, quoique nous en ayons deux excellens, Gataker & Cafaubon. Ainfi ne vous arrêtez point aux paffages qui vous paroîtront fouffrir quelque difficulté: vous perdriez votre temps à des difcuffions qui ne vous conviennent point à ce moment; bornez-vous au paffages aifés: marquez-les, lifez-les fouvent, il ne fera pas inutile de les copier. Comme je vous fuppofe bon économe de votre temps, vous trouverez aifément des momens pour tout; & il faut bien que vous ayez mis les minutes à profit, autre-

Let. V.
28 Janv.
1708-9.

ment vous n'auriez pas fait de si grands progrès en si peu de temps.

Cependant craignez l'indiscrétion. Ayez soin de votre santé: c'est la base de tout. Prenez un exercice modéré; la promenade est nécessaire. L'esprit n'est point à l'aise, lorsque le corps souffre. Les gens de lettres ont plus besoin de dissipation que les autres. La récréation est un devoir pour eux. S'ils le négligent, ils ruinent leur santé & leur tempérament. Le tempérament a une grande influence sur l'esprit. Un vase mal-propre gâte tout ce qu'on y met, quelque excellent qu'il soit. Jamais nous ne devons être plus gais, plus vifs, plus enjoués, plus contens de nous-mêmes, que lorsque nous sommes plus appliqués à la contemplation de Dieu & de la Vertu. Si donc nous voyons des Théologiens mornes, durs, austeres, c'est que leur caractere est aigri par les mauvaises humeurs qui dominent en eux, fruit impur de leurs études dures & forcées, & que leur esprit affecté par un tempérament bilieux, leur représente la Divinité sous les traits hideux dont le modele est dans eux.

Je reviens à vos Lectures Grecques. Il vous sera plus avantageux de lire dans un court abrégé ce qui est bon & aisé à comprendre, que de feuilleter un grand nombre de Livres ou de perdre votre temps à discuter des difficultés.

Je vous ai réduit à trois livres; j'y en ajoute un quatrieme, c'est Lucien. Je voudrois que vous en lussiez de temps en temps quelques

A UN JEUNE-HOMME.

ques pages. Lucien? Oui, lui-même, j'ai mes raisons pour cela. C'est un des Ecrivains les plus polis du dernier âge des Lettres Grecques. Il a fait comme le geai de la fable. Il a pillé les ouvrages les plus excellens par la voie du Dialogue, méthode commune à tous les anciens Philosophes qui ont écrit, & dont les ouvrages ont péri pour la plupart. Je conjecture que l'impiété de Lucien est ce qui l'a préservé du naufrage commun à tant de bons Auteurs. Les Chrétiens prirent un soin particulier de conserver ses ouvrages: ils trouverent ce philosophe si dissolu & si impie dans sa maniere d'écrire, raillant impudemment toutes les Religions & surtout la sienne, qu'ils ne furent pas fâchés de voir le Paganisme tourné en ridicule par un payen même qui traitoit avec la même impiété les Auteurs les plus respectables: car il n'étoit pas étonnant que ce malheureux Athée parlât d'une maniere aussi indécente de Moyse & de Jesus-Christ que de Platon & de Socrate, & qu'il témoignât autant de mepris pour la Religion Chrétienne que pour la sienne. Les Dialogues de ses courtisans sont marqués au coin de la plus horrible licence, & contraires à toutes les bonnes mœurs. Ses Dialogues des Dieux sont une bouffonnerie continuelle, où il maltraite Platon, Socrate, & les plus illustres Payens, comme s'ils eussent été réellement aussi meprisables qu'il les peint. Mon intention n'est pas de vous faire apprendre le Grec pour lire de pareilles infamies. Parmi les Dialogues attribués à Lucien, il y en a qui ne sont pas de lui & dont la Lecture peut-être utile. Tel est en particulier celui où il est question des Cyniques, & quelques autres traités assez plaisans.

Il est assurément essentiel de préserver notre esprit & notre cœur de la contagion de la Volupté. C'est un point de la plus grande importance. Ne croyez pas pourtant que je sois partisan ou imitateur de ces théologiens austeres, ennemis des plaisirs les plus innocens, & qui ne peuvent souffrir que ce qui porte l'empreinte de l'autorité soit dans la conduite de la vie, soit dans le choix & le genre des études. Vous allez voir que je suis d'une humeur différente. Rappellez-vous ce goût qui parut dominer en vous dès votre plus tendre enfance, & que vous parûtes avoir envie de cultiver. Je veux dire votre goût pour l'art de la peinture. Si vous eussiez été destiné à être un Artiste renommé dans le genre le plus noble, celui de l'histoire, & que je vous eusse envoyé en Italie & ailleurs, pour y apprendre la maniere des grands maîtres; quel avis croyez-vous que je vous eusse donné? Je ne dis pas comme Chrétien, comme Philosophe ni comme homme de bien, mais simplement comme Amateur, en supposant même que je fusse un homme du monde, un débauché, si vous voulez, & que je n'eusse d'autre vue en vous faisant faire ce voyage, que de me procurer quelques chefs-d'œuvres des grands Maîtres, & de vous former le goût pour vous employer ensuite à orner ma maison de vos productions. Voici donc le conseil que je vous aurois donné, & je crois que tout Protecteur de bon sens vous auroit dit la même chose à ma place.

„ Vous allez voir la patrie des Beaux-arts, Let. V.
„ & furtout ce que l'art de la peinture a pro- 28 Janv.
„ duit de plus excellent. Vous y verrez des 1708-9.
„ chefs-d'œuvres de différentes mains & dans
„ des genres tout-à-fait différens. Vous trou-
„ verez les juges partagés fur le mérite de cha-
„ que maître. Les pieces les plus médiocres,
„ & la maniere la plus chétive auront leurs
„ admirateurs. Comment donc faire pour
„ vous former le goût? Comment acquerrez-
„ vous ce tact fin, ce jugement fûr, ce fen-
„ timent vrai qui peut feul diftinguer le bon,
„ l'admirer & l'imiter! Si vous fuivez les fail-
„ lies du caprice, fi vous vous accoutumez à
„ trouver admirable ce qui vous plaira à la pre-
„ miere vue, vous n'acquerrez certainement
„ pas un coup d'œil jufte & fûr. Plus vous
„ aurez une imagination vive & ardente, plus
„ vous ferez aifé à féduire. Les productions
„ d'un barbouilleur feront fur vous une impref-
„ fion plus forte que le chafte pinceau d'un
„ excellent maître; & la maniere flamande ou
„ françoife vous plaira davantage que celle
„ de l'Ecole Italienne.

„ Comment donc faire? Il faut commen-
„ cer par vous défier de vous-même. Votre
„ goût vous porte à admirer ce qui eft brillant
„ & maniéré. Reprimez ce goût: fixez vos
„ yeux fur des beautés d'un autre genre, fur
„ le grand & le majeftueux, fur ce qui eft
„ d'un ton mâle & chafte. Il y a des pieces
„ généralement admirées des connoiffeurs:
„ étudiez celles-là: contemplez les jufqu'à ce
„ que vous y découvriez des traits de beauté.

Let. V.
28 Janv.
1708-9.
,, Dès que vous en féntirez la grace & la per-
,, fection, commencez à les copier ou du moins
,, à en tirer des efquiffes: ce fera le moyen de
,, cultiver le bon goût qui fe formera en vous
,, par la contemplation affidue du vrai beau.
,, Ses formes font légeres & délicates: fon ima-
,, ge réfulte de plufieurs nuances fines & dé-
,, liées qu'il eft difficile de faifir. Il faut y ac-
,, coutumer vos yeux, & quand ils auront ac-
,, quis l'habitude de fentir le beau, ils feront
,, choqués de tout le refte."
Voilà ce que vous auroit dit un Patron d'un bon-fens ordinaire, voilà les confeils qu'il vous auroit donnés pour vous perfectionner dans l'art de la peinture. Vous êtes entré dans la carriere des fciences: fouffrez que je vous donne le même confeil: fouffrez que je vous prévienne contre l'attrait du plaifir, capable de vous féduire & de vous faire porter de faux jugemens fur l'effence de la beauté fuprê-me & du fouverain bien.

Vous voulez connoître Dieu & fa bonté: vous voulez connoître ce grand Etre en qui feul on doit chercher le vrai bien & la folide jouiffance. Pour parvenir à cette connoiffance, il ne faut point fermer les yeux, renoncer à votre raifon, vous foumettre aveuglément aux lumieres des autres, errer dans les ténebres, & attendre des vifions céleftes. Vous cherchez à juftifier l'envie que vous avez de lire Origene, ce bon Pere, & peut-être le meilleur de tous ceux qui portent ce nom. Cette envie n'a pas befoin d'apologie auprès de moi. Non feulement je vous permettrai de lire Ori-

gene, mais auſſi Celſe, ce Philoſophe païen, LET. V.
ennemi déclaré du Chriſtianiſme, qu'Origene 28 Janv.
combattit avec autant de zele que le Sectateur 1708·9.
des faux Dieux en montra pour le Paganiſme.
Je ſuis bien éloigné de vous empêcher de lire
les écrits des hérétiques & des païens, au
moins de ceux qui ont expoſé décemment leurs
opinions en ſe ſervant des ſeules armes de l'honnêteté & de la raiſon. Mais pour les livres
où vous ne trouveriez que de vains ſophiſmes,
des injures, un abus réel de l'eſprit & une pla-
te bouffonnerie, quel avantage en pourriez-
vous retirer? De tels Auteurs ne méritent pas
même qu'on ſe ſouvienne d'eux. Laiſſez-les
dans l'oubli.

Tâchez de conſerver, un jugement ſain & un
coup d'œil juſte. Mais ſi vos yeux ne ſont
point ouverts pour contempler ce qui eſt
beau, comment ſerez-vous jamais en état de
juger de la beauté? Vous louerez Dieu; &
de quoi le louerez-vous? Sentirez-vous l'excellence des choſes qu'il a faites? Vous exal-
terez ces attributs, tels qu'on vous les a en-
ſeignés dans l'enfance, & tels que vous les trouvez décrits dans les Livres des théologiens.
Mais ces attributs qui ſont ſans-doute la juſtice, la bonté, la ſageſſe, les comprenez-vous
réellement? Ou en parlez-vous par routine?
Si vous ne les comprenez pas, vous attribuez
à Dieu des mots & rien de plus. Votre louange imbécille peut elle l'honorer? Si l'Apôtre
en appelle à tout ce qui eſt aimable, honnête,
vertueux & digne de louanges; comment com-
prendrez-vous cet appel de l'Apotre ſi vous n'a-

Lɪᴛ. V. vez pas des idées précises de ces qualités? Et
28 Janv. comment en avoir des idées précises sans avoir
1708-9. étudié? Croyez-vous que ces idées nous soient innées? Et si elles ne le sont pas, pourquoi ne pas tourner nos recherches vers ces objets importans? Soyez persuadé que ceux qui ont acquis quelques connoissances à cet égard, n'y sont parvenus que par l'étude de la philosophie; & lorsque sans étude, nous employons ces termes sublimes pour exalter la grandeur de Dieu, nous nous en servons comme de Jéroglyphes auxquels nous n'attachons aucun sens déterminé. Cela n'empêche pas que nous ne puissions être pieux, honnête & vertueux; mais notre dévotion ressemble à celle d'un perroquet qui repete des mots qu'il ne comprend pas.

Revenons à la peinture. Je vous conseille d'étudier assiduement la main du grand maître qui a fait toutes les choses: étudiez cette excellente piece que nous nommons *la Nature*. Quel beau spectacle que celui du monde ou de l'Univers! La premiere chose que vous avez à faire, c'est de disposer vos yeux à bien voir. Cette disposition consiste à les conserver clairs, purs, incorruptibles, propres à recevoir cette vive lumiere qui rayonne de toutes parts. De la douceur, de la modestie, de la sincérité, de la droiture, de la vertu: voilà les dispositions que l'on doit apporter à la recherche de la vérité. Lorsque vous pourrez-vous rendre ce glorieux temoignage, que vous cherchez uniquement le vrai, vous ne sauriez offenser le Dieu de vérité. Vous ne devez donc pas craindre de tout voir, de tout comparer. Si vous ne comparez le faux au vrai, ce qui est beau avec ce qui est difforme, les ténebres avec la lumiere, vous ne pourez juger de rien, vous ne pouvez même avoir aucune idée de la vérité & de la bonté. Mais l'on peut faire de vous un païen, un mahometan, ou tout ce que l'on voudra. Et en effet vous leur ressemblez par votre aveuglement stupide, puisqu'à Constantinophe & à Ispahan, il n'est pas permi de lire aucun Auteur Chrétien, aucun Apologiste du Christianisme, par la seule raison qu'ils sont contraires à la Religion de l'État, ce qui entraîne en même temps la destruction de toutes les sciences & surtout de la philosophie.

LET. V.
28 Janv.
1708-9.

Mais mettant à part cette crainte, si indigne de Dieu & de la raison qu'il nous a donnée pour nous servir de guide; consultons impartialement tous les Auteurs de quelque nation ou Religion qu'ils soient. Appliquons-nous à toutes les branches des sciences humaines: c'est l'unique moyen de connoître le vrai beau, l'honnête, le Καλόν: c'est le moyen de connoître Dieu, & d'apprendre à le louer dignement lorsque nous saurons ce qui est réellement digne de louanges.

Telles doivent être vos recherches: tel doit être le but de vos études. Je vous ai tracé la route que vous devez tenir. Cherchez le beau en tout, même dans les moindres choses: cherchez-le dans les plantes, dans l'émail des prairies, dans les arts ordinaires: vous vous éleverez graduellement jusqu'aux sciences les plus

Y 4

LET. V.
28 Janv.
1708-9.

sublimes; comparez le beau avec son contraire, vous vous en formerez une idée dont l'empreinte sera ineffaçable. En remontant, comme vous faites jusques aux sources originales, vous ne pouvez manquer d'y puiser la vraie beauté, la vraie sagesse & la véritable vertu. Dieu fasse prospérer vos études!

LETTRE VI.

Le 8 Fevrier 1709.

JE vous recommande une honnête liberté, & surtout une pratique exacte & constante des maximes que vous avez si sagement adoptées pour en faire la regle de votre conduite. Que Dieu veuille vous maintenir dans ces vertueuses résolutions.

La plus grande difficulté que vous aurez à vaincre, viendra de ce que les anciens appelloient πόθεν τὸ κακόν. *D'où vient le mal?* Mais la contemplation assidue du beau τὸ καλόν, vous donnera la solution de cette question embarrassante. Soyez persuadé aussi que la sagesse vient plus du cœur que de l'esprit. Soyez bon, & tout vous paroîtra beau & bon.

Appliquez-vous à connoître ce qui est bon. Quand la raison vous aura montré ce qui est bon & ce qui est mauvais, vous aurez une regle suffisante pour juger de la Révélation. Si la Révélation est conforme à cette regle, sa fin prouve sa vérité; & ce que le vulgaire croit à cause des miracles, ce que les hommes pieux & vertueux reçoivent à cause de la sainteté des préceptes positifs, se trouve démontré par la nature des choses. Comment pourrions nous alors refuser d'admettre ces doctrines sublimes, & cette Révélation qui nous sont attestées par tant de prodiges? Mais la preuve la plus incontestable de la vérité & de la divinité de la Révélation, c'est l'excellence des choses révélées. Sans la bonté intrinsèque des dogmes & des préceptes évangéliques, les miracles n'auroient que peu d'effet & de pouvoir: ils ne suffiroient pas pour assurer notre croyance, quand même nous serions aussi voisins de ces temps de prodiges que le furent ceux qui vivoient il y a plus de mille ans, lorsque la memoire des merveilles opérées étoit encore récente parmi les hommes. Voilà ce qui peut seul justifier notre crédulité. Persuadés, comme nous le sommes, de l'excellence de la Morale évangélique, nous ne saurions être trop résignés, trop soumis, trop zélés à cet égard.

Que votre œil soit simple & pur pour contempler la Divinité. Contemplez sa bonté, & fixez vos regards sur ses ouvrages qui portent cet auguste caractere. Vivez avec honnêteté, avec ordre, *avec beauté*. Etudiez & aimez tout ce qui est beau & honnête; & avec le temps vous connoîtrez & aimerez l'Auteur du beau & de l'honnête. Adieu.

LETTRE VII.

Le 5 Mars 1709.

Vos lettres me font un plaisir infini. Continuez à m'écrire: le plus souvent sera le mieux.

J'aime surtout le jugement que vous portez des livres dont vous parlez. *L'Explication des trente-neuf Articles* par l'Evêque de Salisbury (*) est sans contredit un ouvrage digne que vous l'étudiez. Personne n'est mieux en état d'expliquer le sens de l'Eglise, qu'un homme qui est une des principales colomnes qu'elle ait eues depuis ses premiers fondateurs; qu'un homme qui a mieux que personne établi le but & la justice de la Réformation même, qui a tant contribué à la sauver des desseins du Papisme avant la Révolution, & dans le temps même qu'elle s'est faite, & qui est aujourd'hui le plus parfait modele de ces laborieux, pieux & savans Evêques de la primitive Eglise. Rien de plus absurde que le préservatif que l'on vous a recommandé, comme vous le remarquez très-bien. Et je vous conjure de ne vous mêler de quelque controverse que ce soit, que le moins que vous pourrez.

Les ouvrages de Chillingworth contre le Papisme vous suffisent pour avoir une juste idée de la théologie polémique. C'est assez de lire ce qui est bon: il faut laisser-là ce qui est mauvais. Le bon que vous lirez sera un excellent

(*) Gilbert Burnet.

préservatif contre le mal qui pourroit se glisser imperceptiblement & venir troubler vos études. Remplissez votre cœur & votre esprit de ce qui est bon, & vous y trouverez toujours des réponses suffisantes à ce qui est mauvais: alors vous discernerez par une sorte d'instinct, le bien du mal.

Fiez-vous à votre cœur, tant qu'il sera honnête & qu'il ne cherchera que Dieu seul. Mais gardez-vous de l'esprit de controverse. Une réponse un peu violente à un mauvais livre fait plus de mal que le livre même quelque mauvais qu'il soit. C'est pourquoi je vous conjure d'éviter les Ecrivains controversistes.

Au défaut des anciens, vous pouvez étudier les modernes qui en approchent le plus. Et en général si les plus anciens vous manquent, lisez les plus modernes. Car pour ceux du moyen âge ils ne vous seront d'aucun avantage ni pour la Philosophie ni pour la Théologie. Attachez-vous à écrire purement en Anglois qui est votre langue maternelle. Lisez ce qu'il y a de mieux écrit pour les choses & pour la diction, dans les langues étrangeres. Vous me ferez plaisir de me rendre compte de cet article.

Je suis charmé que vous vous attachiez aux théologiens de notre nation & de notre temps qui se sont rendus recommandables par leur modération, leur tolérance & leur charité vraiment chrétienne.

Faites ce que votre génie vous inspire: car si votre génie est vertueux & bon, il ne sauroit vous égarer. Quelque auteur que vous lisiez, soit ancien soit moderne; quelle que soit

Let. VII.
5 Mars
1709.

la méthode de vos études, quelque fentiment que vous embraffiez, fi vous m'en faites part, je vous écouterai toujours avec le même plaifir & le même zele, difpofé à vous donner les confeils que je croirai les plus convenables.

Votre génie vous a fait porter un jugement fain d'une petite brochure que l'on vend, je crois, avec des réflexions en forme d'examen. Je ne prétends pas vous interdire une lecture, cette critique furtout fi elle eft courte & modérée. Il eft bon auffi que vous entendiez le pour & le contre, afin d'être plus fûr de vous-même & de la vérité. Pour moi, je vous avoue que l'Auteur de cette brochure, quelque ton de plaifanterie qu'il ait pris, fans doute pour fe faire lire du beau monde, me femble un ami fincere de la vertû & de la Religion, & même un homme zelé pour les intérêts de notre Eglife. Nos partifans modernes de la tolérance me femblent avoir donné dans la licence, en nous ôtant toute efpece de guide public, ce que celui-ci regarde comme l'effet de l'enthoufiafme ou de l'irréligion. En effet la Religion ne doit pas être livrée à elle-même, & je maintiens qu'elle doit être réprimée par le Magiftrat: autrement elle rifqueroit de dégénérer en fuperftition ou en athéifme. Il s'en faut bien que les faifeurs de réponfes aient entendu dans ce fens le *guide public* dont parle notre Auteur: ils ont cru qu'il s'agiffoit de *fe laiffer mener par le nez*; tant ces meffieurs font adroits à fe rendre eux-mêmes ridicules. Ils ne fe foucient ni qui défend la Religion, ni comment on la défend, dès qu'on ne la défend pas à leur guife. Ils crient indiscretement contre le scepticisme qui, LET. VII. disent-ils, nous inonde de toutes parts dans ce 5 Mars siecle éclairé; & cependant ils ne songent point 1709. à nous offrir un remede convenable. Il faut, pour ramener le monde incrédule, quelque chose de plus poli, de plus attrayant, en un mot de plus aisé & de plus libre, que leurs déclamations outrées. Pour eux, ils établissent la vertu sur des principes plus bas, plus faux, & plus ruineux, que ceux d'Epicure, de Democrite, d'Aristippe, ou de tout autre Athée de l'antiquité. Nous en avons une preuve sensible dans la Replique du Dr. A---y au bon Mr. H---y. Ils anéantissent la moralité des actions humaines, détruisent les fondemens de l'honnêteté, & renversent totalement la doctrine de notre Sauveur, sous prétexte d'exalter la Révélation. En philosophië, ils détruisent tous les principes de la Société & les meilleures preuves de l'existence de Dieu. L'Auteur de la brochure dont ils sont si scandalisés, défend si fortement ce point, qu'il prétend prouver l'existence de la Divinité par l'idée innée qu'il en a, & il montre l'influence de cette idée sur les Athées même, d'après les aveux formels d'Epicure & de sa Secte.

En voilà assez. Continuez à me faire part de l'ordre de vos études & de la matiere de vos lectures, surtout par rapport aux livres nouveaux. Dieu soit avec vous.

LETTRE VIII.

Le 3 Juin 1709.

J'AI reçu la lettre que vous m'avez écrite depuis le rétablissement de votre santé. Je suis charmé d'apprendre que vous vous portez mieux. Ce que vous me dites au sujet du nouveau livre qui est tombé entre vos mains, me fait aussi beaucoup de plaisir. Les principes du Dr. Tindal par rapport au gouvernement de l'Eglise sont fort différens de ceux de l'Auteur de la *Rapsodie*, tant en philosophie qu'en théologie.

En général tous nos esprits-forts qu'on appelle ordinairement *Libres-penseurs* ont adopté les principes de Hobbes. Mr. Locke que j'honore infiniment, dont j'estime beaucoup les écrits sur le gouvernement, la politique, le commerce, les monnoies, l'éducation, la tolérance, &c. qui étoit un Chrétien zelé & un bon croyant, comme je puis le témoigner l'ayant connu très-particuliérement, a aussi donné dans le même travers, desorte que les Tindals & les autres amateurs de la liberté de penser se regardent comme ses disciples.

C'est Mr. Locke qui a porté le premier coup. Le caractere servile & les principes rampans de Hobbes en fait de politique, sont une production empoisonnée de la Philosophie de Locke. C'est Locke qui a renversé tous les fondemens de la Morale; il a détruit l'ordre & la vertu dans le monde, en prétendant que les idées, ainsi que celle de Dieu, en étoient acquises & non pas innées & que la nature ne nous avoit donné aucun principe d'équité. Il joue misérablement sur le mot d'*idée innée*, & ce mot bien entendu signifie seulement une *idée naturelle* ou *conforme à notre nature*. Car qu'importe au point de la question, la naissance ou la sortie du fœtus hors du sein maternel ? Il ne s'agit point du temps au quel nos idées se forment, ni du moment au quel un corps sort d'un autre : il s'agit de savoir si la constitution de l'homme est telle que devenu adulte, soit plutôt ou plus tard, ce qui est assez indifférent en soi, l'idée de l'ordre & de la vertu, ainsi que celle de Dieu, naissent nécessairement & inévitablement en lui.

Le crédule Mr. Locke nous allegue l'exemple des Indiens & des nations Sauvages qui n'ont point de pareilles idées, au rapport des voyageurs, gens fort savants ! grands philosophes ! & vraiment dignes de foi ! Il ne fait pas attention que toute la force de son sentiment pose sur un *oui-dire*. Croit-il qu'on ne puisse révoquer en doute la rélation d'un voyageur ; ou qu'on doive s'en rapporter aux paroles d'un Indien, peut-être mal expliquées & mal comprises. Qui peut se flatter d'avoir percé les mysteres & les secrets de ces Barbares dont la langue n'est pas bien connue, & à qui nous autres bons chrétiens avons donné une raison suffisante, par nos mauvais traitemens, de nous cacher leurs véritables principes, plusieurs de leurs secrets, surtout ceux qui concernent les simples, quoique nous leur ayons arraché

Let. VIII.
3 Juin
1709.

quelques remedes, tel que le Quinquina. Il est certain que la cruauté des Espagnols, comme ils en conviennent aujourd'hui, nous a privés de plusieurs secrets de médecine que de meilleures manieres auroient infailliblement tirés de ces habitans du nouveau monde.

Mr. Locke qui avoit plus de foi & qui étoit plus versé dans les relations de nos voyageurs modernes que dans l'ancienne philosophie, rejette un argument en faveur de l'existence de la Divinité, admis par Cicéron, tout Sceptique qu'il étoit, & auquel les anciens Athées ne répondoient qu'en rejettant la croyance universelle de ce dogme, sur la frayeur imbecille des hommes : *primus in orbe Deos fecit timor.*

La vertu, suivant Locke, n'a point d'autre mesure, d'autre loi, ni d'autre regle que la mode & la coutume. La morale, la justice & l'équité dépendent de la loi & de la volonté. Dieu est libre & parfaitement libre de faire consister le bien & le mal en ce qu'il juge à propos de rendre bon ou mauvais selon son bon plaisir. Il peut, s'il le veut, faire que le vice soit vertu, & que la vertu soit vice. C'est lui qui a institué le bien & le mal. Tout est dans soi indifférent; & il n'y a ni bien ni mal qui découle de la nature des choses. De là vient que notre esprit n'a aucune idée du bien & du mal, qui lui soit naturellement empreinte. L'expérience & notre catéchisme nous donnent l'idée du juste & de l'injuste! Il faut apparemment qu'il y ait aussi un catéchisme pour les oiseaux qui leur apprenne à

faire

faire leur nids & à voler quand ils ont des aî- | Lㅌᴛ. VIII. 3 Juin 1709.
les. Votre Théoclès dont vous exaltez le jugement, rit de tout cela, & demande modestement au partisan de Locke, si c'est aussi le catéchisme qui donne à l'homme l'idée de la femme & de l'union conjugale. Peut-être que si nous n'avions point de temples dédiés à Venus, ni de prêtresses de cette bonne Déesse, ni de livres où l'on pût apprendre ses mysteres, nous n'aurions aucune connoissance sur la maniere dont nous devons propager notre espece, jusqu'à ce que nos parens nous eussent appris ce secret; ou si la tradition sur ce point venoit à se perdre, il est probable sans doute que le monde périroit. La belle philosophie! Les puérilités scholastiques des siecles d'ignorance ont été remplacées dans cet âge de science & de liberté par une philosophie contraire, d'un génie particulier, & fort goûtée des gens d'esprit, qui ont secoué le joug que l'on vouloit imposer à leur liberté de penser. Mais je ne sais si ce changement n'est pas un remede aussi mauvais que le mal. Quoiqu'il en soit vous suivez une route sure également éloignée des deux écueils.

Je ne vous en dis pas davantage. Je vous conseille seulement de ne pas chercher davantage la *Recherche concernant la Vertu & le Mérite*. Elle n'en vaut pas la peine dans l'état informe où elle est. C'est une bagatelle morale qui fut publiée il y a quelques années sur une copie imparfaite, à l'insçu & dans l'absence de l'Auteur qui étoit alors au delà des mers. Le Style décousu annonce qu'il y a des lacunes. Peut-être un jour lui redonnera-t-on une meil-

Tome III. Z

leure forme, les autres productions de la même plume ayant fait defirer au public de revoir celle-là. Prenez patience & continuez vos études. Ne difputez avec perfonne fur aucun fujet. Gardez vos remarques pour vous & faites-en votre profit. Cultivez en fecret les bons principes & les excellentes maximes que l'on vous a données. Soyez humble dans vos manieres & dans vos difcours: la modeftie convient à celui qui cherche à s'inftruire. Dieu daigne diriger vos pas dans les fentiers de la piété, de la modération & de la vertu. Adieu.

LETTRE IX.

Le 30 Décembre 1709.

J'APPROUVE extrêmement votre méthode. Vous ne fauriez mieux faire que de la fuivre. Perfectionnez-vous dans la langue Grecque. C'eft la fource de tout, non-feulement pour la belle Littérature & la philofophie, mais auffi pour la théologie, puifque c'eft la langue des Auteurs facrés. Au moins elle l'eft, à mon avis ; car je regarde la verfion des Septante comme le meilleur texte que nous ayons du Vieux Teftament. Ainfi donnez à l'étude du Grec tout le loifir que vos exercices vous laiffent.

Le peu de bons théologiens & de livres de morale, que votre fagacité vous a fait diftinguer & choifir dans la foule, vous formeront tant pour la maniere de penfer que pour celle de vous exprimer.

L'*Enchiridion*, *Ethicum* du Dr. More eft un excellent traité de morale, quoique l'Auteur ne se soit pas toujours tenu à ses principes dans ses autres ouvrages Anglois, où il fait de fréquentes excursions de côté & d'autres, & où il se montre peut-être aussi grand enthousiaste que ceux contre qui il a écrit. Au fond c'étoit un homme savant & une ame honnête.

Let. IX.
30 Dec.
1709.

Rappellez-vous sans cesse les premiers conseils que je vous ai donnés. Tenez-vous en garde contre la présomption & l'orgueil : c'est le vice le plus ordinaire aux hommes de la profession à laquelle vous vous destinez. Prenez garde que le titre de *Prêtre* ne vous donne une trop haute idée de vous-même. Songez que vous n'avez jamais raison de vous dire ni de vous croire plus saint qu'un autre. Vous allez prendre un caractere qui a quelque chose d'auguste & de respectable : tâchez de vous en rendre digne, & craignez d'en abuser. Souvenez-vous que celui que vous reconnoissez pour votre maître & votre Législateur, n'a point fait de loix concernant la puissance civile, & qu'il ne s'est point mêlé des affaires publiques. Quelque espèce de dignité, de bénéfice ou de pension que ce caractere puisse vous procurer, sachez que vous les tiendrez du public d'où dérive tout pouvoir & tout bien terrestre, & dont conséquemment l'un & l'autre dépendent selon les loix. Toutes les autres prétentions des prêtres en Angleterre sont illégitimes & séditieuses : elles sont regardées comme des irruptions de cet esprit factieux qui ne regne que trop dans les universités, & dans ce qu'on nomme le haut clergé ; mais heureusement il vient de recevoir un échec, de la part de notre sage Parlement, par les procédures commencées contre le Dr. S——l, & l'élévation du Dr. H——y dont je vous ai souvent parlé.

Que Dieu béniſſe vos études & vos vertueuſes diſpoſitions. Jamais on n'eut plus de beſoin de modération, & de tolérance Chrétienne dans ceux qui ſe deſtinent au miniſtere évangélique, puiſque l'eſprit contraire ſemble s'être emparé de tous les Eccléſiaſtiques & les porter à des excès dont on n'a point d'exemple dans les fanatiques les plus outrés des âges précédens. Dieu vous maintienne dans les ſentimens de douceur, d'humanité, & de charité qui conviennent au vrai Chrétien. Adieu.

LETTRE X.

Le 10 *Juin* 1710.

JE penſois bien que vous m'attendiez chaque jour à.... puiſque vous ne m'avez point écrit depuis que vous avez reçu les ordres, des mains du pieux & ſavant Evêque de Salisbury, qui a plus contribué que perſonne au monde, au bien & à la gloire de l'Egliſe Anglicane & de la Religion Réformée, & qui ſouffre certainement plus qu'aucun autre des déclamations indecentes & des entrepriſes ſéditieuſes de ces ingrats *eccléſiaſtiques* qui mériteroient tout autre nom que celui-là, puiſqu'ils ont renoncé au Chriſtianiſme & au vrai Proteſtantiſme. Car n'eſt-ce pas y reconcer réellement que d'en perdre l'eſprit, les mœurs, & le caractére ?

J'espere que les sages avis de ce pieux Evê- *Let. X.*
que feront une profonde impression sur votre *10 Juin*
esprit. Je suis charmé que vous ayez reçu les *1710.*
ordres des mains d'un si digne Prélat. C'est
pour moi un augure que vous marcherez sur ses
traces, & que vous donnerez comme lui, l'exemple de l'honnêteté, de la modération, & du
véritable esprit du Christianisme, dont l'Eglise
Anglicane d'aujourd'hui à si honteusement dégénéré. Notre Clergé n'est plus protestant que
de nom : il n'a plus les principes du vrai Protestantisme. En vain il s'honore du titre de
Chrétien. A Dieu ne plaise que nous jugions
jamais de l'esprit du Christianisme par celui
dont nous voyons la plupart de nos Ecclésiastiques animés ! A Dieu ne plaise que les honnêtes Laïques se montrent aussi peu Chrétiens
que les gens d'Eglise.

Quant au soin que j'ai pris de vous donner
les conseils que j'ai cru les meilleurs, & pour
l'amitié que je vous porte, je me croirai bien
récompensé si vous continuez à vous montrer
tel que vous avez été jusques-ici, & tel que
vous m'avez promis d'être toujours, vertueux,
sobre, studieux, humble & doux de cœur, tel
que doit être un homme de votre profession.
A vous dire vrai, vous entrez dans un corps
qui s'est rendu plus que jamais méprisable par
son insolence, son orgueil, & sa frivolité. J'ai
beau parcourir tous les âges, depuis le temps
qui vit les Ministres du Christianisme & les
humbles successeurs du Sauveur prendre pour
la premiere fois la crosse & la mître, & se revêtir de pourpre, jusqu'au temps de la Réforme,

Let. X.
10 Juin
1710.

je ne vois rien que l'on puiſſe comparer à la conduite du Clergé d'aujourd'hui.

Enfin vous me connoiſſez aſſez, moi, mon caractere, mes études, ma conduite, & mon application continuelle à étendre le regne de la Religion & de la vertu, & à procurer en tout le véritable bien du Genre-humain, pour que mon exemple faſſe impreſſion ſur vous. Au moins il vous empêchera de donner jamais dans ces infamies & ces calomnies qui deshonorent le zele des Dévots : vous ſentirez l'injuſtice qu'il y a à taxer d'indifférentiſme, d'hétérodoxie, d'héréſie & d'irréligion tout homme aſſez judicieux pour avoir des ſentimens modérés & raiſonnables.

Je prie Dieu qu'il béniſſe vos travaux dans la nouvelle carriere où vous entrez : & qu'il vous faſſe la grace d'être un modele de vertu, d'humilité, de modération, & de douceur. Je ſuis votre véritable ami.

LETTRES

A

ROBERT MOLESWORTH

ECUYER,

DEPUIS

LORD VICOMTE

DU MEME NOM;

IMPRIMÉES

POUR LA PREMIERE FOIS

EN L'ANNÉE M DCC LVIII.

LETTRES
AU
VICOMTE MOLESWORTH.

LETTRE I.

A Chelsey ce 30 Septembre 1708.

Mon cher Monsieur,

Deux raisons m'ont fait différer ma Réponse à votre Lettre. Je comptois voir le Lord grand Tréforier, & j'espérois que Mr. Micklethwayt vous présenteroit mes services & vous informeroit lui-même de toutes les affaires publiques & particulieres. La Reine vient d'arriver à Kensington, & Mylord (*) en ville. Il m'a promis de me faire savoir son arrivée. Je l'attendrai. Dans d'autres circonstances je l'aurois prévenu; mais la saison ne me le permet pas. Vous savez combien l'air de la ville m'est contraire. Je ne dois ma santé qu'au soin que j'ai de l'éviter. Je me tiens à une certaine distance, & il est probable que je m'éloignerai encore davantage. J'avois résolu de faire ici un plus long séjour qu'à l'ordinaire. Je différois de jour en jour mon voyage dans le Comté

(*) Le Comte de Godolphin.

Lettre I.
30 Sept. 1708.

de Surrey, quoique l'air de cette Province & la converſation de mon ami Mr. Cropley aient toujours été favorables à ma ſanté. Mais je commence à ſentir le beſoin d'aller voir cet ancien ami.

Je ſuis fort flatté que vous me croyiez capable d'être un peu moins inutile à ma patrie, que je ne l'ai été depuis quelques années. Je vous avoue que jamais l'état des affaires publiques n'a eu plus d'attraits pour moi, que depuis que j'ai vu la meilleure partie de notre Miniſtere. Peut-être pouvois-je faire ma cour avec plus de confiance & d'avantage qu'un autre, incapable comme je ſuis d'aucune vue particuliere pour moi. J'eſpere faire voir qu'on peut ſervir le public ſans aucun intérêt perſonnel. On verra que les ſervices qu'on lui a déja rendus ſont des liens auſſi forts que le bien qu'on en attend.

Je ne voulois pas vous écrire avant que d'avoir eu une nouvelle conférence avec le Lord Tréſorier, mais une Lettre de Mr. Micklethwayt qui vous a attendu, ne m'a pas permis de différer plus longtemps. Je n'ai pas voulu manquer le courier du ſoir, & je vous écris en hâte pour vous marquer combien je ſuis ſenſible à la part que vous voulez bien prendre à ce qui me regarde. Si j'ai jamais fait quelque choſe pour le public, ſi je lui ai ſacrifié ma jeuneſſe, mes plaiſirs & mes intérêts, j'en ſuis bien dédommagé par l'eſtime d'un petit nombre de perſonnes choiſies. Votre amitié en particulier peut bien contrebalancer toute la malice de mes ennemis.

Il eſt vrai & je vous l'avois dit. J'avois pris deux réſolutions dont je ne comptois pas me départir. La premiere de ne plus penſer au mariage; la ſeconde de ne rien changer à la vie privée que je m'étois preſcrite. J'avois, je crois, une excuſe valable pour l'une & l'autre. Si j'ai manqué à la derniere, ç'a été par le conſeil de mes amis & pour me rendre à leurs inſtances. Ils ont diſpoſé de moi. Le deſir de leur être utile ainſi qu'à ma patrie ne m'a pas permis de leur réſiſter. Je craignois de montrer trop d'indifférence dans cette affaire, & de faire penſer à mes amis que je n'agiſſois pas ſérieuſement. Mais quoique je m'y ſois déterminé ſi tard, & que vous ſoyez un des premiers à qui j'en aie fait la confidence, je vous en communiquerai une autre plus ſubite & pour laquelle je témoignerai aſſez de zele & d'empreſſement pour vous faire croire que je parle ſincérement. Elle regarde ma premiere réſolution. Il y a ici dans mon voiſinage, une jeune perſonne que le hazard a offerte à mes yeux. Il y eut lundy huit jours que je la vis pour la premiere fois. Je la trouve telle que je deſirois que fût celle qui ſeule pouvoit faire mon bonheur. J'avois oui parler de ſon caractere, de ſon éducation, & tout s'accordoit parfaitement avec la peinture de mon imagination, excepté ſon bien. N'eût-elle que dix mille livres ſterlings, je vous aſſure que je ſerois aſſez modeſte pour lui adreſſer mes vœux d'une maniere digne d'elle & de moi. Je voudrois donc être admis à lui faire ma cour, & qu'elle m'agréât pour ſon amant. Son pere

LETTRE 1.
30 Sept.
1708.

LETTRE I.
30 Sept. 1708.

eu autrefois de l'eſtime pour moi, & je ne crois pas qu'il ait changé de ſentimens à mon égard, puiſque je ne lui en ai pas donné occaſion. Je me flatte qu'ayant porté ſes vues vers des familles d'un plus haut rang qui ne lui ont pas été favorables, il en ſera plus porté à ne me pas croire indigne de la main de ſa fille & de devenir ſon gendre. Ce n'eſt pas le bien que je cherche & je me contenterois de beaucoup moins que ce qu'il a offert à d'autres qui ont rejetté ſes offres. Je ne voudrois pas néanmoins cauſer aucun préjudice à ſa fille; & je ne me hazarderois à faire une telle propoſition au pere, qu'autant que je ſerois ſûr qu'elle y conſentiroit perſuadée qu'un homme qui l'aime pour elle & non pour ſon bien, pourroit par ſon mérite ou ſes égards la dédommager de la fortune qu'il lui feroit perdre. Si je pouvois me flatter de ce bonheur, je lui ferois ma cour dès demain; & dans l'état où ſont les choſes, je préſume que mon deſintéreſſement ne me feroit pas inutile.

Vous voyez mes ſcrupules; me connoiſſant d'ailleurs comme vous faites, car je n'ai jamais eu de déguiſement avec vous, vous pouvez me ſervir en cette occaſion. Mon ſort eſt entre vos mains; & j'attends de vous une partie de mon bonheur. Un mot de votre part à un homme qui a l'honneur d'être votre parent, achevera de me déterminer. Juſques-là je ſerai auſſi irréſolu qu'incertain. Le conſentement du peré ne me ſuffit pas; & ſi je l'obtenois indépendamment de celui de ſa fille, je craindrois plus ma bonne fortune qu'une mauvaiſe réuſſi-

te. Je sais qu'elle chérit assez ce pere respectable pour lui obéir même contre son gré. Je
crains bien aussi que vous ne puissiez ni lire ni
comprendre mon barbouillage. Mais je me suis
imaginé que je pouvois vous confier mes idées
quoique mal conçues. Il n'y a que vous au
monde à qui j'oserois m'ouvrir de la sorte. Je
suis sûr de votre amitié : je lui confie mes intérêts dans cette affaire. J'attends votre réponse par la premiere poste, & suis très-sincére-
ment votre fidele ami & humble serviteur.

LETTRE II.

A Beachworth en Surrey
le 12 Octobre 1708.

Mon cher Monsieur, depuis la lettre que je
vous ai écrite de Chelsey, j'ai été dans une
inquiétude mortelle. Votre réponse m'a tiré
de cet état. J'aurois voulu pour toutes choses
au monde ne vous avoir pas écrit un barbouillage que vous aurez eu de la peine à comprendre. Votre lettre a rendu le calme à mon cœur.
La tendre & sincere amitié, que vous me témoignez, est pour moi un sujet de me féliciter
d'avoir eu une entiere confiance en vous.

Je voudrois avoir un ami qui me regardât
toujours avec les yeux d'un censeur sévere. S'il
me faisoit pire que je ne suis, s'il supposoit mes
foiblesses plus grandes qu'elles ne sont en effet,
je ressentirois toujours une vive satisfaction de

LETTRE II. 12. Oct. 1708.

la continuation de son amitié, & de le voir me chérir assez pour supporter mes défauts en me les représentant avec un zele affectueux. Je vous prie d'être persuadé, mon cher ami, que je n'ai jamais songé à faire ma cour à cette aimable personne, avant que d'en avoir obtenu l'agrément de son pere. Je suis trop délicat pour faire une telle démarche, quand même j'aurois pu espérer de n'être pas mal reçu. Mais je voulois savoir si son cœur étoit encore libre: car je n'ignorois pas combien elle a eu de prétendans depuis quelques mois. Quoique le devoir d'une fille bien née soit de n'avoir d'autre volonté que celle de son pere, sans même en témoigner le moindre mécontentement, hélas! dépend-il toujours de nous d'empêcher notre cœur de s'attacher? Et si le sien eût formé, malgré elle, quelque tendre engagement, elle n'auroit pu agréer les vœux d'un nouvel amant, ni même en supporter la vue sans trouble & sans émotion. J'aurois moi-même ressenti une peine extrême de m'être mis trop tard sur les rangs. Heureusement il n'y a rien ici de pareil, autant que j'en puis juger par tout ce que j'apprends. Jamais il n'y eut un cœur plus parfaitement résigné à son devoir, plus innocent, plus content sous la loi qui le retient dans le sein de l'innocence, loin des vanités & des vices du monde. Cette vertu est embellie par des talens & la plus heureuse éducation. Le Lord son pere n'a rien épargné pour cela. C'eut été pour moi le plus grand des malheurs, que sa fortune eût été égale à tant de perfections: car c'est-là ce que chacun recherche principalement, quoique ce soit ce que j'estime le moins. Je fais plus de cas de la moindre qualité du cœur & de l'esprit, que de la fortune, au lieu que le commun des hommes préferent celle-ci à tout le reste. Pour moi, il me semble qu'une jeune femme sans éducation, sans talens, sans manieres, sans connoissance du monde, est une statue dont on ne peut guere tirer aucun parti pour l'agrément de la société, le gouvernement de la famille, & le bonheur domestique.

LETTRE II.
12 Oct. 1708.

Mais pour vous faire voir que je ne me manque pas à moi-même depuis les bons avis que vous avez bien voulu me donner, je vous dirai que j'ai pris ce que vous appellez le droit chemin; je me suis d'abord adressé au pere. Je vous ferai part du succès de cette démarche dès que je le saurai. Peut-être je serois plus sûr de réussir dans cette affaire, si ma santé me permettoit de la poursuivre avec autant d'activité que je le devrois; je voudrois que le séjour de la ville ne me fût pas contraire. On m'y verroit souvent cet hyver qui s'annonce déja d'une maniere si rude. Je ne craindrois point ce nuage de fumée que l'on m'ordonne de fuir. Je suis resté un ou deux jours de trop à Chelsey; j'aurois dû en partir dès que les vents d'Est & de Nord-Est ont commencé à souffler. J'ai risqué d'avoir une nouvelle attaque d'asthme qui auroit peut-être achevé de me ruiner la santé. Mais en cherchant un air plus vif & plus élevé, j'ai trouvé la santé. Il est vrai; mais peut-être ai-je perdu ma maîtresse. Car enfin est-ce ainsi qu'on doit faire l'amour ? Si les choses pouvoient tourner de façon que du côté du bien l'on me regardât comme le bienfaiteur, peut-être pourroit-on me supporter. Je crains bien d'être à peine supportable, soit que je me marie ou non.

Vous ne devez plus après cela blâmer ma façon de vivre, ni me reprocher sans cesse, comme vous avez fait, ma paresse, mon indolence, mon amour pour la retraite, qui selon vous m'ont donné de l'aversion pour le mariage, & les embarras qui en sont inséparables, tandis que ma patrie & mes amis me pressoient de quitter le célibat. Vous voyez que ce ne sera plus ma faute. Vous verrez avec quel zele je poursuivrai cette affaire. Si j'obtiens l'agrément du pere, alors je vous prierai d'agir en ma faveur auprès de votre cousin, de la maniere que je vous le dirai. Ne me faites point meilleur que je ne suis réellement. Dites-lui qu'il y a longtemps que vous me connoissez: parlez-lui de la bonté de mon caractere, de mon ame honnête, de mon attachement à mes parens, de mon zele pour mes amis, de mon patriotisme, de mes mœurs & de ma vertu, si toutefois vous croyez que je mérite quelque louange à ces différens égards. Je pense que l'on peut faire fonds sur ces qualités autant que je les possede. Il n'est pas à croire que je devienne pire en vieillissant. Le régime que me prescrit la conservation de ma santé, ne me permet aucune sorte d'excès ; & surement le vice ne pourra trouver d'entrée dans mon cœur, tant que je me comporterai comme je fais. J'ai toujours travaillé sincérement à devenir

venir meilleur: je n'ai jamais eu de plus grand defir.

J'ai honte de vous parler fi long-temps de moi-même, comme fi je ne prenois aucun intérêt aux affaires publiques. Je puis dire pourtant, dans la fincérité de mon cœur, que fans l'amour, que j'ai pour le bien public, je n'aurois jamais penfé à changer d'état, aujourd'hui furtout que je puis mener une vie douce & tranquille au fein de l'aifance & de l'obfcurité. Le temps qui m'a été fi contraire depuis que le vent d'Eft commence à fouffler, deffeche la campagne; & s'il eft le même en Flandres, comme il y a tout lieu de le penfer, nous aurons bientôt Lifle, cette place qui nous a déja tant coûté, & qui nous donne tant d'allarmes.

Je fuis allé en ville pour voir le Lord Tréforier pendant le court féjour qu'il y a fait; mais je ne l'ai point trouvé.

Dites-moi je vous prie quand vous comptez quitter Edlington (*). Ecrivez-moi. J'ai un plaifir infini à recevoir de vos nouvelles, & à apprendre que vous jouiffez d'un bonheur parfait au fein de votre famille. Je fuis votre fincere ami & fidele ferviteur.

(*) Terre du Lord Molesworth dans le Comté d'York.

LETTRE III.

A Beachworth en Surrey le 23 Octobre 1708.

Vous aviez bien prévu, mon cher Monsieur, que le vent se remettroit à l'Est. J'en suis d'autant plus charmé qu'il me retient ici en quartier d'hyver loin de toute affaire publique & particuliere. Je n'ai point vu le Lord Trésorier. Je ne suis point allé à ma retraite de Chelsey. Je n'ai fait aucune démarche au sujet de mes amours. Quel que fût mon zele, j'ai été obligé d'en modérer l'activité. On m'avoit assuré que Mylord avoit pris une sorte d'engagement. Je le croirois bien, vu la maniere dont il a reçu ma proposition. D'un autre côté. J'avois raison de croire que l'aimable personne que l'on avoit flattée d'un rang élevé & d'une haute alliance, sans lui parler de vertu, n'avoit point encore fait son choix, & qu'après avoir refusé obligeamment tous les partis qu'on lui présentoit, elle avoit desiré qu'il s'offrît un caractere vertueux, le seul qu'elle souhaitoit sans faire beaucoup d'attention à tout le reste. Vous sentez combien cette considération devoit accroître mon amour, & redoubler mes instances. J'entends dire tout le bien possible de votre parent ; tout le monde exalte son ame généreuse, & le soin qu'il a pris d'inspirer à sa fille des sentimens de vertu, de modestie, & de modération d'autant plus rares dans le sexe, que tout semble concourir à exciter sa vanité. Mon malheur est de n'avoir personne auprès de lui, qui puisse lui parler en ma faveur. Vous seul pouvez ménager mes intérêts & appuyer efficacement ma demande auprès du pere & de son aimable fille. Mais quand vous verrai-je? Quand aurez-vous occasion de leur parler de moi? Si une lettre étoit convenable, ce seroit surement à présent, plus que dans toute autre circonstance, pourvu que vous disiez que vous avez appris par la voix publique la démarche que j'ai faite auprès de votre illustre cousin. Cela vous donneroit occasion de parler de moi, surtout de mon cœur que personne ne connoît aussi bien que vous. Si cette charmante Lady est aussi vertueuse qu'on le dit, elle ne pourra se fâcher que vous lui parliez d'un homme digne d'elle par son caractere & l'honnêteté de son cœur. Elle recevra ce que vous lui direz comme les conseils de l'amitié, & de la sagesse qu'elle respecte en vous. Si celui, que l'on dit être mon rival, est bien avec le pere, je ne dois plus y penser, non-seulement parce qu'il peut faire un fort bon mari, au moins selon le monde; mais encore parce que je ne suis point en passe de faire une fortune brillante, comme lui; & il l'auroit certainement faite, sans son extrême libéralité, vu la part qu'il a au gouvernement & son influence dans les affaires de l'Etat. D'ailleurs comme c'est un de mes anciens amis, je ne voudrois point traverser ses vues, ni l'empêcher de faire une alliance à laquelle il a plus de droit que moi. Ce que je vous dit suffit pour vous faire deviner quel est

Lettre III. 23 Oct. 1708.

mon rival supposé. Si vous voulez que je vous le désigne par d'autres traits, je vous dirai qu'il est un des principaux membres du Conseil, que c'est un de vos anciens amis & des miens, qu'il a été long-temps dans la Chambre des Communes d'où il a passé dans la Chambre Haute; que c'est un Seigneur aussi recommandable par son esprit, sa galanterie & sa magnificence que par son éloquence & son caractere de courtisan (*). Mais je ne sais si tout cela est ce qu'il y a de plus propre pour faire le bonheur d'une femme vertueuse. Peut-être que la crainte de ne pas réussir me fait élever trop haut les avantages de mon rival, pour éviter les surprises de l'amour-propre. Je vous prie de me garder le secret sur tout ceci. Je vogue au hazard. Car si les soupçons du public sont fondés: c'est pourtant encore un secret entre les deux Lords. Quelquefois je me persuade que c'est une alliance qui souffrira des difficultés. Je suis très-certain que s'il y a pensé, c'a été par le conseil d'une de nos anciennes connoissances, & seulement depuis le refus qu'on a fait d'un Seigneur étranger qui avoit demandé cette Demoiselle.

Il n'y a que votre extrême amitié pour moi qui puisse m'autoriser à vous entretenir si opiniâtrément de mes affaires particulieres. En vérité! si elles semblent m'être tout-à-fait particulieres, j'ose pourtant vous assurer que c'est en vue du bien public que je m'y engage. Vous m'avez fait accroire, vous avez même préten-

(†) Charles Montagüe, Comte d'Hallifax.

du me le prouver par l'expérience, que j'avois quelque crédit dans le monde, & même auprès de ceux auxquels je penfois le moins, auprès des Miniftres de l'Etat. Il eft vrai, j'ai toujours pris un vif intérêt à ce qui regarde ma patrie & mes chers compatriotes; & j'ai reffenti une vive fatisfaction dans quelques occafions affez critiques qui fe font préfentées d'être utile au public, foit dans ce pays, foit lorfque j'étois chez l'étranger, & fpécialement en Hollande. Alors j'ai fait une heureufe expérience de l'honnêteté de mon ame & je me fuis félicité intérieurement de ces bonnes difpofitions & de mon ardeur à les fuivre. Si je ne cherchois que l'augmentation de ma fortune dans l'affaire dont il s'agit à ce moment, & certainement ce n'eft pas là mon but, j'ofe dire que ce feroit uniquement pour augmenter le crédit que je puis avoir dans mon pays & être par-là plus en état de le fervir.

Un homme qui fait peu de cas de la magnificence, & encore moins du luxe & du plaifir, n'a pas un fi grand befoin des richeffes que les autres. Un homme qui préfere la tranquillité, les douceurs de l'étude & la converfation de quelques amis choifis, à tous les autres avantages de la vie, à la flatterie, à l'ambition, à la vaine renommée n'eft pas fi porté qu'un autre à defirer une alliance honorable; croyez que je fuis encore plus indifférent que je ne le parois. Une grande fortune n'eft pas pour moi un grand appât. Je fuis fâché que les gens qui ont peu de fortune, & une nombreufe famille ne penfent pas comme moi, & n'élevent pas

LETTRE
III
23 Oct.
1706.

leurs enfans dans des sentimens de modération. Mon désintéressement est le fruit de la médiocrité de ma fortune; & peut être que n'ayant pas de grandes espérances, j'ai eu le bonheur de contenir mes desirs: j'ai trouvé le sort que j'aurois choisi parce qu'il est conforme à ma façon de penser. Ce qui est une riche mine pour moi, ce que j'aurois regardé comme un Perou, si j'en avois été mis en possession, ne sera rien pour d'autres. Ils mépriseront comme un trop foible avantage, ce dont je fais un cas infini. On déclame continuellement contre la distribution inégale des biens de ce monde. On en accuse la providence, & puisque je suis sur l'article du mariage, je citerai le proverbe qui dit que les *mariages sont arrêtés au ciel*; pour moi, je pense tout autrement. Rien ne me paroît plus du ressort du hazard, & plus livré au caprice de l'aveugle Déesse. Aussi vous me verrez bientôt consolé si je ne réussis pas dans cette affaire. Si je réussis, j'en serai content pour l'amour de mes amis; mais je ne fais point dépendre mon bonheur de cette réussite. Surement je serois fâché que vous perdissiez le fruit de toutes les peines que je vous ai données, & que probablement je vous donnerai encore; & en cela même, je ne fais que suivre les mouvemens de l'amitié, étant avec une affection sincere, votre fidele ami & très-humble serviteur.

LETTRE IV.

A Beachworth le 4 Novembre 1708.

J'ETOIS à Chelfey, mon cher Monfieur, lorsque j'ai reçu votre lettre avec l'inclufe; & j'ai été fi occupé à fuivre les confeils que vous m'y donniez, que j'ai laiffé partir deux couriers fans vous remercier de ce que votre amitié vous a infpiré pour moi. Vous ne pouviez me donner des marques plus fortes & plus fenfibles de votre affection. J'aurois peut-être dû en rougir en un certain fens: car furement vous avez pouffé la complaifance trop loin. Vous m'avez flatté au lieu de me rendre juftice. Il eft vrai que s'il eft quelquefois permis d'embellir un portrait, c'eft fans doute en cette occafion. Quoiqu'il en foit, fi votre amitié vous a porté à dire plus de bien de moi que je n'en mérite, votre lettre prouve toujours une vérité qui me fait encore plus d'honneur, c'eft que j'ai dans vous un ami vrai & paffionné, ce qui eft certainement une marque de mérite. Ce n'eft point un compliment que je veux vous faire: nous n'en fommes plus là. Mais on voit fi peu d'amitiés durables dans ce monde, que j'eftime que les femmes même doivent regarder comme une marque de conftance, de fidélité, & d'une vertu réelle, d'avoir pu mériter & conferver fi long-temps l'affection d'un homme tel que vous. Ainfi je ne crains plus que votre peinture ait paru flattée: l'exaggération dans votre bouche paffera pour du naturel & en plaira d'autant

LETTRE IV.
4 Nov. 1708.

plus aux yeux d'un sexe qui sait mieux apprécier que nous les sentimens d'une sincere amitié.

Un vent d'Est est venu troubler mes amours & interrompre mes assiduités. J'ai été obligé de fuir la fumée de la ville qui auroit achevé d'eteindre le souffle de vie qui me reste. C'en étoit fait de moi, si je n'eusse pas pris ce parti.... En vérité, j'aurois presque ri de ma mauvaise fortune. Car il y a quelque chose de fort original dans ma destinée & ma constitution. Dites encore que je suis mélancolique. Je l'avoue, il y eut un temps où la situation des affaires me rendoit tel le tourbillon des affaires publiques. Alors je n'avois que vous & un ou deux amis au plus qui agissent de concert avec moi contre l'injustice & la corruption des deux partis contraires, ils m'en vouloient tous deux: l'un surtout me reprochoit ma naissance & mes principes: l'autre m'accusoit d'apostasie, & dans le vrai j'étois constamment attaché aux principes sur lesquels ce parti étoit fondé. Il y a eu depuis ce temps des apostats. Mais ces jours d'opprobre sont passés, où l'on nous traitoit vous & moi en *Jacobites* (*). J'ignore ce qu'on peut dire pour justifier le changement étrange de quelques-uns de nos compagnons. Quant à moi, je vous assure qu'en mon particulier depuis ces jours déplora-

---

(*) Les Whigs apostats devenus rampans & serviles pour plaire aux partisans de la cour persécutoient comme Jacobites tous ceux qui persistoient dans les bons principes qui occasionnerent & justifierent la Révolution.

bles qui étoient en effet capables d'allumer dans mes veines cette fievre mélancolique que vous craignez pour moi, & qui m'auroit infailliblement conduit au tombeau, je vous assure, dis-je, que je suis aussi libre & content qu'il est possible de l'être; & même à l'égard de ma santé, si vous en exceptez l'air de Londres, je suis humainement parlant, d'une humeur assez passable. Pour la galanterie, c'est autre chose. Dieu sait combien je suis gauche à faire ma cour au beau sexe. Je conviens que j'ai un air farouche & maussade que je ne saurois me déguiser à moi-même, ni appeller d'un nom moins expressif. C'est peut-être là ce que vous nommez mélancolie. C'est-à-dire que je suis un mauvais courtisan auprès du beau sexe, par la raison que je suis un mauvais maquignon. Je ne sais point déguiser les défauts de mes chevaux, lors même que je veux m'en défaire. Cette franchise n'est pas du bon ton, j'en conviens; mais pour moi je ne hais rien tant que le déguisement; desorte que si un charlatan m'offroit de me donner une recette qui me rendroit la santé pour un ou deux mois, c'est-à-dire pour autant de temps qu'il en faut pour parvenir à la fin du roman que j'ai commencé, je refuserois son offre à moins que je ne fusse sûr de guérir tout-à-fait. Je me porte assez bien pour un campagnard, quoique ma santé ne suffise pas aux affaires & aux amusemens de la ville.

Je vous dis tout cela, afin que vous soyez mieux au fait de mon véritable état, & que vous sachiez que vous vous intéressez pour un

378 LETTRES AU

Lettre IV.
4 Nov. 1708.

homme defefpéré. Si vous en tirez quelque chofe de bon, la générofité de votre amitié en éclatera davantage. Si vous ne réuffiffez pas, ce fera la faute du fujet & votre amitié n'en fouffrira point. J'ai remis votre lettre; j'efpere que la réponfe ne tardera pas; peut-être l'avez vous déja reçue. Le Lord continue à me témoigner beaucoup d'amitié: il parle fouvent de moi aux autres & toujours avec la même affection. La face des chofes va changer pour nous, au moins quant à l'intérieur, par la mort du Prince de Danemarck. Mais je n'ai pas été en état de voir perfonne. Ainfi je ne puis rien vous dire: vous favez les fentimens avec lefquels je fuis votre ferviteur & ami.

LETTRE V.

A Chelfey le 20 Novembre 1708.

Mon cher Monfieur, j'arrivai ici avant-hier & j'y trouvai votre feconde Lettre. Quand je ne l'aurois pas reçue, je n'aurois pas manqué de vous écrire aujourd'hui pour vous faire part de quelques changemens qui, comme je l'efpere, tourneront à l'avantage du public. Quant à l'Amirauté qu'il étoit d'autant plus néceffaire de relever qu'elle étoit tombée fort bas pendant la vie du Prince, vous favez ce que je penfe du Lord que l'on peut appeler, je crois, à bon titre *notre grand* Amiral. J'entends le Lord Pembroke qui a enfin accepté, mais avec beaucoup de répugnance. Il a dit publiquement (au moins on me l'a affuré) qu'il n'avoit été nommé que pour fervir de degré à un autre Lord que l'on avoit en vue & qui ne tarderoit pas à lui fuccéder. Il vouloit parler du favori des Whigs. Je crois pourtant que les affaires prendront une meilleure face. Quoique le Lord Somers foit fort attaché au parti de ceux avec qui il s'eft élevé, je lui crois pourtant de la prudence & un zele fincere pour l'intérêt de fa patrie, & je ne doute pas qu'il n'en donne des preuves pendant un miniftere auquel il aura tant de part. Les Whigs fubalternes auront beau en murmurer, il fera charmé de voir le foin de notre marine confié à un homme auffi généralement aimé, auffi eftimable & auffi integre que le Lord Pembroke.

Vous entendez bien que le Lord Somers a été nommé à la place à laquelle l'appelloit la voix publique. Il eft Préfident du Confeil. Je crois, en vérité! qu'il a baifé la main de la Reine, finon directement, comme un miniftre reçu, du moins peu s'en faut; j'en fuis fûr. Cela eft d'autant plus remarquable dans ce temps de dueil, (vous favez combien la Reine eft exacte à l'étiquette) qu'elle n'a voulu voir aucun étranger; & le Lord Somers étoit plus qu'étranger pour elle. Je ne penfe pas même qu'il ait jamais été admis à baifer la main de la Reine. Il n'étoit que trop certain de l'averfion du Prince pour lui, & vous en pouvez juger par ceux qui avoient le plus de crédit fur lui & qui étoient les plus violens ennemis du Lord Somers. Je vous avoue que j'ai toujours

LETTRE V.
20 Nov. 1798.

vu de bon oeil l'étroite liaison qu'il y a aujourd'hui entre le Préſident du Conſeil & le grand Tréſorier: je n'y ai pourtant point contribué. Je n'ai preſque entretenu aucun commerce avec les autres membres du Conſeil: je ne les ai vus que rarement & indifféremment; mais j'ai toujours diſtingué le Lord Somers. Et j'ai aſſez bonne opinion de lui & du Lord Tréſorier, pour croire que leur liaiſon a un autre but que d'abandonner leurs amis; la nomination d'un Tory tel que le Lord Pembroke eſt, je crois, une bonne preuve que ce changement dans le miniſtere n'eſt point un coup de parti.

Le Lord Warthon eſt un véritable acier. Quoique peu prévenu en ſa faveur, & quelque mauvaiſe opinion que j'aie de ſa vie privée & de ſes principes, je m'imagine que la bonté de ſon jugement en fera un meilleur Vice-Roi qu'on ne penſe. Je ne ſais point d'autre changement & je ne crois pas que l'on en attende d'autre.

Je vous écris fort en hâte: je réclame votre indulgence. Il eſt tard, & je ne veux pas manquer le courier de ce ſoir. Je n'ajoute plus rien, ſinon que je ſuis toujours votre ſincere ami & fidele ſerviteur.

LETTRE VI.

A Beachworth le 25 Novembre 1708.

JE serois bien fâché, mon cher Monsieur, que la lettre que je vous ai écrite de Chelsey, par la derniere poste, ne vous fût pas parvenue. Je vous y parlois des changemens survenus dans notre Ministere, en vous en disant naïvement ma pensée.

Le Parlement est assemblé. Dès la premiere proposition, nos adversaires l'ont emporté, mais seulement de neuf voix. Nos amis persistent. Le mal n'est pas aussi grand qu'il pourroit l'être. L'amitié que l'on a pour le ministere présent auquel ce que nous avons de mieux est sincérement attaché, fait que les debats ne sont pas violens. Sir Peter King, notre commun ami, a parlé d'une maniere également forte & décente. Sir Joseph Jekyl & tous les autres ont soutenu leurs démarches précédentes & se sont rangés de notre côté. Les derniers Orateurs ont pressé le nouveau (*). Il aura une pénible tâche. La session ne sera pas des plus tranquilles. Nos glorieux & nouveaux succès au dehors ont échauffé les têtes.

Quant à moi & à mes affaires dont je ne vous ai point parlé dans ma derniere lettre, vous jugez bien que tandis que je suis ici, mes amours ne vont pas fort vivement. Si j'ai quelque talent, ce n'est certainement pas celui de faire

_____

(*) Sir Richard Onslow, depuis Lord Onslow.

LETTRE VI.
25 Nov.
1708.

ma cour. Je trouve que je me suis surpassé dans cette affaire. Je ne me croyois pas capable d'en faire tant, surtout vu la grande opinion que j'avois & que j'ai encore de cette aimable personne. Nous avons tant de peine à nous connoître nous autres hommes. Les femmes n'en doivent pas avoir moins à se connoître elles-mêmes, quelque spirituelles & sensées qu'elles soient. Peut-être aimeroit-elle mieux un homme plus jeune, plus vif & meilleur en tout sens que je ne suis. Mais je suis sûr qu'un jeune homme de cette espece ne l'aimeroit & ne l'estimeroit pas autant que je fais, & qu'il ne la rendroit pas si heureuse. J'ai assez de vanité pour le penser, & pour le dire. Du reste quelqu'idée que j'aie de moi-même, en vérité je ne songerois point à cet établissement pour l'amour de moi seul. Je me suis accoutumé à me contenter de mon sort, quel qu'il soit. Je ne jouis pas d'une santé fort robuste. Que ce soit imagination ou maladie réelle, c'est le même inconvénient pour moi & pour elle. Quand je pourrois avec sureté affecter une meilleure santé, & par ce moyen gagner les bonnes graces de ma maîtresse, je ne voudrois pas user de cette feinte quelque avantage que j'en pusse retirer. Je ne pourrois pas supporter l'idée d'avoir cherché à paroître autre que je ne suis. La dureté de la saison, les vents de Nord-Est, & la fumée de la ville m'ont fait quitter Chelsey. Je ne compte pas y retourner avant la fin de l'hyver. Au premier beautemps j'irai établir mes quartiers d'hyver à Saint-Giles (*).

(*) C'étoit un bien paternel que le Comte de Shafts-

Un million de remerciemens pour le zele cordial avec lequel vous embraſſez mes intérêts. Ecrire ſur le champ, & en ſi beau termes, en vérité! cela eſt bien obligeant. Si j'ai la moindre eſpérance, vous le ſaurez. J'ai donné mes ordres à Chelſey pour ce qui concerne les vignes. Adieu, mon cher Monſieur.

LETTRE VII.

A Beachworth le 6 Janvier 1708-9.

Sɪ je n'avois pas oui dire depuis longtemps, mon cher Monſieur, que vous étiez en chemin pour revenir en ville, ſoyez ſûr que j'aurois employé le loiſir que j'ai ici, à vous écrire, ſur tout après la lettre longue & cordiale que j'ai reçue derniérement de vous tant au ſujet des affaires publiques que de celles qui me regardent particuliérement. En vérité, vous avez trop bonne opinion de moi: vous faites trop de cas de mon jugement ſur ce qui regarde l'adminiſtration des affaires de l'état. Il y a quelques années que j'ai été forcé de ne rien voir que de loin, & ſans y avoir aucune part (*). Je l'avoue depuis peu je commence à me flatter de pouvoir rendre quelque ſervice d'une fa-

bury avoit en Dorſetſhire, demeure agréable & magnifique au goût de tout le monde.
(*) A cauſe de ſon aſthme.

LETTRE VII.
6 Janv. 1708 9.

çon à laquelle je ne penſois guere (*), dont je ne me croyois pas capable, & à laquelle je n'avois aucune prétention. Je n'aurois jamais eſpéré de voir dans le Miniſtere, des hommes aſſez amis du bien public, pour conſulter & écouter quelqu'un qui n'a d'autre intérêt en vue que celui de la patrie. Et, à vous dire vrai, je ſuis né avec un caractere roide & ſévere, qui eut été ſeul capable de m'empêcher de tirer un avantage réel des miniſtres, ſi nous en avions eu de bons. Mais heureuſement cette roideur naturelle s'eſt corrigée de bonne heure. Obligé de renoncer aux grandes idées que j'avois & à l'eſpérance de ſervir ma patrie par la voie publique & ouverte des Parlemens, la mortification m'a changé à mon avantage: je ſuis devenu plus doux & plus traitable. C'eſt après cette métamorphoſe que vous faisîtes l'occaſion de me recommander à Mylord Godolphin, & que vous me mîtes en relation avec lui. Le peu de temps que j'ai été étroitement lié avec lui, je l'ai employé le mieux qu'il m'a été poſſible, par des conſeils & des offres de ſervice, tels qu'ils convenoient à mon caractere. Je ne crois pas avoir été aſſez maladroit ni aſſez malheureux pour lui déplaire en aucune occaſion, ni lui donner aucun lieu de craindre de trouver en moi cette rigidité de vertu, ni cette dureté de zele que les courtiſans redoutent ſi fort

dans

(*) Par les utiles & ſages conſeils qu'il donnoit à ceux qui avoient en main le timon des affaires. Il étoit très-capable & très-digne d'être le conſeil du Miniſtere par ſes lumieres & ſon intégrité.

dans les patriotes. Je me flatte d'être bien a-LETTRE vec lui, & d'avoir toujours eu son estime, & VII. j'ose dire même sa confiance. Quand je me 6 Janv. tromperois, je suis intimement persuadé, & je 1708-9. ne ferai point difficulté d'assurer que c'est un des hommes les plus desintéressés que je connoisse: car, si j'en puis juger par moi-même, il laisse à ses amis qu'il oblige, le soin de reconnoître comme ils le jugeront à propos, les services qu'il leur rend, s'en remettant pleinement à leurs sentimens, & à l'honnêteté de leur cœur sans compter sur aucun retour: ce qui est beaucoup moins que d'en exiger.

Ce grand desintéressement ne doit point rallentir le zele de ceux qu'il oblige. Ce doit être au contraire un motif de plus de lui être attaché, pour toute ame honnête qui sait apprécier les hommes. Je souhaite aussi, pour l'amour de ce Ministre, que cette générosité soit dans lui le fruit de la réflexion plutôt qu'un mouvement naturel. Quand on sait lire dans les cœurs, & que l'on comprend le mystere de l'honnêteté (car c'est réellement un mystere dans la plupart des cours,) on ne manque point de ces généreuses inclinations qui forment le caractere du grand homme. Le malheur est que nous autres honnêtes-gens (si pourtant il est permis de porter la présomption jusqu'à vanter son honnêteté) nous sommes un peu mystérieux. Nous sommes environnés d'un nuage qu'il n'est pas aisé de percer. Les sentiers difficiles où nous marchons, nous rendent la paix difficile. Les éleves de la cour, sans lettres & sans les ressources du savoir, ont sur nous mille avantages. Ils peuvent plus aifément prendre notre caractere, que nous ne pouvons prendre le leur: ils ont toujours la fupériorité fur nous dans tout ce qui eft beau & aimable. N'eſt-ce pas une honte qu'un courtifan qui n'a que fon intérêt en vue montre plus d'ardeur, de zele & d'affiduité, & fe conduife mieux à tous égards, qu'un homme qui ne veut que le bien de fon pays, & qui tâche de tourner vers ce but les bonnes difpofitions des gens en place. Notre ami Horace fentoit combien il eft difficile d'aimer un grand fans en être l'efclave; & cependant fon ame honnête, attachée à Mécene, étoit bien éloignée de s'avilir devant lui,

Scurrantis faciem præbere, profeſſus amicum; (*)

Et c'eft en foupirant qu'il difoit.

Dulcis inexpertis cultura potentis amici,
Expertus metuit (†).

Mais nous fommes dans des circonſtances plus favorables que celles où fe trouvoit Horace, ou fon ami Lollius à qui il écrivoit ainfi. Nous tâcherons donc de faire quelque chofe de plus qu'eux. Ils travailloient pour eux-mêmes; nous voulons fervir notre patrie. Du refte il y a encore une grande différence entre les Miniſtres auxquels ils faifoient leur cour, & notre ami. Ces Miniftres étoient les Maîtres de leur

---

(*) *Horat. Epiſt. Lib. I. Epiſt. XVIII. vers.* 2.
(†) *Idem ibid. vers.* 86.

pays & leur autorité tenoit l'univers dans l'esclavage; les nôtres ont des vues plus nobles: l'amour de la liberté dicte leurs démarches. Ils veulent la maintenir partout, chez nous & dans toute l'Europe, par la balance du pouvoir au dehors & au dedans. Ils font dans un fi bon chemin qu'ils ne peuvent guere s'égarer. Ils ne peuvent manquer auffi de fe concilier l'eftime & la reconnoiffance du Public, s'ils ne fe manquent pas à eux-mêmes dans le choix de leurs amis. Mais fi fe fiant uniquement fur leur crédit & la faveur du Prince, ils négligent de fe faire des amis, ou s'ils ne choififfent pour amis que des gens fans grandeur d'ame & fans vertu, ils feront toujours à la difcrétion de leurs ennemis, quel que foit l'état des chofes.

Lettre VII. 6 Janv. 1708-9.

Dans la fituation préfente des affaires un miniftre a befoin de bons amis & de fages confeillers. Il doit favoir avec quels yeux le public le regarde: comment on interprete fes actions, & comment le peuple envifage fes réfolutions, avant qu'il en rende compte au parlement. Je penfe que la paix n'eft pas fi prochaine qu'elle femble l'être. Les Hollandois, je le fais, fe trouvent dans des circonftances affez critiques, pour preffer la conclufion d'un Traité pour peu qu'il leur paroiffe avantageux. Mais nous en fommes à un point qu'il n'eft pas à efpérer que cette affaire fe termine dans le cabinet, ou par une entrevue entre deux hommes d'épée. Ce fecret doit être communiqué à d'autres qu'à Mr. de Boufflers & à Mylord Portland. Les chofes ont bien changé depuis

LETTRE VII.
6 Janv.
1708-9.

la derniere paix, tant en Angleterre qu'en Hollande. Un Chancelier en Angleterre, & un grand Penfionnaire en Hollande ont à préfent d'autres devoirs, graces au zele des Torys pour le maintien & l'accroiffement de leurs prérogatives. Car j'étois un de ces triftes Whigs qui déploroient le trifte état de notre conftitution lorfque le Roi avoit tout pouvoir de paix & de guerre, tandis que les Torys voyoient évidemment le contraire, & qu'ils pouvoient accufer le Lord Chancelier de mettre le fceau où il me femble qu'il ne pouvoit refufer de le mettre au commandement de fon prince (*) Telle eft aujourd'hui notre conftitution, fi elle n'étoit pas telle alors. Nos Chanceliers & nos Miniftres doivent partir de ce principe. Ni ordre, ni obftination, ni menace; ni autorité abfolue du prince même, quoiqu'il paroiffe toujours à la tête des affaires & qu'il foit réputé agir en fon nom & par lui-même, ne peuvent juftifier ou difculper un miniftre, d'une claufe nuifible ou infamante inférée dans un Traité. Il en répond fur fa tête à la nation, comme on l'a prouvé d'une maniere inconteftable. Tout cela montre combien un Miniftre fage a befoin d'amis éclairés, & d'une vertu à toute épreuve, tels qu'ils puiffent non-feulement les aider de leurs confeils, mais encore par leur crédit, en affurant le public, & furtout le parti obfcur & formidable des véritables honnêtes gens, de

―――――――――――

(*) Le Chancelier dont il eft ici queftion étoit le Lord Somers. Le Lord Portland fut auffi accufé ainfi que les Lords Oxford & Hallifax.

la pureté de leurs intentions. Je dis le parti obſcur & formidable des honnêtes gens, car quoiqu'ils ſoient en petit nombre, qu'ils faſſent peu de bruit, & qu'ordinairement ils ſe ſoucient peu de venir briller à la Cour, cependant ils ont plus d'influence dans les affaires que les miniſtres ne le penſent, ſurtout ces miniſtres qui affectent un ſouverain mépris pour les brochures politiques, & les déclamations des Caffés. Mais il eſt plus que temps de finir cette lettre, & de vous dire ce qui l'a principalement occaſionnée.

<small>LETTRE VII.
6 Janv. 1708-9.</small>

J'ai parlé politique fort longuement; je ferai plus court ſur mes affaires particulieres. Avant que d'y venir je dois encore vous demander pourquoi vous n'êtes point à ce Parlement-ci? Je n'en ſuis pas inquiet pour vous; & ce n'eſt pas votre intérêt que j'ai en vue dans cette queſtion. Je ſais ce que doit ſouffrir un homme qui ne veut point être l'eſclave d'un parti. Je ſais encore que l'on doit réſerver les gens de votre trempe pour ces temps malheureux & critiques, où le danger commun & la néceſſité des affaires font que l'on a égard à leur mérite. Car c'eſt pour l'amour de notre Lord Tréſorier que je ſuis fâché que vous ne ſoyez pas ici. Quoique vous puiſſiez peut-être lui être plus utile ailleurs, & le ſervir avec moins de riſques pour vous du côté de l'envie, & plus de ſatisfaction pour lui, je crois néanmoins qu'il a beſoin de bons amis dans une Chambre telle que celle des Communes, où chacun lui eſt favorable, & libre cependant d'agir pour ceux qu'il repréſente. Quelque parti que l'on prenne, il y

LETTRE VII.
6 Janv.
1708-9.

a des inconvéniens; ainſi je vous félicite de votre abſence. je plains quiconque n'a pas une politique plus ſure & plus honnête que celle des cours.

Quant à mes affaires particulieres, elles ſont ſur le même pied. Plus j'entends, vois & obſerve, plus je deſire & moins j'eſpere. Si je ne craignois pas de déplaire à l'aimable perſonne qui captive mon cœur, je crois que j'aurois un grand aſcendant ſur le Lord ſon pere. Outre tout ce que je pourrois alléguer en ma faveur, ſans parler de mon caractere, de ma famille, de mon bien, de la ſincérité de mon affection pour lui, affermie par une longue ſuite d'années, outre toutes les recommandations & les témoignages illuſtres dont je pourrois m'autoriſer ſans vanité, j'aurois de plus un mérite qu'il ne trouvera, je crois, dans aucun rival; c'eſt celui du deſintéreſſement. Il peut faire la dot & elle me plaira, quelle qu'elle puiſſe être. Ce qui a fait juſqu'ici la grande difficulté n'en ſera jamais une pour moi, ni à-préſent ni en tout autre temps. Reprochez-moi encore ma froideur & mon indifférence. Vous voyez que je parle comme l'amant le plus paſſionné. Je ſuis prêt à m'engager dès ce moment, ſans aucun égard, ou plutôt avec une renonciation formelle à toute fortune préſente & à venir; & ſi je perds la perſonne ſeule, ce ſera pour moi la plus grande perte. En cas que mes vœux rejettés pour quelque conſidération que ce puiſſe être, me portent à m'engager ailleurs, on verra que je fais aſſez peu de cas de l'argent pour n'y avoir aucun égard dans une affaire telle que celle-ci.

Après tout vous ne ferez pas étonné de me voir tant d'eſtime pour la vertu, & ſi peu pour les richeſſes. Je m'apperçois que je vous avois promis de ne dire qu'un mot de moi, & voilà une page entiere. Je vous confie ma perſonne & mes intérêts. Votre jugement eſt ma bouſſole: j'attends vos conſeils, & ſuis votre fidele ami & humble ſerviteur.

LETTRE VIII.

A Beachworth le 12 Janvier 1708-9.

Dès que j'ai eu lu votre Lettre, mon cher Monſieur, je me ſuis déterminé à vous écrire ſur le champ, pour vous tranquilliſer à mon ſujet, ſans attendre le retour du courier. Celle-ci que je vous écris fort tard, vous parviendra demain, j'eſpere, vers le ſoir. On eſt heureux de pouvoir profiter quelquefois de l'occaſion des gens qui vont en ville à pied pour leurs affaires. Car les neiges nous tiennent aſſiégés de toutes parts; & ni nos gens ni nos chevaux n'oſent ſortir. Ce qu'il y a de pire c'eſt que la neige à moitié fondue par un degel ſe change en glace & va rendre les chemins impraticables.

J'allois partir pour Saint-Gile, & j'avois déja la face tournée vers l'Oueſt, ſuivant l'expreſſion des Juifs. Mais les neiges & les glaces me retiennent ici malgré moi. Je ne puis ni avancer ni reculer; & je ne le pourrois,

LETTRE VIII. 12 Janv. 1708-9.

quand je ferois vingt fois plus robufte que je ne fuis. Avec une fi foible complexion, que deviendrai-je? que deviendront mes affaires. Cependant jamais elles n'eurent un fi grand befoin de ma préfence.

A l'égard de l'inquiétude que vous témoignez concernant ce qui me regarde, foyez tranquille: ne craignez ni reffentiment ni reproche de moi. Je fuis fi entier dans mon amitié, que quand j'ai confié mes intérêts & mes affaires à un ami, il a un plein pouvoir de faire ce qu'il jugera à propos. Quand j'ai donné mon cœur (un amant peut bien fe fervir du langage des amans) je l'ai fait fans réferve. Oui, vous avez eu ma confiance avant que je vous connuffe perfonnellement. L'homme vrai & pieux qui révéla le plus grand des myfteres, qui par un généreux amour pour les hommes & pour fes compatriotes en particulier fit connoître l'état du Danemark aux autres Etats, & fut prévoir des événemens de la plus grande importance, cet homme-là, dis-je, avoit déja gagné mon cœur avant que de m'avoir donné des marques de fon amitié noble, tendre & généreufe. Vous ne devez donc pas trouver étrange que je remette mes affaires particulieres à votre difpofition avec autant de confiance que je vous confulte fur les affaires publiques. Si donc j'appréhende de ne pas réuffir, croyez que mes craintes vous regardent plus que moi-même. Il fe pourroit que votre amitié pour moi vous eût porté trop loin, & nous eût fait envifager fous un trop beau côté ce qui réellement n'étoit pas auffi digne d'eftime que vous l'imaginiez. On est toujours porté à croire que de telles choses ne se font point sans dessein. Pour moi, je ne saurois revenir de la lettre que je vous ai écrite. Je me la rappelle avec peine. Mais je me suis imposé une loi avec mes bons amis, & je l'observe particuliérement avec vous, c'est d'écrire toujours avec liberté, sans préparation & dans le style & la simplicité de la conversation. Ma plume court rapidement sur le papier. J'en appelle à mes dernieres lettres, & toutes celles surtout que je vous ai écrites au sujet de mes amours. Je suis sûr de n'en avoir jamais relu une seule. Il en sera ce qu'il voudra si ce qui est arrivé étoit naturel, ce dont vous pouvez mieux juger que personne, je suis content; & j'espere, comme vous l'assurez positivement, que ce sera pour le mieux. Du reste faites au sujet de mes projets amoureux, ce que la bonté de votre jugement vous inspirera. Vous êtes bon pour prendre le parti le plus expédient sur ce point comme sur tous les autres. Je vous laisse maître de moi-même. Je vous recommande seulement de ne vous point exposer pour moi. Le temps est dur, & vous devez vous ménager. Modérez votre zele. Ce seroit une peine infinie pour moi d'apprendre qu'il vous portât trop loin. Prenez votre temps: suivez votre conduite accoutumée, sans y rien changer. Agissez selon vos lumieres, & rapportez-vous en à votre propre jugement.

Si j'ai autant de crédit que vous m'en donnez auprès du Lord Trésorier, soyez sûr que, tant pour le bien public que pour mon intérêt

Lettre VIII. 12 Janv. 1708-9.

Lettre VIII.
12 Janv.
1708-9.

particulier, je ne m'épargnerai en rien. Je l'irai voir souvent à Saint-James, à Kensington, à Windsor & partout ailleurs. Ma santé seulement ne me permettra pas de suivre mon goût cet hiver, parce qu'enfin j'ai éprouvé que le plus grand régime est ce qui m'a tiré de l'état de foiblesse où j'ai langui trois ou quatre ans de suite, ce qu'aucun remede n'avoit pu opérer. Je dois donc être rigoureusement attaché à ce régime, dussé-je passer pour un malade imaginaire, pour un hypocondriaque, comme on m'a traité jusqu'ici, à cause de la bizarrerie de mon tempérament. Mes amis, ceux qui me voient à toute heure, & en toute occasion savent qu'en penser; quoique peut être à présent qu'ils me pressent de me marier, ils exaggerent mes forces corporelles aux dépens de celles de mon esprit, dont ils pensent sans-doute que le beau sexe est peu touché. Si cela est, je desavoue leur stratagême : car je veux paroître en tout tel que je suis. Plus je prends soin de ma santé à la veille d'un mariage, plus il me semble que je suis excusable. N'ai-je pas encore raison de ménager mes forces, puis que l'on me croit en état de les employer au service du public & de mes amis. Personne eut-il jamais plus de raison, que moi de demander la permission, que vous me demandez vous-même?

Dabis ægrotare timenti,
Mæcenas, veniam (*).

Laissez passer la rigueur de l'hyver, laissez

(*) *Horat. Epist. Lib. I. Epist. VII. vers.* 4.

revenir les zephirs, & vous me verrez voler fur leurs ailes agiles.

Cum zephyris, fi concedes. & hirundine primâ (*).

Pordonnez moi la longueur de mes lettres. C'eſt une habitude que vous avez autoriſée. Je fuis tout à vous.

LETTRE IX.

A Saint-Giles, le 21 Fevrier 1708-9.

Comment reconnoitrai-je jamais aſſez les fervices ſignalés que vous m'avez rendus? Vous avez bien raiſon de dire que vous n'aimez point à faire les choſes à-demi. Non, vous n'êtes point un demi-ami, & j'en fuis d'autant moins furpris que, quand il ne s'agiſſoit entre nous que des affaires publiques, je ne vous ai jamais trouvé patriote à-demi. Nous avons eu les mêmes maux à fouffrir parce que nous avons été entiérement ce que nous prétendions être; & je ne penfe pas que le monde nous ait corrigés fur cet article. Il feroit étrange que dans des temps plus heureux nous fuſſions moins entiérement attachés l'un à l'autre. Tout n'eſt pas réciproque de part & d'autre. Car, de mon côté, je puis dire que je vous dois tout. Dans

---

(*) *Idem. ibid. vers.* 13.

Lettre IX.
21 Fevr. 1708-9.

ces temps défefpérés ou je fus malheureux par le malheur de mon ami, vous rétablîtes d'abord nos affaires & ce que je n'avois pu exécuter par plufieurs années de peines, de troubles, de follicitations, ou même de voies contraires, vous l'avez fait pour moi dans l'efpace de quelques femaines, & j'ai vu mon ami reparoître à la cour. Après un tel miracle, je puis bien avoir de la foi en votre puiffance. Cependant, devois-je efpérer que vous triompheriez des glaces & des frimats, & que vous furmonteriez ce que l'hiver a de plus rigoureux. C'eft pourtant dans cette faifon cruelle que vous vous êtes fignalé en ma faveur, & que vous avez remis fur le meilleur pied mes affaires que je croyois prefque défefpérées.

Votre lettre & votre billet qui me font parvenus heureufement, ainfi que celles de mes amis que j'avois reçues par le courier précédent, me donnent de nouvelles efpérances. Je voudrois être auffi bien en état de vous répondre fur l'article de ma fanté que fur tous les autres pour lefquels vous vous êtes fait garant pour moi. Si je prends encore plus de foin à-préfent de ma fanté que je n'ai fait jufques-ici, c'eft pour faire honneur à votre garantie, & par la raifon que mon attention extrême à cet égard n'a pas été infructueufe. Du refte croyez que je ne fuis point du tout éloigné de vivre dans le monde, & d'avoir quelque part aux affaires du monde. Si j'avois une femme difcrete, bonne & capable d'un bon confeil, je ferois encore charmé qu'elle vécut dans le monde & qu'elle y tint ma place. Mon a-

mour pour l'étude ne s'allarme point. Je ne
suis point d'un caractere à aimer plus mes livres que la converfation de mes amis. Du refte
je me vois aujourd'hui dans la néceffité d'étudier moins que jamais, ayant plus befoin de
diffipation & de récréation que perfonne. Quoique mon efprit accoutumé à la vie folitaire ait
trouvé le bonheur dans la retraite, depuis le
changement de ma fanté je ne fuis pas auffi
capable d'une forte & conftante application
qu'auparavant. Croiriez·vous que je ne puis
guere travailler plus d'une heure de fuite?
C'eft même prefque tout ce que je puis faire
en un jour. Moi qui autrefois paffai mes plus
belles années au milieu de quelques cours ; dans
les pays étrangers, dans la fociété des Dames,
fans jouer jamais aux cartes, ou même fans
prendre aucune forte d'amufement de cette efpece, je fuis aujourd'hui réduit à faire la partie des Dames ; & j'ai beaucoup plus de talent
pour caqueter avec elles fur des riens frivoles,
que pour haranguer dans un parlement, ou
étudier dans un Cabinet. Toutes chofes ont
leurs avantages & leurs desavantages. Il eft
fûr que je fuis plus propre à faire un bon mari
à cette heure que mes mains font excédées de
laffitude, que dans des temps de fermentation
où mon activité me portoit tout entier aux affaires publiques. L'amour que l'on doit à une
femme, les obligations que nous impofe une
famille, le foin des affaires domeftiques, font
des liens que j'aurois foufferts impatiemment
lorfque le public me fembloit le feul objet digne de m'occuper. Un honnête homme doit

Lettre IX.
21 Fevr.
1708-9.

certainement être le plus grand bonheur d'une honnête femme. Mais ici l'amertume se mêle encore à la douceur. Un honnête homme aimera le public & travaillera pour le public. Si le patriotisme est sa passion, il y a deux contre un à parier qu'il fera peu de cas de l'amour. S'il est marié, l'avancement de sa famille exigera des tempéramens qui peut-être ne s'accorderont pas entièrement avec l'honnêteté publique: ce qui répandra l'amertume & le chagrin sur sa vie. Il ne pourra point suivre en esclave les volontés d'une femme, & il aura peine à la contrarier. Ou s'il est son esclave, il pourra l'être de toutes les autres femmes: alors plus de vertu, plus de patriotisme. Ces réflexions me persuadent que je suis plus propre qu'autrefois à faire un bon mari, si une honnête femme peut réellement contribuer à rendre la vie supportable à un homme qui l'aime & l'estime, & dont les pensées, le temps & les soins se tourneront principalement vers elle & vers leurs enfans, pour la rendre aussi heureuse qu'elle peut l'être dans le sein de la vie domestique, & lui procurer tous les avantages de la société dont elle peut jouir suivant sa condition.

Mais, pour passer de la Théorie à la pratique, comptez que je ne serai pas long-temps ici sans vous aller voir. Et quoique tout soit ici fort en desordre, tant à cause de mes longues absences, que par la mort d'un ancien domestique qui avoit tout entre les mains, j'arrangerai à la hâte ce qui presse le plus; & du reste toute perte me sera plus supportable que la privation d'un ami. Le temps paroît s'a-

doucir. Dans quinze jours ou trois femaines, Lettre
fi les chemins font paffables, & le temps un IX.
peu moins dur, je partirai & ferai une fecon- 21 Fevr.
de tentative qui, j'efpere, réuffira avec le fe- 1708-9.
cours de mes amis: pour peu que nous ayons
d'intelligence dans la place, nous fommes fûrs
de l'emporter.

Il eft trifte pour moi de refter fi long-temps
dans l'incertitude fur une affaire de cette efpece qui me touche de fi près. Cet état doit me
paroître pire qu'à un autre, parce qu'il y a long-
temps que je fuis éloigné de toute affaire publique & férieufe. J'aurois bien des chofes à
vous dire fur ce qui fe paffe; mais je ne fais
par où commencer. Permettez-moi de garder
le filence fur tout le refte, jufqu'à une autre
occafion. Ma lettre n'eft déja que trop longue. C'eft la faute de mon zele pour le fuccès de ce que vous avez fi bien avancé & dont
la réuffite eft entre vos mains. Adieu: je fuis
votre ami.

LETTRE X.

A Saint-Giles le 7 Mars 1708-9.

Mon cher Monfieur, votre filence m'auroit
fort inquietté, fi je n'avois pas appris des nouvelles de votre fanté par nos amis communs a-
vec qui vous avez dîné derniérement. Je craignois qu'elle n'eût été altérée par l'extrême ri-

LETTRE X.
7 Mars 1708-9.

gueur de la faison. La fumée de la ville n'y ajoute rien pour vous; mais elle feule auroit pu m'étouffer. La falubrité du climat moins froid & plus agréable que j'habite & auquel je n'en vois point de comparable en Angleterre, a confervé cet hyver ma fanté dans un meilleur état que je n'ofois l'efpérer. J'en profiterai dès que je le pourrai pour avoir la fatisfaction de vous voir. Mais puifque nous en fommes fur le Chapitre de l'amitié, & que vous m'avez reproché fi obligeamment més remerciemens, quoique certainement vous les eufliez bien mérités, permettez-moi de vous reprocher à mon tour vos excufes au fujet de vos lettres & même de votre filence. Je fuis perfuadé que vous n'oublierez rien de tout ce que l'amitié demande. Pour le refte, cette même amitié veut que nous nous mettions à notre aife & que nous y mettions auffi les autres. Il y a de l'injuftice à un véritable ami de fe refufer quelques momens de pareffe, lorfque le corps éprouve cette lâcheté qui met l'ame dans la même fituation. Je me fuis réfervé la liberté d'être pareffeux, & j'en uferois fi l'occafion s'en préfentoit. Si je n'en ufe pas, c'eft qu'outre l'inégalité de fituation qu'il y a entre nous, le loifir & la retraite dont je jouis me mettent à même de vous écrire quand je veux, & vous favez qu'il y a un intérêt particulier qui me preffe vivement de le faire auffi fouvent que je puis. Je fuis honteux de cette inégalité de fituation où nous nous trouvons: vous n'avez pas encore éprouvé quel correfpondant je ferois, fi je n'avois pas plus befoin de votre zele que vous n'avez

be-

besoin de moi. A peine puis-je m'assurer que vous deviez une seule de mes lettres à la pure amitié. Vous me confondez bien davantage par vos excuses. C'est à moi d'en faire & non d'en recevoir. Voyez si vous n'êtes pas plus que généreux. Tout autre que vous seroit tenté de me railler dans les circonstances où je me trouve, dépendant entiérement de vous pour la réussite d'une affaire de cette espece. Vous êtes un aussi galant homme qu'un bon ami. Vous dédaignez de vous servir de votre avantage contre un pauvre amoureux. Votre cœur vous porte au contraire à des excès d'amitié que je ne puis recevoir qu'en rougissant. Cependant soyez sûr d'une chose. C'est que tant que vous prendrez l'intention pour le fait, vous ne sauriez trop vous avancer ni me prêter plus d'amitié & de sensibilité que je n'en ai. Si l'occasion ne s'est point présentée de me montrer tel que je suis à votre égard, je suis charmé de voir que vous me rendez justice dans la persuasion que c'est la volonté seule qui me manque. En attendant, ayez de l'indulgence pour moi, je vous prie. Traitez-moi en ami. Ne m'écrivez que par forme de délassement, & seulement quand vous en avez envie, quand vous n'avez rien de mieux à faire. Vous ne sauriez croire combien je serai charmé de recevoir de vous une lettre aussi laconique que vous en ayez jamais écrite, sans apprêt & sans façon. C'est une loi que je me suis imposée avec mes meilleurs amis, de leur écrire quand la fantaisie m'en prend, sans préparation, tout ce qui me vient à l'esprit. J'aime qu'on ne se gêne

LETTRE X.
7 Mars 1708-9.

Lettre X.
7 Mars 1708-9.

pas davantage avec moi. Cette négligence mettant mes amis à leur aise, ils doivent user de la même liberté: c'est autoriser la mienne, & ils ne sauroient me faire plus de plaisir. Prenez mon humeur & mes fantaisies comme elles viennent, je vous en serai obligé, n'ayant point du tout envie de me contraindre. Mais aussi envoyez-moi un petit chiffon trois ou quatre fois moindre que la premiere des lettres que vous m'avez écrite après la derniere entrevue, & je jerai content: ce sera pour moi une petite perle.

Nardi parvus onyx elictet cadum (*).

La vérité est que je soupire après un chiffon aussi précieux que celui que je reçus après la premiere tentative que vous fîtes en ma faveur. Si vous réussissez aussi bien à la seconde, si vous trouvez que vos bonnes paroles aient fait impression, & que j'aie lieu d'espérer, j'arriverai sur le champ pour presser de nouveau mon ancien ami.

Votre histoire de l'amitié m'a plu infiniment: c'est une des pieces que j'aime le plus (†) étant d'un Auteur qui, malgré les efforts continuels qu'il fait pour tourner toute sorte de vertu en ridicule, est obligé de rendre hommage à celle-ci, & de reconnoître combien les hommes sont redevables du peu de

───────────
(*) *Horat. Od. Lib. IV. Od. XII. vers.* 7.
(†) Voyez le Discours de Lucien sur l'amitié intitulé *Toxaris*.

bonheur dont ils jouiſſent à la ſociabilité & à l'amitié, qui eſt le vrai principe de la vie, la fin de la vie & non pas ſeulement les moyens, comme quelques Philoſophes l'ont prétendu. Horace encore jeune étoit d'une autre opinion; mais lorſque ſa raiſon plus mure ſe fit cette queſtion,

Quidve ad amicitias uſus rectumque trahat nos? (*)

il ſe déclara pour le *rectum*, & reconnut que la vertu n'étoit pas un vain nom. On a beau mépriſer l'amitié, & nier qu'elle ſoit un principe ſocial, tôt ou tard on ſera forcé pour peu que l'on ait de ſincérité, de reconnoître ſon pouvoir; & ſi nous ne reſſentons pas nous-mêmes ſes douces influences, nous admirerons & envierons le ſort de ceux qui les reſſentent. Ceux qui renverſant l'ordre de la vie, forment des amitiés, des connoiſſances & des alliances, uniquement pour les faire ſervir de moyens à leur ambition ou à leur avarice, ſentiront par les remords dont ils ſeront intérieurement déchirés, qu'ils ont mal entendu leurs véritables intérêts: car c'eſt réellement.

Propter vitam vivendi perdere cauſas.

Le jugement que vous portez de la premiere partie de l'hiſtoire de l'amitié, me ſemble très-juſte. Mon ambition naturelle en fait d'amitié m'a fait deſirer d'être le pauvre homme. Mais depuis que j'ai à faire à un Créſus, je

(*) *Horat. Od. Lib. IV. Od. XII. vers.* 75.

LETTRE X.
7 Mars 1708-9.

voudrois changer de personnage, qu'il fût le pauvre, & qu'il mît mon amitié à l'épreuve en me faisant un legs qui mettroit le comble à mes vœux. Mais je crains qu'il ne m'en juge pas digne; ou que quand il me croiroit capable de l'accepter il ne m'en estimât pas davantage. La situation où je suis est bien dure, en vérité! Je suis obligé de montrer le plus grand desintéressement pour obtenir la main de sa fille, & ce desintéressement là-même peut me rendre indigne de devenir son gendre, en me rendant incapable de parvenir à la cour & d'y faire une fortune brillante. Vous voyez que je mêle l'amour à la philosophie. Je mêlerois de même les affaires politiques & publiques à mes affaires particulieres, si je n'étois pas à la campagne, & vous à la ville. Cependant je ne puis m'empêcher de vous demander si la proposition de la démolition du Risban de Dunkerque étoit de notre ami ou non? On m'a dit qu'il ne la goûtoit pas, ou du moins qu'il en faisoit semblant. Comme homme d'état, il pouvoit avoir ses raisons pour en faire semblant. Mais je ne vois pas pourquoi il l'eût desapprouvée. Je pense plutôt qu'en homme d'état vrai & généreux, il devoit pour toutes sortes de raisons qui regardent notre bien au dehors & au dedans apuyer cette proposition comme la saillie d'une ardeur patriotique & populaire, plutôt que comme une pensée réfléchie & débatue dans le cabinet. Si mon soupçon est bien fondé, je le dois à l'amitié. Je voudrois que mon ami fût auteur assez heureux pour faire tout le bien public dont il est capable, & pour ne s'opposer jamais à ce que les autres proposent d'avantageux à la nation.

LETTRE X.
7 Mars 1708-9.

Encore un mot au sujet de mes affaires particulieres, & je finis. Dès que vous aurez fait vos visites, & que vous verrez si je puis espérer ou non, écrivez-moi deux lignes. Je vous le demande en grace. Car quoique j'aie des raisons très-fortes de passer ici un mois ou six semaines pour mettre tout en ordre; cependant je quitterai tout au premier temps doux, les chemins étant à présent assez praticables. Si un amant, que l'on connoît sans l'avoir jamais vu, est agréé, ou du moins jugé digne de l'être, c'est l'effet d'une grandeur & d'une générosité qui méritent bien que je fasse de mon côté les plus vives démarches. Adieu, mon cher ami, adieu.

LETTRE XI.

A Beachworth le 3 Juin 1709,

Il y a longtemps, mon cher Monsieur, que je ne desire d'autre bonheur que celui de vous voir, & de profiter des grands avantages que je dois me promettre de votre parfaite amitié, de votre zele ingénieux, & des peines infatigables que vous avez prises pour moi. Je devois tout espérer de la réussite de vos premieres démarches. Quel fatal enchantement! quel cruel destin m'a empêché de suivre mon guide, & d'exécuter ce que vous m'aviez si bien tracé.

LETTRE XI.
3 Juin 1709.

Je n'ai point d'autre ennemi que mon étoile; & c'eſt à elle ſeule que je dois m'en prendre. J'avois réſiſté, quoiqu'avec beaucoup de peine, aux rigueurs d'un hyver extraordinaire; j'avois expédié en hâte mes affaires les plus preſſantes. Je venois du fond de l'oueſt. Je comptois vous ſurprendre. La précipitation de mon départ, la fatigue & l'application extraordinaires du matin même que je ſuis parti, le temps qui devint plus rude dès le premier mile que j'eus fait, toutes ces circonſtances jointes à l'envie extrême d'arriver me cauſerent un accès d'aſthme, qui penſa me tuer en route. Je revins au bout de quelques ſemaines; & ma ſanté ramena mon eſpérance. La derniere ſemaine que je paſſai à Chelſey, j'allai voir le bon homme: il n'étoit pas à la maiſon. Je comptois redoubler mes viſites; & agir vivement auprès de lui. Le changement de temps vint déranger mes projets. Je tins bon pendant deux jours que je fus inondé de la fumée de Londres. Cependant ma ſanté empiroit. Il m'a fallu revenir ici où je commence à peine à reſpirer.

Que ferai-je à-préſent? Quel parti prendre? Vous importuner de nouveau? J'en aurois honte. Je rougis déja de vous avoir prié de vous intéreſſer pour moi dans une affaire ſi fort au deſſus de mes forces. J'aurois encore plus de ſujet de rougir, ſi je l'abandonnois après ce que vous avez fait. Que de peines perdues! Que j'apprens bien à mes dépens à me connoître moi-même: je veux dire à connoître ma conſtitution corporelle; car pour mon eſprit, je le connois bien & je puis compter sur lui, au moins dans l'affaire présente. Je voudrois être aussi parfait, aussi judicieux, aussi sûr de mes pensées dans toute autre occasion. Dans celle-ci, certainement, ce n'est ni l'ambition, ni l'intérêt qui me conduit; quoique peut-être à en juger par les apparences, on pourroit me soupçonner de rechercher plus la fortune que la personne & le mérite de celle que j'aime uniquement. Vous connoissez mon cœur, & je puis en appeller avec confiance à votre témoignage. Ma maîtresse le connoît-elle aussi bien? Dieu le sait. Pour moi, aurois-je osé le lui dire, quand même l'occasion s'en seroit présentée. En voilà assez sur ma triste situation.

Lettre XI. 3 Juin 1709.

J'espere retourner à Chelsey dans peu de jours, & je desire impatiemment de vous y voir: je n'ai guere d'espérance d'être en état d'aller vous voir en ville.

Si la Reine va bientôt à Windsor, je tâcherai de voir le Lord notre ami, parce que je puis plus aisément l'y trouver qu'à Saint-James. Il m'a fait l'amitié de s'informer de l'état de ma santé, & de me communiquer quelques affaires. Je suis, mon cher Monsieur, votre serviteur & votre ami.

LETTRE XII.

A Chelsey le 15 Juin 1709.

Mon cher ami, je suis allé voir aujourd'hui Mylord que je desirois saluer comme mon beau-pere futur. Il m'a reçu aussi poliment & affectueusement que jamais. Mais lorsque je lui ai parlé du sujet principal de ma visite, il m'a paru être moins à son aise. Cependant je n'ai point brusqué ce propos. C'est lui-même qui l'a amené. Il m'a parlé de ma petite maison philosophique, qu'il a fort exaltée. Je lui ai dit que je l'avois bâtie dans des vues différentes de celles que j'avois depuis quelque temps, ainsi qu'il en étoit informé; qu'alors je pensois à mener une vie privée. J'aurois ajouté volontiers, que, depuis qu'il avoit agréé d'une maniere si affable mes premieres démarches, & que je me flattois de mériter encore davantage ses bontés, cette retraite ne me plaisoit plus tant.... Je n'ai pas osé aller si loin, craignant avec raison de l'embarrasser encore davantage: car il ne m'a rien répondu, & son embarras étoit aussi sensible qu'il pouvoit l'être. Je vois qu'il n'y a rien à espérer pour moi. S'il croit qu'il y a encore de la sincérité parmi les hommes, je m'imagine avoir autant de droit à sa confiance qu'aucun autre. Je crains qu'il ne pense pas assez avantageusement de moi, en me voyant estimer sa fille autant que je le fais. Car lui demander sa fille, sans un seul shellin présent ou futur, & lui faire donation de tout mon bien en cas que je meure sans enfans, il me semble qu'il n'est guere d'ami ni de gendre qui l'aime lui & les siens jusqu'à ce point.

LETTRE XII.
15 Juin 1709.

Mais enfin cela doit être: il souffre peut-être autant que moi. Que faire, quand les hommes sont trop rusés pour voir le vrai; & trop intéressés pour voir leurs véritables amis & leur véritable intérêt? Si je vis encore quelque temps je donnerai des preuves éclatantes de ma sincérité. Si je n'obtiens pas la personne que j'ai vue & que j'aime, peut-être me déterminerai-je à en épouser une que je n'ai jamais vue. Puisque vous me pressez, vous & mes autres amis, de me marier, je prendrai une femme pour ses qualités personnelles, dont le mérite fera toute la dot. J'ai assez de bien pour deux.

Je vous en parlerai plus au long quand j'aurai la satisfaction de vous voir. Je vous remercie & vous remercierai éternellement de votre amitié pour moi. L'amitié la plus vraie & la plus forte est celle qui s'offense quand je parle de remerciemens.

Vous prétendez en vain que je fasse moins de cas de ce que vous faites pour moi. J'en connois le prix, & mon cœur ne peut s'empêcher de le sentir: c'est effusion d'ame de ma part, & il n'entre point de cérémonie dans tout ce que je fais ou puis faire pour vous marquer ma reconnoissance.

LETTRE XIII.

A Beachworth le 19 Juillet 1709.

Je ne vous pardonne pas, mon cher ami, d'être si fortement affecté du peu de succès de ma grande affaire. Croyez-vous que je connoisse assez peu le cœur humain, & la sensibilité de l'amitié pour ignorer que souvent la disgrace d'un ami nous est plus difficile à supporter, que nos propres malheurs. J'étois si persuadé que c'étoit là la situation de votre cœur, que je me suis efforcé de paroître plus tranquile que je n'étois, de diminuer ma perte & de la faire aussi légere qu'il étoit possible, afin de vous en consoler plus aisément. A l'égard de la fortune & des espérances mondaines, en vérité! cela ne mérite pas un soupir. A l'égard de la personne, la perte est grande, j'en conviens: outre l'excellence de son caractere, son éducation, ses graces, ses talens, elle avoit à mes yeux le mérite d'avoir touché mon cœur, après la promesse que vous m'arrachâtes il y a plus d'un an, lorsque vous & mes autres amis me pressiez de songer à perpétuer mon nom & ma famille. Je crois à-présent m'être acquitté de ma parole. Vous devez être content de moi, après ce que j'ai fait. Le mauvais succès de mes premieres amours vous a donné occasion de me prouver combien vous m'aimez. Vous vouliez tirer de moi tout le parti possible pendant que je vis; vous vouliez me voir revivre dans ma postérité. On ne peut rien dire de plus flatteur ni de plus galant. Vous m'allarmez; ne dois-je pas craindre qu'il y ait ici plus que de l'amitié? Ne me flattez-vous point? J'ai beaucoup de confiance dans l'amitié. Mes amis peuvent disposer de moi comme ils veulent. Ils peuvent réclamer leurs droits sur moi tant qu'ils me jugent en état de les servir & d'être utile aux hommes & surtout à mon pays, dans la sphere de mes foibles talens. Qu'ils soient sûrs aussi que je puis-être heureux dans ma retraite, & avec ma santé chancelante, sevré de tous les plaisirs & les amusemens du monde, comme si j'en jouissois au suprême degré. Si le mariage me convient dans une telle situation, je ne refuse point un tendre engagement. Je dois faire & ferai ce que je pourrai pour qu'il soit également agréable aux deux parties. Mon choix, je le sens, doit être tel que vous me l'avez prescrit. Je dois sacrifier les autres avantages pour obtenir celui qui est le principal & le plus essentiel dans ma situation actuelle. J'y suis résolu.

LETTRE XIII.
19 Juillet 1709.

Que pensera-t-on d'un engagement où l'on verra que l'intérêt n'entre pour rien? Je l'ignore. Quel motif supposera-t-on! L'Amour? En vérité? ai-je l'air d'un amoureux. Aurois-je bonne grace de l'être dans le délabrement de ma santé, avec un souffle de vie. L'envie de perpétuer mon nom? N'ai-je pas un frere qui n'est pas sans espérances? Quelle foiblesse, dira-t-on, quelle foiblesse dans ce pauvre asthmatique, d'épouser une fille sans fortune, & qui même n'est pas de la plus haute qualité?

Lettre XIII.
19 Juillet 1709.

Sera-ce assez d'avoir tiré d'une bonne famille une personne bien née & bien élevée, propre à faire une bonne femme, une bonne mere, une bonne nourrice ? Sera-ce assez qu'elle ait de l'innocence, de la modestie, & un jugement passable ? Elle ne seroit pas plus de mise aujourd'hui, que celle dont parle Horace en ces termes

Sabina qualis, aut perusta solibus
Pernicis uxor Appuli (*).

Voyez, mes amis, vous qui me prêchez tant le mariage, si vous trouvez cette conduite supportable. Voyez si, avec toutes les notions de vertu que vous avez tâché de répandre & d'accréditer dans ce siecle, vous pourriez me faire approuver du beau-monde. Nous en ferons l'épreuve l'hiver prochain, si pourtant je passe l'été. Vous m'entendrez dire avec l'amoureux de Terence, quoiqu'avec un peu d'altération.

Etsi hoc molestum.... atque alienum a vita mea
Videtur; si vos tantopere istuc voltis, fiat (†).

Vous voyez avec quelle familiarité je vous parle. Jugez s'il est nécessaire que vous preniez desormais la peine de me prouver en forme combien vous êtes mon ami. Pour moi, je me flatte de vous avoir réduit à la nécessité de

(*) *Epod. II. vers. 40.*
(†) *Terent. Adelph. Act. V. Scen. VIII. vers. 21.*

croire que je suis ou le plus ou le moins sincere des hommes.

Je me suis préfenté trop tard à Saint-James: je n'ai pu voir notre illuftre ami. Je tâcherai de prendre mieux mon temps, & d'arriver affez tôt à Windfor pour lui parler.

LETTRE XIV.

*A Reygate en Surrey
le 1er. Novembre 1709.*

Mon cher Monfieur, fi j'ai jamais eu quelque fatisfaction dans cette nouvelle demeure, ç'a été celle de vous y recevoir vous & les vôtres qui me fouhaitiez ce bien. Les deux ou trois amis, dont je veux parler étoient fi intéreffés dans cette affaire & fi près de moi, que je pouvois bien compter d'avance fur leurs félicitations. Heureufement vous êtes à une certaine diftance & dans le vrai point de vue pour en juger fainement. Autant je me défie des amitiés communes du monde, autant je préfume en cette occafion de la fincérité d'un intime ami, & au lieu de compter trop peu fur l'affection de ceux qui m'en témoignent, je pencherois plutôt vers l'excès contraire. L'intérêt qu'ils veulent bien prendre à ce qui me regarde, me fait defirer d'en être vu de plus loin (ce qui ne manquera pas d'arriver) & fous un point de vue moins favorable. Quoique j'aie eu des *parrains* à mon mariage, je ne me fuis

LETTRE
XIV.
1 Nov.
1709.

cru *confirmé* que lorfque j'ai eu votre approbation. Graces à Dieu! j'ai de la foi & je me crois bon Chrétien, même fans la confirmation de l'Evêque; mais je me ferois cru mauvais mari, & feulement à-demi marié fi je n'avois pas eu l'agrément & la bénédiction de mes amis. Sérieufement (& je ne rougis point de le dire) depuis quelques années, je n'ai jamais eu d'autre plaifir, d'autre but, ni d'autre fatisfaction, que de faire ce que je croyois jufte, & ce qui me fembloit avantageux pour mon pays & mes amis. Je n'en avois pas moins de contentement pour cela. Une volonté droite, honnête, & vertueufe, eft une trifte chofe pour ceux qui ne fentent qu'à demi la beauté intrinfeque de l'honnêteté morale, & qui font le bien par hazard, ou par tempérament & non par raifon & par conviction. S'il me falloit parler de mariage, en dire naturellement ma penfée, fans plaifanter, je choquerois infailliblement la plus grande partie des gens mariés & principalement les femmes. Je croirois faire des merveilles en effet en exaltant le bonheur de mon nouvel état, & furtout le mérite de ma femme, en difant que je fuis auffi heureux qu'un homme peut l'être. Et quel plus grand bonheur peut-il y avoir? Qu'eft-ce qu'un homme de bon fens peut defirer de plus? Pour moi, fi je goûte quelque fatisfaction, c'eft parce que je ne m'en fuis promis d'autre que celle de mes amis qui ont cru ma famille digne d'être conférvée & perpétuée, & moi digne d'être foutenu dans le délabrement de ma fanté, à quoi les foins d'une bonne femme ne contribuent pas peu. Oui j'ai trouvé une excellente femme. Si je puis, par son attention & ses bons soins rétablir passablement ma santé, vous pouvez compter que j'en ferai l'emploi que vous desirez, puisque mon mariage n'a jamais eu d'autre but.

LETTRE XIV.
1 Nov. 1709.

J'ai différé ma réponse de deux ou trois postes, dans l'espoir de vous parler du Lord Trésorier à qui j'ai écrit derniérement. Il m'avoit fait dire qu'il m'écriroit au premier moment, sur quelque chose d'important. Je n'en ai pas oui parler depuis. Seulement, comme il voit souvent un de nos amis, il lui demande de mes nouvelles avec une affabilité qui me flatte. Je me trouve à-présent à une assez petite distance de lui, soit qu'il soit à Saint-James, à Kensington ou à Windsor; & pourvu que le temps & les vents me soient favorables en quatre ou cinq heures, je serai en état de lui faire ma cour. Je ne suis pas capable d'autre chose. Vous le savez; & je n'ai pas lieu d'espérer que ma santé vienne au point de me permettre de prendre une plus grande part aux affaires publiques. Il ne tient qu'à cela. M'étant toujours comporté avec une certaine fierté avec les autres ministres, il ne me conviendroit pas de me présenter à leur lever, ni de paroître suivre leurs pas quelque part que ce fût.

La derniere fois que je vis le Lord Godolphin à Windsor, je ne manquai pas de lui parler de vous. Il vint beaucoup de visites & nous fûmes souvent interrompus. Je ne sais jusqu'à quel point mon crédit auprès de lui pourra monter ou se soutenir tel qu'il est; mais je suis certain que je ferai en honnête homme

Letter XIV.
1 Nov. 1709.

& pour le plus grand bien, suivant mes lumieres, tout ce dont il pourra me charger. S'il a ou s'il vient à avoir une bonne idée de ma capacité & de mes connoissances, je lui ferai remarquer que je dois tout ce qu'il trouve de bon en moi au choix que j'ai fait de mes amis. Si je pouvois espérer que le premier de mes amis & celui que je crois le plus grand homme d'état, devint son intime confident, je ne doute pas qu'il ne l'estimât beaucoup plus que moi; & comme il ne peut pas toujours avoir auprès de lui celui qui desireroit d'y être & auquel ses forces ne le permettent pas, il pourroit le remplacer avec avantage par un autre qui le veut & est très-capable de remplir une place si délicate. En effet si, comme vous dites, vous n'attendez que le moment d'être desiré pour venir; je ne conçois pas comment il peut ne pas profiter de vos bonnes intentions; ou comment il croit pouvoir se passer de votre présence dans des conjonctures aussi critiques.

Vous m'avez fait un beau portrait du Lord Wharton. Je suis charmé d'en apprendre tant de bien. Si j'ai jamais espéré quelque bien d'un caractere sans vertu, c'étoit certainement de celui-ci. Voilà pourquoi j'en ai porté un jugement si indécis. Mais j'avois déja remarqué dans lui des traits de ce monstrueux assemblage du bon & du mal, du meilleur avec le pire.

Un million de remerciemens de la part de Mylady & de la mienne pour l'envie que vous avez de nous venir voir: nous espérons que vous suivrez cette bonne pensée. Je vous renouvelle mes vœux & mes sentimens d'amitié. Adieu.

LET-

LETTRES
A
DIVERSES PERSONNES.

LETTRE

A Thomas Stringer Ecuyer (*).

A Londres le 15 Fevrier 1695.

Je ne vous arrêterai pas long-temps, & franchement je n'en ai pas le loisir. Nous avons fait mettre au net un Bill pour déclarer inhabile un Electeur, comme l'Acte précédent fait l'Elu, en cas de corruption, par quelque voie que ce soit; on veut aussi que les Chevaliers Députés par les Comtés aient cinq-cens Livres Sterlings de rente, ou qu'ils soient héritiers d'un bien de cette valeur, & que les autres Députés en aient au moins deux cens, en quelque endroit de l'Angleterre, de la même façon. Je crois que vous aurez de la peine à vous imaginer qui sont les gens dans le monde, ou qui sont ceux dans les Communes qui s'y opposent, & à tous les autres Bills aussi importans; vous devinerez aussi peu qui sont ceux qu'on blâme à cause de leur opposition au Gouvernement,

_____

(*) C'étoit un Gentilhomme qui avoit occupé un poste sous le Lord Chancelier Shaftsbury.

15 Fev. comme on le nomme, parce qu'ils se déclarent
1695. pour des propositions telles que celles-là, &
qu'ils insistent sur des choses si dures & si contraires aux prérogatives de la Cour. Pour couper court, vous croiriez difficilement que votre pauvre ami qui vous écrit, est tous les jours rigoureusement condamné, parce qu'il se conduit comme il fait & fera toujours en pareille occasion, sans s'embarrasser de parti, que ce soit celui de la Cour ou non, que la chose vienne de ceux qui sont en place, & qui craignent de perdre leur pain quotidien, s'ils ne sont pas assez serviles, ou de ceux qui, étant sans emploi, s'imaginent qu'en traversant la Cour & en appuyant des propositions populaires contre elle, ils se procureront des postes lucratifs. En voilà assez. Mes complimens à Me-Stringer, & à votre fils. Je suis votre sincere ami, A. ASHLEY.

LETTRE

Au Comte d'Oxford.

A Reygate le 29 Mars 1711.

MYLORD

L'HONNEUR que vous m'avez fait, en vous faisant informer plusieurs fois obligeamment de ma santé, & la faveur que vous m'avez té-

A DIVERSES PERSONNES. 419

moignée en dernier lieu, en me procurant la liberté d'essayer le seul moyen de me rétablir, & d'aller respirer l'air d'un climat plus chaud, m'obligent, avant que de quitter l'Angleterre, de vous faire mes très-humbles remerciemens de cette maniere, n'étant pas en état de la faire mieux. N'ayant pas eu occasion, depuis quelques années de vous rendre mes devoirs, je me ferois peut-être tort à moi-même si j'entreprenois de vous féliciter autrement sur les honneurs auxquels vous avez été élevé en dernier lieu, qu'en en appellant aux anciennes liaisons & à l'étroite correspondance que j'ai eu l'honneur d'avoir avec vous & avec votre famille, pour laquelle on m'a inspiré dès mon enfance beaucoup d'estime & de considération. Votre Grandeur est très-bien instruite des principes que j'eus & de la conduite que j'ai tenue, depuis le premier moment que j'entrai dans les affaires, & avec quel zele j'ai employé quelques années de ma vie à avancer vos intérêts, que je croyois plus importans au public, que les miens propres & ceux de ma famille ne le pouvoient jamais être. Votre Grandeur qui est si bon juge des hommes & des affaires, est plus en état de décider, que je ne pourrois le faire, quels sont les effets naturels d'une amitié particuliere fondée de cette maniere, & quelles sont les suites de la différence de sentimens, qui survient. Vous connoissant si bien en amis, dont votre Grandeur a acquis un si grand nombre, vous pouvez vous rappeller comment ces liaisons ont été jusqu'à présent entretenues par rapport à

29 Mars 1711.

29 Mars 1711.

vous, & qui font ceux fur l'amitié, l'attachement & les principes defquels vous pourrez compter le plus à l'avenir dans toutes fortes de circonftances, & dans les changemens publics & particuliers. Quant à moi, je vous dirai feulement que je vous fouhaite tout le bonheur imaginable, & qu'il n'y a perfonne au monde que je puiffe féliciter de meilleur cœur de ce que j'eftime conftituer la folide gloire & la vraie profpérité. Votre conduite dans les affaires publiques fera le plus fûr appui de votre crédit & de votre élevation, & je féliciterai principalement votre Grandeur, des honneurs qu'elle a mérités quand d'heureux effets auront fait voir clairement pour quelle caufe & pour quels intérêts ils ont été acquis & employés. Si j'avois eu a fouhaiter que l'adminiftration publique fut entre les mains de quelqu'un, votre Grandeur fait qu'il y a long-temps que la premiere place lui auroit été affignée. Si d'autres, de qui je l'efpérois le moins, ont fait de grandes chofes, des chofes dignes d'eux, j'efpere que vous furpafferez, s'il eft poffible, tout ce qu'ils ont fait, & que vous acheverez le grand ouvrage fi glorieufement commencé, & fi heureufement avancé, de rendre la liberté à l'Europe & au Genre-humain. Dans cette attente, je ne puis qu'être avec le même zele & la même fincérité que j'ai toujours eus, Mylord, &c.

LETTRE

A MYLORD GODOLPHIN.

A Reygate le 27 Mai 1711.

MYLORD,

Étant sur le point d'entreprendre le voyage d'Italie pour voir si un climat plus chaud, supposé que je puisse m'y rendre, pourra contribuer à ranimer le souffle de vie qui me reste, je ne puis me résoudre à partir d'ici sans m'être acquitté, le mieux que je puis, de mon devoir envers votre Grandeur, la seule personne, que je m'estimerois heureux dans mon état de foiblesse, de pouvoir assurer de mes respects, & d'avoir la force d'aller saluer en ville. En vérité, Mylord, je suis peu en état de rendre aucun service, & je n'entreprends point d'en rendre à personne, sinon à votre Grandeur seule. Mais si je pouvois me flatter qu'avant que de partir d'ici, ou en passant par la France, ou pendant mon séjour en Italie, je fusse capable de vous être utile en quelque chose, grande ou petite, j'en tirerois vanité. Ce dont je suis bien sûr, c'est que votre réputation & votre gloire, votre mérite public & particulier, ne demeureront pas dans l'oubli, en quelque pays que je me trouve, quoique vos grandes qualités ne puissent rece-

27 Mai 1712. voir un nouveau lustre du témoignage que j'y rendrai. Mais personne ne les connoît plus à fond que moi, & par conséquent personne n'est plus en droit de les publier, comme je le ferai toute ma vie avec tout le dévouement possible, & le zele le plus constant. Je suis, Mylord, de votre Grandeur le très-fidele, obéissant & humble Serviteur.

Fin du Troisieme & dernier Tome.

www.ingramcontent.com/pod-product-compliance
Lightning Source LLC
Chambersburg PA
CBHW070624230426
43670CB00010B/1643